时代变迁下的中国文化消费

Cultural Consumption in China in an Era of Transformation

范 周 ⊙ 著

2019年·北京

中国文化产业研究丛书

总　　序

　　早在 20 世纪 80 年代末，邓小平就提出了"科学技术是第一生产力"的著名论断，这已成为中国发展的一个重要指导思想。文化产业也是伴随着科学技术的革新与拓荒应运而生的。20 世纪初期，工业革命引发的科技进步及资本主义的机械化生产以不可阻挡的势头迅速发展，部分哲学家和社会学家认为机械化复制的工业生产是对文化和艺术的亵渎。20 世纪 40 年代，法兰克福学派的本雅明（Walter Benjamin）在《机械复制时代的艺术作品》中表达了关于文化工业的思想，讨论了大工业生产方式和技术复制手段所产生的文化和审美领域的革命。1947 年，法兰克福学派的阿多诺（Theodor Wiesengrund Adorno）和霍克海默（Max Horkheimer）在《启蒙辩证法》的"文化产业：欺骗公众的启蒙精神"一章中首次明确提出"文化产业"和"大众文化"的概念，用来指工业生产时代大批量生产标准化、规格化、工业化的文化商品。可以看出，这个时期人们对文化产业抑或文化工业是带有批判色彩的。美国媒体文化研究者、批判家尼尔·波兹曼在 1985 年出版的《娱乐至死》一书中也强烈表达了对人们在工业化时代受工业化生产、消费所支配的"赫胥黎预言"式担忧。

　　约瑟夫·奈（Joseph Nye）在《注定领导世界？——美国权力

性质的变迁》一书中首次提出"软实力"的概念，把软实力界定为文化的吸引力、制度的吸引力、掌握国际话语权的能力。20世纪90年代以来，以信息技术革命为中心的科学技术迅猛发展，国际竞争日益激烈。面对人类社会发展带来的资源和环境困境，各个国家开始意识到文化产业发展的重要性，积极探索文化产业作为国家长期发展战略的可行性，英国提出发展文化创意产业的国家社会经济发展战略，日本提出"文化立国"战略等。

当下，随着国际文化战略竞争的进一步加剧和中国发展战略的调整，中国文化产业发展面临着前所未有的时代发展机遇与挑战。在某种程度上，中国文化产业是伴随着中国改革开放的不断深入而产生与发展的，是在破除经济体制障碍、调整经济结构的背景下提出来的，是在加入WTO、更深入地融入现代世界经济体系、敞开国门走向世界的背景下发展起来的，是在应对中国社会主义文化建设和意识形态建设所遭遇的前所未有的困难和挑战中提出来的。

毋庸置疑，改革开放对中国文化产业发展产生了积极广泛的影响，为文化的繁荣发展创造了良好的环境和氛围。从党的十五届五中全会首次提出"文化产业"的概念，将文化产业纳入国家发展计划，到党的十七大提出"推动社会主义文化大发展大繁荣"，将文化产业纳入国家发展战略，再到党的十九大提出"坚定文化自信，推动社会主义文化繁荣兴盛"，中国经历了文化产业发展的萌芽期、初步形成期和快速扩张期，中国文化产业开始进入全面提升期，成为推动中国经济高质量发展的重要引擎。

基于此背景，对于中国文化产业的发展历史、演化进程、改革创新与未来趋势等问题必须予以高度重视和探讨；对于文化产业的理论体系建设、文化产业的学科体系建设、文化产业人才培养战略以及未来文化产业发展方向等问题的研究，是文化产业学界应当持续关注的重要课题。

一、回顾：近20年文化产业的实践探索

回顾过去、展望未来才能够更好地把握现在。回首过去，中国文化产业发展取得了骄人的成就，公共文化事业不断进步，文化投资规模持续增长；文化产业规模不断扩大，新型文化业态迅猛崛起；文化需求快速增长，文化走出去亮点纷呈。立足新时代，中国文化产业呈现高质量、跨越式发展态势。但是由于发展起步较晚，中国文化产业在发展进程中不可避免地存在一些问题。

（一）文化产业发展与经济发展相协调，但供需关系仍不平衡

根据国家统计局数据，1998年，中国国内生产总值（GDP）仅为8.52万亿元，而到2018年GDP已经达到90.03万亿元，是1998年的10倍多。根据《文化蓝皮书：中国文化消费需求景气评价报告（2016）》，从1994年到2014年这20年间，全国城乡文化消费总量由1054.24亿元增长至14915.39亿元，年均增长14.17%；城乡文化消费人均值由88.46元增长至1093.29元，年均增长13.40%。其中2014年文化消费增长明显加速，总量增长14.80%，人均值增长14.22%。可以说，中国文化产业的发展进程是与中国经济社会发展总基调协调一致的。改革开放40多年，尤其是最近20年，中国文化产业呈现出快速增长的态势，对推动国民经济持续健康发展起到越来越重要的作用。

然而，随着中国特色社会主义进入新时代，我国社会主要矛

盾已经转化为人民日益增长的美好生活需要和不平衡不充分的发展之间的矛盾。这个矛盾在文化产业发展领域集中表现在现有的文化供给结构不能适应和满足人们的文化需求结构的变化。从数量上看，中国文化产品供给数量严重不足。以出版业为例，国家统计局数据显示，2017 年，全国总人口比 2016 年增加 0.05%，城镇居民人均可支配收入增长 8.3%，而图书出版总印数仅增长 2%，电子出版物增长为负，文化产品的增长速度远远落后于社会经济发展。从质量上看，长期以来中国文化产业中产品创意不足、精品匮乏等问题仍然存在。相较于欧美发达国家，中国还较为缺乏被国际普遍认可和喜爱的文化品牌。中国文化产业发展仍有很长的路要走。

（二）文化体制改革取得初步成效，但政策法规体系仍不健全

在文化体制改革的有利推动下，中国文化产业加快发展，从无到有、从弱到强，产业规模不断扩大，产业实力不断增强，文化市场经济体制改革不断完善：从计划经济条件下的传统文化管理体制到社会主义市场经济条件下现代文化治理体系，从单纯依靠政府投入的文化事业到政府主导、社会参与的现代公共文化服务体系，从短缺的文化生产供给、零散的文化经营活动到繁荣活跃的现代文化市场体系，从较为封闭单一的对外文化交流到以我为主、多层次、宽领域文化开放格局。进入新时代，在习近平新时代中国特色社会主义思想指引下，现代公共文化服务体系建设、现代文化市场体系建设初见成效，坚定文化自信、高扬改革旗帜、锐意进取创新，中国特色社会主义文化发展道路越走越宽广。

近年来，中国文化体制机制改革已取得突破性进展。深化文化体制改革的政策相继出台；推进公共文化机构法人治理结构改革、基层综合性文化服务中心建设的重点措施得以落实；文化扶贫工作取得重大进展；文化市场改革方面，政府简政放权，推行一系列融资举措，鼓励文化企业进入市场，释放市场活力、主体动力和社会潜力。但是，随着中国改革开放进入深水区，根据"五位一体"的战略发展布局要求，文化管理体制还存在文化决策多层次化制约、文化管理法制化不健全、过多注重文化事业的政治职能和意识形态属性等问题，文化产业体制机制改革仍需深化。新时代，文化体制改革只有进行时，没有完成时。

（三）文化产业结构和所有制结构逐渐优化，但区域发展仍不均衡

改革开放以来，中国经济发展突飞猛进、思想解放不断深入，文化产业政策作为产业发展风向标的效果日益显现。自党的十六大首次将文化产业与文化事业区分开来以后，经营性文化产业与公益性文化事业"比翼双飞"，成效显著。其中以文化事业单位转企改制效果最为明显，此举不仅增强了传统文化事业发展动力，刺激文化消费动力，更激发了全民文化创作活力。在中国特色市场经济体制下，文化政策对产业发展不断发挥着引导和推动作用，逐渐把文化发展从政府包办的禁锢中挣脱出来，有力推动了社会主义大发展大繁荣。

但是，从空间布局上看，区域发展不均衡影响了中国文化产业的整体发展。国家统计局数据显示，2018年，中国东部地区规模以上文化及相关产业企业实现营业收入68688亿元，占全国77.0%；中部、西部和东北地区分别为12008亿元、7618亿元和943亿元，占全国的比重分别为13.4%、8.5%和1.1%。从增长速度上看，西部地区增长12.2%，中部地区增长9.7%，东部地区增长 7.7%，东北地区下降 1.3%。我国文化建设"东高西低"的现象仍然存在，东西部地区在人才、资本、技术、规模等方面均存在较大差距。

（四）对外文化交流逐渐起步，但国际文化软实力仍需提升

改革开放以来，中国的国际文化交流纽带日渐牢固。文化自信深入人心、国家文化软实力不断增强，中国文化"走出去"的步伐迈向纵深。当前，中国对外文化交流日趋活跃，"中法文化年""中俄国家年"等一系列大型文化外交活动效果良好，中华文化的国际影响力日益扩大。文化和旅游部、国家统计局、国家汉办公开数据显示，截至 2017 年年底，中国已与 157 个国家签署了文化合作协定，累计签署文化交流执行计划近 800 个，初步形成了覆盖世界主要国家和地区的政府间文化交流与合作网络。截至 2017 年，海外中国文化中心开展各类文化活动达 4000 余场次，直接受众达到 800 余万人次。此外，文化贸易是文化"走出去"的重要载体，中国对外文化贸易规模不断扩大。根据海关发布的数据，2018 年，中国文化产品进出口总额 1023.8 亿美元，同比增长 5.4%。其中，出口 925.3 亿美元，增长 4.9%；进口 98.5 亿美元，增长 10.3%；顺差 826.8 亿美元，规模比上年扩大 4.3%。

尽管如此，从整体来看，中国文化贸易逆差依然存在，文化贸易结构仍不平衡。一方面，文化商品贸易与文化服务贸易结构失衡；另一方面，文化商品和文化制造业占比大，且缺乏科技含量高、附加值高的文化商品，对于中华文化的传播和文化形象的塑造影响甚微。据《中国电影报》报道，2017 年国产电影海外票房收入达到 42.53 亿元，较去年有所增长，但依然不到国内票房的十分之一。

（五）文化人才培养初见成效，但学科建设任重道远

文化产业是一门适应社会发展需求而出现的新兴交叉学科。随着文化产业在社会整体发展中的地位日益重要，业界对于建立文化产业学科体系、强化文化产业学科建设的呼声越来越高。根据教育部2003—2018年发布的《普通高等学校本科专业备案和审批结果》，截至2018年，中国开设"文化产业管理"本科专业的学校共212所，700多所高校开设了相关课程，形成了文化产业教育的基本培养模式。根据现实需求适时进行学科目录的调整、学科平台搭建及人才培养模式的创新成为文化产业学科建设中的重中之重。

然而，从人才培养及学科建设现实来看，中国文化产业专业性人才和复合型人才较为稀缺。在欧美发达国家，创意产业就业人数所占比例普遍偏高，且集中在文化创造力方面。而我国这方面的人才则占比较低，且多为技能型创意执行人员。同时，学科的交叉属性使文化产业在学科归属划分、师资培训等方面尚不明晰。此外，文化产业学科体系有待建设，教材体系有待完善，社会实践有待加强。在文化和旅游融合的大趋势下，文化旅游人才短缺问题将更为突出。

总体而言，回顾文化产业发展进程，可以看出，中国文化产业尚未真正突破发展瓶颈，建立健全的产业发展体系仍是未来产业发展的重中之重。文化产业发展朝气蓬勃，需要我们认清新形势、拿出新思路、制定新战略，打造新一代文化基础设施，破除"GDP魔咒"，从构建"统一、竞争、开放、有序"的现代文化市场体系着手，紧抓重大发展机遇，推动文化产业发展日益成熟完善。

二、展望：未来 20 年文化产业发展趋势

（一）全方位融合时代到来，产业界限日趋模糊

当前中国经济进入新常态，新产品、新业态不断涌现，融合发展渐成趋势，继续深化改革成为各方共识。文化产业具有强渗透、强关联性。在产业大融合的背景下，"文化+"产业融合不仅仅是技术、管理和市场的融合，更重要的是以文化为核心的全方面的融合，是对传统产业融合的创新发展，是产业融合的新趋势。

文化产业新业态作为文化创意与科技创新融合发展的产物，具有高知识含量、低资源消耗、高附加值及对传统产业的改造提升等特性，正逐步成长为经济增长的新亮点。文化产业新业态发展以技术为支撑，以互联网新思维为导向，不断深化跨界融合，推动产业业态创新。文化产业新业态呈现分享化、平台化、融合化的发展特征，成为推动经济结构转型的新生力量将指日可待。

（二）技术驱动业态升级，数字文创产业更新迭代

中国信息通信研究院测算数据显示，2018 年，中国数字经济总量达到 31.3 万亿元，占 GDP 比重超过三分之一，达到 34.8%，同比提升 1.9 个百分点。数字经济蓬勃发展，推动传统产业改造提升，为经济发展增添新动能。2018 年，数字经济发展对 GDP 增长的贡献率达到 67.9%，贡献率同比提升 12.9 个百分点，超越部分发达国家水平，成为带动中国国民经济发展的关键力量之一。

首先，万物互联打破行业壁垒，跨界融合持续深化。近年来，以 BAT 为首的互联网企业不断涉足网络、内容生产、娱乐、媒体等，并逐步向人工智能、区块链、无人驾驶等技术进军。未来，

随着 5G 时代的到来，无论是文化还是科技，都将继续与制造业、农业、金融等产业深度融合，在跨界思维的引导下裂变出涉及内容更广、运行机制更复杂的新兴业态。其次，文化资源开放共享，数字化、社会化发展或成主流。传统的文化事业机构，如图书馆、博物馆、文化遗产地等因储存着丰富的文化内容和素材而承担更多公共文化服务的功能，一方面借助数字化手段实现版权化的再生，在跨媒体、跨介质传播方面发挥更大的作用；另一方面，凭借数字化手段"飞入寻常百姓家"。再次，新兴产业叠加创意，颠覆文化消费方式。随着消费社会的崛起，大众文化接受方式将进一步向文化消费和文化市场延伸。虚拟现实、增强现实、全息成像、裸眼三维图形显示、交互娱乐引擎开发、互动影视等新的沉浸式技术发展、设备普及和内容创新发展，在带动消费者文化体验升级的同时，催生新一轮的文化消费革命。

（三）文化自觉深入人心，文化出海步伐更加稳健

美国《纽约时报》专栏作家托马斯·弗里德曼在《世界是平的》一书中说，世界正在走向"平坦化"。对外文化贸易的发展，不仅肩负着经济使命，还肩负着传播本国文明、文化价值观的使命，因此在对外文化贸易中既要解决文化产业的创新发展问题，也要注重本土文化的保护和国际表达，推动国家文化软实力的进一步提升。

一方面，要推动中国文化国际化。在中国文化"走出去"的过程中，要寻求中国故事的国际表达形式的有效途径，形成可与国际社会沟通的外部话语体系，让世界聆听和认识中国文化，了解和理解中国文化。同时，努力增强对外文化贸易的竞争力，树立中国形象，传播中国声音，形成推动中华民族振兴的文化力量。

另一方面，做好外来文化的中国化。十九大报告中首次提出"坚持总体国家安全观"，文化安全是国家安全的重要领域，也是国家文化认同的重要支撑。经济全球化和文化全球化促进了国家文化交流的深入，也加深了文化安全隐患。因此，不仅要重视文化产业"引进来"和"走出去"的政策倾向，还要注重保护国家文化安全，科学谨慎对待外来文化，善于利用中国话语体系转为自用，逐步建立以国家利益为最高利益的文化发展观，积极建立国家文化安全预警体系。

（四）监管方式不断完善，体制机制改革驶向纵深

从2003年的文化体制改革元年到2019年的改革关键年，文化改革经过了"摸着石头过河"的摸索阶段，将全面进入落地攻坚期。改革本身就是一场深刻的社会变革，需要进行利益调整、体制转换和观念更新，文化因其本身的意识形态特性，使得文化体制改革与政治体制改革紧密相连，具有其政治性、敏感性。

文化体制改革经过多年的实践积累了丰富的经验，也存在一些不完善的地方。某些环节的改革可能需要很长的时间去实现。深入改革的核心在于顶层设计，重点在于依法改革，落脚点在于群众得实惠。一方面，要更好地发挥政府的政策调节、市场监管、社会管理和公共服务职能。按照政企分开、政事分开原则，推动党政部门与其所属的文化企事业单位进一步理顺关系，赋予企事业单位更多的法人自主权，尽快完善现代企业管理制度，让市场发挥资源配置的决定性作用。另一方面，要加大文化法律法规建设。文化法律法规是对文化建设规律的概括和总结，具有极强的稳定性、规范性和强制性。新时期的改革是依法改革，要把文化建设实践中形成的新成果、新经验用法律的形式固定下来，为新时期文化体制改革发展提供更为科学、更为具体的遵循，有效地解决改革中遇到的新问题。

（五）消费偏好更为精细，由大众消费转向圈层消费

根据国际经验，当人均 GDP 接近或超过 5000 美元时，文化消费将迅速进入"扩张时代"，目前中国人均 GDP 已经超过 8000 美元，这意味着中国文化消费将迎来大发展时期。随着科技的更新迭代，传统业态转型升级，新兴业态不断涌现，产业间融合逐步加深，文化消费形态日渐多元化。针对不同细分市场和差异化消费需求的文化产品和服务日益丰富，并向品质化、精细化、定制化方向发展。同时，随着消费主体结构的变化，"新世代"消费群体将引领消费潮流，儿童和老年消费群体成为文化消费增长的新驱动力。

首先，消费总量持续增长，消费结构进一步优化。在消费升级的大背景之下，文化消费逐渐成为新的消费增长点，消费总量将持续增长，在居民消费生活中所占的比重将会越来越大。其次，数字化、信息化文化消费渐成主流。信息技术的发展，尤其是数字化、虚拟现实、人工智能等技术在文化产业领域的运用，极大推动了文化消费变革，重塑人们的消费习惯、消费方式和消费渠道。最后，体验式、分众化文化消费日趋普遍。随着人们消费需求层次的提高和消费理念的转变，消费体验和消费场景变得越来越重要。无论是零售行业还是服务行业都更加注重服务品质与用户体验，将更多的注意力放到场景和氛围的营造上。文化消费的精神属性将越来越突出，将会出现更多个性化、复合型、体验型、交互式的文化产品、服务和消费空间，满足人的多维度感官需求与深层次心理和情感需求。

（六）文化建设以点带面，与国家战略一脉相承

在"十二五"时期提出东中西部协调发展的基础上，2017年，中共中央办公厅、国务院办公厅印发《国家"十三五"时期文化发展改革规划纲要》，指出要进一步深化区域协同，提出"以区域发展总体战略为基础，以三大战略为引领，引导各地根据资源禀赋和功能定位，走特色化、差异化发展之路"。一方面，文化产业的发展为各经济带发展提供动力，有利于增强经济带、特别是跨区域板块的文化软实力；另一方面，经济带规划也为未来文化产业发展提供了更为广阔的空间，从而促进文化产业结构的优化升级，促进文化市场资源的合理配置，促进中华文化的传承与交流。

从2014年京津冀协同发展战略提出到2015年《推动共建丝绸之路经济带和21世纪海上丝绸之路的愿景与行动》发布，从2016年9月《长江经济带发展规划纲要》正式印发到2017年4月具备"千年大计、国家大事"高度的雄安新区设立，区域发展不再是简单割裂的资源共享——打破界限、联动发展，区域文化发展进入新格局。

三、感悟：见证文化发展40年的六点体会

作为一名文化产业研究人员，我试图把自己从事文化产业多年来的所思、所想、所感碎片汇集起来与大家分享，期望能够通过反思与回顾探寻文化产业的内在规律和发展脉络。以下是我主要思考的几个方面，欢迎大家批评指正。

（一）文化发展40年的理性回顾

学科发展史、方法论和学科经典案例是一个完整学科体系不可或缺的三大要素。文化产业的学科建设刚刚起步，对于产业史

学的研究较为缺乏。在《中国文化产业40年回顾与展望（1978—2018）》一书中，我尝试将改革开放作为中国文化产业的起始点，把中国文化产业发展分为4个阶段：1978年到1991年为文化产业发展的萌芽期，1992年到2001年为文化产业发展的初步形成期，2002年到2011年为文化产业发展的快速扩张期，2012年至今为文化产业发展的全面提升期。此外，我还从文化资源、文化治理、文化经济、文化软实力、文化再思考等方面对中国文化产业40年发展进行回顾和反思，通过梳理时代机遇，展望新时代文化产业发展航向，提出文化产业发展的未来研判。囿于文化产业的发展阶段和我对文化产业研究的局限性，我对文化产业发展史的分析未必正确，但作为一个记录者，我认为这项工作有其自身的价值。

（二）时代变迁下文化消费的思考

文化消费是文化产业的一个重要组成部分，也是关乎人民对美好生活向往的大事。多年来，我持续关注和研究中国文化消费问题，于2009年主持进行了"中国城市文化消费调研"，对城市居民文化需求和消费状况开展了深入的调查研究，并组织编写了《中国城市文化消费报告》（6卷本）。2016年起，我参与了文化部、财政部开展的"引导城乡居民扩大文化消费试点工作"的中期考察指导工作，通过走访调研文化消费试点城市，对文化消费领域进行了更加深入和系统的研究。这些调研使我真切感受到文化消费从无到有、从单一到多元的变化过程。《时代变迁下的文化消费》是我重新审视中国文化消费，从时代变迁的视角观察和思考文化消费领域的新情况、新现象和新趋势的一个阶段性呈现，记录了文化消费对拉动城市经济发展、对消费者物质文化生活改变的影响，也记录了鼓励引导文化消费体制机制变革的过程，还记录了互联网时代文化消费方式、诉求和理念的变革，等等。

（三）新型城镇化文化发展的变迁

新型城镇化也是我这些年来致力于研究的一个重点领域，从承接多项国家相关部委委托课题到落地多项省市级城镇规划、新农村建设规划、古村落保护规划、历史文化名城建设规划等，以及参与承接雄安新区管委会的《雄安新区起步区公共服务规划》《雄安新区起步区公共文化服务发展规划》等，我在实践中不断加深自己在新型城镇化文化建设方面的学习和思考。《新型城镇化文化发展战略研究》是我这些年来对新型城镇化学习和研究的一个系统性回顾、反思与展望。本书从中国城镇化演变历程与规律着手，对新型城镇建设的文化顶层设计、文化遗产的保护与活化，以及未来新型城镇化文化发展研究领域与趋势等内容进行了深入细致的论述。

（四）"互联网+"下数字创意产业的迭代

自从2015年李克强总理首次提出"互联网+"行动计划以后，截至2019年，中国政府工作报告已经连续5年提及"互联网+"。文化产业作为新兴产业，其发展变革的步伐是与科技发展密不可分的，网络时代下科学技术的更新迭代不断催生文化产业新思路、新业态、新模式，深刻影响着文化产业生产、消费的方式与习惯。《数字经济下的文化创意革命》从数字经济这一宏观背景出发，试图在梳理数字创意产业发展历程的基础上，总结出数字创意产业的内涵与外延，是我对科技加持下文化产业未来发展所面临的机遇与挑战的分析，以及我对未来数字创意产业发展的趋势判断。

（五）文化发展重大问题的阶段性反思

伴随着文化产业的快速发展，文化产业实践和理论研究不断向纵深发展，需要从战略性产业的整体布局和宏观思路出发，对文化产业的发展路径进行新思考。多年来,我和我的研究团队参与了《公共文化服务保障法》的制定,参与了很多文化产业重大事件、重要政策的起草和出台工作,在这些研究工作中,我有很多思考和启发。我把对这些思考所涉及的核心问题进行整理,包括文化产业基础导向、文化产业发展的内生驱动、文化产业产权保护、文化平台建设、文化产业区域战略布局、文化跨界融合、文化立法及文化产业研究方法等文化产业发展的重点问题,并对这些重点问题做了一个阶段性的记录和系统梳理,形成《中国文化产业重大问题新思考》一书。

(六)文化产业发展的碎片化思考

《文化发展研究札记》是从我创办的文化领域自媒体平台"言之有范"已发表的文章中精选百余篇结集而成。我把它定位为一名文化研究者的学术笔记,它见证和记录了五年来我对文化发展的碎片化思考。出版此书的原因有三:一是我时常教导我的学生们要"把论文写在大地上",本书正是"言之有范"顶天立地的见证和记录;二是记录"言之有范"创办五年来,我对于文化产业相关领域的碎片化思考;三是我一直把"言之有范"作为重要的实践教学基地,通过这种自媒体实践的形式进行硕士、博士研究生培养教育。五年来,近百名研究生在这个平台上学习了文化产业的知识,锻炼了专业素养和研究能力,出版此书也是对他们成长轨迹的记录。

四、反思:文化产业发展的责任担当

近20年是文化产业从无到有的20年,是我真正参与、见证文化产业发展变化的 20 年。我深知 20 年对于年轻的文化产业来说仅是个开始，再回首，或许我的许多研究成果并不能尽如人意，但作为一位研究文化产业的学者，一位从事文化产业学科建设的参与者，我怀着学者的人文情怀，身体力行地实践着文化产业学者的三大历史重任，即专业研究、培养学科人才及专业实践，期望能够尽自己的一点薄力，推动文化产业的发展。

20 年来，中国文化产业理论研究不断丰富，为文化产业的历史进程和实践探索提供了有力的支撑。但从总体上而言，中国文化产业理论研究仍然任重道远。随着文化产业成为国家经济发展的战略性产业，人们对文化消费多元化的需求更加强烈，文化产业进入迅速发展的历史时期，而文化产业理论研究却难以适应产业发展的速度，文化产业研究的历史与逻辑、理论与实践还难以做到完全统一。

主要表现在以下四个方面：第一，从文化产业的基础研究而言，对文化内涵、外延、统计标准的划分难以完全统一，对文化产业的概念、范畴、标准和要素的不统一使其研究难以进行横向比较。第二，从文化产业的研究方法而言，对文化产业研究的定性研究较多，定量分析不足，难以将文化产业的理论研究、实践探索和经验判断有机结合。第三，从文化产业理论成果的转化而言，文化产业研究的动态反馈机制缓慢，对实践的梳理，对产业发展中的成败得失的总结，对引领产业发展的前瞻性探索不足，难以直接为宏观调控提供准确依据。第四，从文化产业的研究主体而言，产业的快速发展催生了"快餐式"的研究者，一些学者往往盲目跟从产业热点和现实焦点问题研究，难以秉持"坐冷板凳"的研究精神，难以对文化产业进行跟踪式、长效性研究。

纵观近20年来中国文化发展战略和文化发展理论体系的研究，中国鲜有为国际学术界所瞩目、为国际社会所认同的相关理论研究成果，一个重要的原因是理论思维的缺位。我们对"中国文化产业发展理论体系"系统、整体、深入、全方位的研究不够。但反过来说，时代造成的历史性局限也为未来全面、深入、系统的整体性研究提供机会、创造条件。近20年来的中国文化产业发展战略研究及文化体制改革，给中国文化产业发展带来的深刻变化的探究，对文化发展思想史和实践发展史两个方面的深入研究仍然是一个重大学术使命和责任。

　　我想，这些是我未来需要潜心沉淀研究的内容。

　　"文章千古事，得失寸心知。"虽然我已尽最大努力来完成这套学术丛书，历经多次结构调整、删减校对，书中引用的数据力求权威，选用的案例力求典型，但是在这套丛书完成之时，我甚至都有点不敢将其出版，因为我知道这里面还有太多的不足之处。感谢商务印书馆给予我的鼓励，让我终于鼓足勇气将这套丛书与大家分享，也恳请国内外专家与同仁不吝批评指正，因为文化产业学科体系、理论体系建设仍然是一个非常值得深入探讨的问题。

　　愿不负时光，期望我能继续研究这一领域20年，期望届时能够再拿出一些深入的研究成果与大家分享。

2019年8月

目　录

第一章　理解文化消费 / 1

　　第一节　文化消费概念、特征与功能 / 1

　　第二节　文化消费的理论基础 / 22

　　第三节　文化消费的几组关系 / 39

第二章　时代发展中的中国文化消费 / 47

　　第一节　消费升级背景下的文化消费 / 47

　　第二节　文化消费与消费文化 / 75

　　第三节　中国文化消费现状及特征 / 103

　　第四节　中国文化消费存在的主要问题 / 118

第三章　新型城镇化背景下的城乡文化消费诉求与建设路径 / 131

　　第一节　区域文化消费分析 / 132

　　第二节　区域文化消费类型分析 / 142

　　第三节　区域文化消费影响因素 / 150

　　第四节　新型城镇化背景下的城乡文化建设路径 / 159

　　第五节　新型城镇化过程中的乡村文化建设路径 / 167

第四章　文化消费主体及影响消费因素研究 / 173

　　第一节　文化消费的年龄差异 / 173

　　第二节　文化消费的性别差异 / 193

　　第三节　居民文化消费的影响因素 / 203

第五章　互联网时代的文化消费 / 214
　　第一节　互联网背景下的消费变革 / 214
　　第二节　互联网对文化消费的影响 / 227
第六章　文化消费增长的经验与范式 / 242
　　第一节　促进文化消费的城市案例 / 242
　　第二节　文化消费增长的城市经验 / 269
第七章　中国文化消费发展的路径及趋势 / 280
　　第一节　引导和扩大文化消费的对策建议 / 280
　　第二节　中国文化消费发展趋势 / 302
附录：2014—2018年中国文化消费政策及重大事件 / 317
参考文献 / 361
后记 / 373

第一章 理解文化消费

第一节 文化消费概念、特征与功能

文化消费是消费者对他人及社会提供的精神财富（物质形式和非物质形式）进行消费的经济活动。与一般实物产品与服务消费活动不同的是，文化消费是一种对精神财富的吸收、积累、继承、更新和创造的过程，呈现出鲜明的文化特征。文化消费是经济发展方式转型、产业结构调整、形成新的经济增长点的重要抓手，是消费结构升级的主要方向，更是实现文化发展成果归人民共享，让文化普惠广大人民群众，实现人们对美好生活需要的重要途径。① 因此，准确把握文化消费及相关属性是研究的关键所在。

一、文化消费的概念

（一）文化消费的内涵与外延

早在1899年，经济学家凡勃伦在《有闲阶级论》一书中提

---

① 范周. 文化消费助推发展方式转变 [N]. 中国社会科学报，2011-11-08.

到，人类在基本的生存需求得到满足后，社会分化出现"有闲阶级"，其消费更加注重精神层面的自我实现和社会地位的彰显，文化消费由此萌芽。关于文化消费的专门研究是1966年鲍莫尔和博温发表的著作《表演艺术：经济学的困境》，指出表演艺术行业中生产效率无法随社会技术革新和规模经济总量提升而提高的问题，提出了"鲍莫尔困境"。国外关于文化消费的研究主要集中在实例剖析文化消费需求影响因素与理论阐发文化消费行为原则等方面。国内对文化消费的研究开始于1985年前后。在1985年的全国消费经济研讨会上，有学者首次提出了"文化消费"的概念，之后消费经济学逐渐将文化消费纳入研究范畴，并成为重要的研究对象。[①] 在文化消费理论、文化消费统计指标与评价体系、区域文化消费实证研究方面不断深入。

中外学界与业界经过多年的理论探索与实践积累，逐渐统一了对文化消费内涵的理解：文化消费主要是指人们为了满足一定的精神文化需求，采取各种方式消费文化产品与文化服务的行为。由此定义出发，可从以下四个方面理解文化消费的内涵与外延。

第一，文化消费作为一种经济行为，其目的是满足消费者较高层次的需要。按照恩格斯划分的人类需要的三个层次，即生存需要、享受需要与发展需要，文化消费与衣食住行等满足人们生存需求的基本物质消费相比，是一种"非必需品"的消费，满足的是人们追求身心愉悦、精神提升、全面发展等高层次的精神需要。这是消费需求发展梯度上升的表征，也是社会生产力发展的必经过程。当然，在社会发展到足够发达之前，生存需求随时可

---

① 邱羚. 我国文化消费的理论与实证研究[J]. 商业时代，2011（36）.

能挤压高级需求,如购买住房和食物是刚性需求,一般情况下只有这些需求满足后人们才会考虑购买艺术品,所以文化消费最初的增长是缓慢的,弹性很大,只有经过长期的积累和培育后才能进入快速增长期。

第二,文化消费因消费主体需求不同而表现为不同的结构层次。一方面,文化消费主体由于自身理解能力、社会经验、知识水平、兴趣爱好、精神需求、经济收入的不同,形成文化消费的层次性特征。这也是大众与精英文化消费并存,娱乐与知识消费多样,不同社会不同种类文化消费配比不同的原因。但值得注意的是,文化消费层次与消费主体的经济收入并不总是呈正相关关系。一定情况下,文化消费还受到主体时间和精力的限制。即使收入再高,也不能把所有时间与精力用在休闲娱乐上。其结构层次也就不再受到经济收入的影响。另一方面,文化消费主体由于特殊的消费偏好与消费习惯,以及在消费过程中对文化产品与服务的吸收、转化、再造与创新,很可能创造出新的文化消费需求与文化风尚。像这样的文化生产与文化消费相互作用,会进一步对文化消费结构产生影响。

第三,文化消费以文化产品与文化服务为对象载体。文化产品包括图书、杂志、工艺设计品、影视作品、书画作品、唱片、多媒体产品等能够传达生活观念和价值方式的有形产品,文化服务包括艺术表演、文化旅游、节庆会展等凝聚人们生活方式和历史传承的无形产品。随着社会发展和生活方式的变更,尤其是互联网技术的发展,新的文化产品和文化服务不断出现,文化消费的外延一直在变更,统计标准也一直在变化。我国国家统计局在《居民消费支出分类(2013)》将教育、文化和娱乐归为一大类。

其中文化和娱乐消费包括文化和娱乐耐用消费品、其他文化和娱乐用品、文化和娱乐服务、一揽子旅游度假服务四类。《文化及相关产业分类（2018）》将文化产业分为新闻信息服务、内容创作生产、创意设计服务、文化传播渠道、文化投资运营、文化休闲娱乐服务、文化辅助生产和中介服务、文化装备生产、文化消费终端生产九大类。

参考国家统计局的消费分类标准和文化产业统计标准，为了尽可能全面考察文化消费的构成因素，遵从分类完备性原则，同时兼顾关键指标和数据可获得性原则，可将文化消费的对象统计范围界定为四大类：文化装备生产（电视机、录像机等声像设备，计算机、电子阅读器等信息处理设备，游戏设备，乐器，文化设备维修）；文化产品类（报纸、图书、文具、游戏软件、工艺美术品、艺术品、字画）；文化娱乐服务（观看电影、话剧、歌舞剧等演出支出，参观博物馆、图书馆、美术馆及各类展览，参观历史古迹、公园、动物园等，电视节目订阅、有线电视费、网络付费，游乐场、电子游艺厅、电竞活动、网吧、儿童游乐设施，歌舞厅，卡拉OK厅，以休闲娱乐为目的的健身班、舞蹈班、俱乐部、会所等娱乐服务）；文化旅游（外出团体旅游支出、自助游支出、导游服务、旅游电子平台）。

第四，文化消费具有多种实现方式与组织形式。在知识经济与互联网时代，人们获取文化产品与服务的渠道及消费方式呈现出前所未有的多元态势。数字信息技术带来的内容虚拟化，网络传播媒介带来的获得便利性，极大地改变了文化接受、鉴赏与消费的渠道和方式。数字图书馆、互联网电视、移动端付费课程、VR（虚拟现实）游戏与影院、AR（增强现实）博物馆等使文化消费超越了时空限制,人们可自由地选择符合自身兴趣与定位的知识文化消费方式。同时催生了碎片化阅读、泛娱乐消费、个性化文化体验等互联网时代的文化消费模式。同时,文化消费的组织形式呈现均等化与全球化的特征。以社会公共消费为例,人们可以通过公共图书馆、博物馆与文化科技馆保障基本文化消费需求。也可以通过线下文化会展演出、文化旅游与线上文化信息组织窗口消费不同国家、民族与地区的文化产品与服务。文化消费因丰富的组织形式、多样的消费渠道而逐渐形成不同的消费文化,进而对人们的生活方式形成重要的影响。

(二)消费与文化消费

消费是一种经济行为,主要被作为一个经济学范畴使用。根据《辞海》中的定义,消费"通常指个人消费。人们消耗物质资料以满足物质和文化生活需要的过程;是社会再生产过程(生产、分配、交换、消费)的一个环节;是人们生存和恢复劳动力的必不可少的条件,而人们劳动力的恢复,又是保证生产过程得以继续进行的前提。生产决定消费,它为消费提供对象,决定消费的方式,并引起人们新的消费需要;消费又反过来影响生产,促进或阻碍生产的发展"[①]。第二次世界大战后,随着西方对工业化与现代化经济目标的追逐,以及对消费与投资前景变动预测研究的深入,消费逐渐成为一个独立的经济学研究分支。我国则是在改革开放之后,随着消费观念逐步改变,消费对经济的拉动作用日益凸显,消费经济学逐渐成为经济学研究的重要部分。消费经济学研究的是一定社会条件下,人们在消费过程中结成的经济关系

---

① 辞海编辑委员会.辞海[M].上海:上海辞书出版社,1989.

（消费关系）及其发展规律。[①]消费领域主要遵循的一条规律是，消费需要与需要满足程度逐步提高。也就是说，消费经济学研究始终围绕的是消费需要及其满足程度。因此，从研究消费需要出发，分析消费需要的提高及路径，分析由不同生产力与生产方式所决定的消费方式、消费结构、消费水平的差异，分析如何组织消费品与服务的供应来满足消费需要等，是研究消费及消费领域问题的重要突破口。

文化消费是按照消费需要内容划分的一种消费类型，与物质消费、生态消费并列。它是社会文化再生产的一个环节，是消费经济学范畴下的研究内容，符合消费经济学的一般规律。研究文化消费，应以文化消费需求及满足程度为纲，结合文化内容自身特点展开。由于文化具有精神性、符号性与知识性等无形性、非消耗性与创造性特征，相比较其他消费，文化消费呈现出以下特殊消费规律。首先，生产与消费的合一性。与物质和生态消费相比，文化消费不是简单的对文化产品和服务的消耗，而是知识与内容的消化、吸收、再造与创新。一方面，文化消费的结果可能创造出新的文化。例如，网络游戏的玩家在游戏升级、PK、赏景、交友中，创造出区别于传统语言符号的语言体系、社会规范等。另一方面，文化消费可以创造新的生产力。如作家、电影人、音乐人是在经过大量文字、电影、音乐、艺术等文化消费的基础上，获得灵感与启发，投身文化行业，成为文化生产者的。其次，边际效用变化。与物质消费相比，文化消费不受传统经济学边际效

[①] 百度百科. 消费经济学 [EB/OL]. (2016-07-22) [2018-05-09]. https://baike. baidu. com/item/%E6%B6%88%E8%B4%B9%E7%BB%8F%E6%B5%8E%E5%AD% A6/81587.

用递减规律的支配。对于一般物质消费，在一定时间内随着消费量的增加，消费者获得的满足程度即效用增量不断递减。但文化消费由于满足的是消费者精神等高层次的需求，其满足程度并不以消费数量为唯一衡量标准。例如，电视剧、电影、艺术体验等长期、多次、重复及反复性的消费与分享，会使满意程度呈现边际效用增加的规律。再次，需求收入弹性系数大于1，就是说需求增速快于收入增速。一般物质消费达到一定程度后，随着消费者收入增加会趋于饱和。但正如前文提到的，一旦刚性生存需要满足后，文化消费会随收入增加而增长，且其需求增长会快于收入增长。这也是近年来随着居民平均收入的增加，文化旅游等文化消费表现出激增态势的部分原因。

（三）文化生产与文化消费

从社会最初发展阶段的个体生产到进入复杂分工的社会化生产，文化生产由来已久。但是作为经济学范畴和产业体系的重要环节，始于马克思的精神生产理论，成型于法兰克福学派霍克海默和阿多诺的"文化工业"概念之后，经由伊格尔顿和马舍雷关于文学生产，布尔迪厄对于文化生产场域的扩充，逐渐明晰其内涵。虽然尚未有对文化生产的确切定义，但是我们可以将现代文化生产看作文化生产者通过一系列脑力劳动与精神活动，对文化资源消化、加工、创造成文化产品与服务，通过市场化运作，满足消费者精神文化需求，创造社会价值的活动。其组织结构呈现为文化产业形态。不难看出，文化生产的产生与发展，始终伴随着文化消费的行为。正是通过文化消费，文化生产才真正走向社会，文化产品和服务才更好地体现出其功能价值。关于文化生产与文化消费之间的关系，可以从以下三个方面理解。

第一，从文化生产与文化消费的发展角度，两者呈现阶段对应性。在文化与物质消费同一的原始阶段，图腾、神话等文化生产活动多为生存需要，没有独立的精神生产者，文化消费没有明确主体；进入社会分工细化与生产扩大的文明时期，专门从事精神生产的群体出现，文化消费随之出现，但集中于少数特权阶层与精英群体。文化生产被动性强，为特殊文化消费群存在；当社会进入商品化、市场化时代，文化生产的能力与流通水平提高，大众需求多样化。文化生产开始服务全社会成员。文化消费摆脱过去被动、附属的地位，成为人们的日常行为。文化生产与文化消费在不同社会阶段对应不同发展特征。

第二，从文化生产与文化消费的功能实现角度，两者相辅相成。文化生产者（精神产品的原创者、生产工人、经纪人、销售商等）活跃于文化生产的不同阶段，目的是为文化消费服务。创意和物化实现阶段，原创生产者通过创新思维，达成对文化资源的挖掘与资源组合方式的提升，进而实现思想、情感、认知的精神表达，为实现文化消费过程中思想交流、感情沟通与接受打下坚实基础。同时，文化消费群在精神趣味上的独立性，为文化生产提供目标与边界。其他生产主体多采用工业化生产手段，投入文化、人力、经济资本、加工、包装、宣传等环节，经过初级文化消费，最终将文化产品推向市场，文化消费可在文化市场以及交换外的特定环境实现。文化生产服务实现阶段，即是文化生产扩大化的阶段，通过传播手段与营销销售方式，实现文化消费的获得与体验。文化消费也会通过相关体验产生的马太效应，进一步引导形成"类"产品的生产。

第三，从文化生产与文化消费的经济学角度，两者符合生产—消费辩证关系。文化生产决定文化消费，主要表现在文化生产创造文化消费对象：如武侠小说造就的"武侠迷"；动漫游戏形成的"二次元"群体；《诗词大会》带来的"诗词热"等。同时决定文化消费结构与消费方式，例如美国大片的引入对国产影片票房的冲击及消费的间歇性排他；韩剧造成的国内现象级消费热点；VR与AR技术带来的数字文化体验方式等。这反映出文化生产对文化消费的引导作用。因此，常常由于文化生产者素质的制约、文化生产的功利性以及市场交换环节的先天不足，文化生产"僵尸"、中低端及有害供给，给文化消费造成不良引导。文化消费反作用于文化生产，主要表现为文化消费使文化生产的产品成为现实的产品，例如，很多互联网内容平台，通过文化付费的方式将知识生产转化为直播、课程、娱乐等知识消费产品。同时，文化消费创造出新的需要与生产动力，例如中央电视台《舌尖上的中国》纪录片系列引发的以饮食文化体验为主题的文化旅游。但需要看到的是，由于消费者趣味、习惯、需求动机等因素的影响，以及大众娱乐化、扁平化、符号化文化消费的需求，生产如果一味顺应大众需要，也会造成诸多问题。这在短视频文化消费领域里表现得极为突出。

二、文化消费的特征

（一）文化消费的精神性

不论文化消费的具体内容是何种形态（物质形态或精神形态），文化消费的精神性都是其本质属性与特有属性。文化消费的精神性特征主要体现在消费目的与消费结果的精神性上。首先，文化消费的目的是精神需求的满足。文化内容凝聚了他人的精神劳动，表达特定文化规则，具有精神意义和价值。不论是以物质载体存在的书籍、艺术品与创意产品，还是以数字形式存在的影视娱乐作品，抑或是以劳务形式存在的教育、旅游，消费主体均是以消费蕴含其中的精神性内容为目的，以感官与精神体验为方式。其次，文化消费的结果是消费者在精神上的满足，它包括审美的享受、意义的获得、价值的思考、智力与精神的提升等。不仅如此，更形成了良好的精神消费文化氛围。从北京每年举办的惠民文化消费季来看，消费者通过曲艺综艺互动消费、图书阅读消费、文化科技跨界消费等，其文化艺术欣赏水平与消费水准逐年提高，文化需求层级不断上升，消费文化氛围日益明显，倒逼市场提供更为优质的文化消费产品和服务。总之，正是由于文化消费的内容与结果均表现为精神性，才使得文化消费的主体与客体、目的与结果实现良性互动。

（二）文化消费的符号性

作为文化消费精神性的具体体现，文化消费的符号性是其典型特征。早在20世纪中期，法国后现代主义大师鲍德里亚就提出消费的符号价值理论，认为为了构成消费对象，"必须成为符号，而消费是一种系统化的符号操作行为"。不难看出，符号价值就是商品实用价值之外的文化价值，如钻戒代表的爱情与婚姻、耐克鞋传递出的自由个性、香奈儿承载的优雅女性气质等。商品逐渐成为某种社会符号意义——文化的载体。这种符号消费的本身就是文化价值实现的过程，也是文化消费符号性的具体体现。可以说，文化消费的本质对象并不是物质，而是表征文化意义的符号。它包括语言、文字、影像等符号表达层面与风格、调性、特色、价值等符号内容层面。正如近年火爆的真人秀娱乐节目中，不仅有演员表演、游戏体验、后期特效剪辑等符号表达层面的消费，更有节目风格如烧脑推理、演员特色如蠢萌搞怪、节目传达的价值如"我们是一家人"的团队正能量等符号内容层面的消费。因此，文化消费的符号性特征是其区别于其他消费的主要特征。

（三）文化消费的知识性

由于文化消费要满足消费主体享受、发展等高层次的需要，因此，知识消费是文化消费的另一重要特征，主要表现在消费的知识考量性上。首先，文化消费具有一定知识性门槛。正如马克思所说，对于不懂音乐的耳朵，最美的音乐也没有意义。显然，只有具有一定知识储备并达成一定认知的人，才能顺利地进行文化消费。这里所说的知识认知，既包括对文化消费内容的知识储备，如观看或参与《诗词大会》的消费者，需要对中国古诗词有一定的知识积累或基本认知；也包括技能形态的储备，如电子竞技游戏的消费者离不开对电子游戏设备的了解与掌控；网络文化的消费者离不开对互联网载体与传播规则的认知等。因此，知识性是文化消费实现的考量依据。其次，知识性是文化消费水平的考量依据。在继续教育、职业技能培训、文化传播等文化消费过程中，知识性可以通过考核评估、测试打分等方式进行衡量，量化考核水平的高低与知识传播效果的好坏也直接反映了文化生产的质量。由此可见，由文化消费实现的，流通于文化消费市场的，不仅有无形的文化社会符号意义，更有可量化的知识。这也是文化消费对于构建学习型社会重要意义的关键所在。

（四）文化消费的娱乐性

娱乐性文化消费在当前文化消费各个维度的占比逐年增加，

文化消费的娱乐性不言而喻。在社会节奏加快、竞争发展压力倍增的情况下，越来越多的消费主体希望通过影视演艺、运动游戏、节庆活动及相关体验场域的文化消费、娱乐放松身心，调节生活节奏，增加生活情趣。首先，大众为消费者带来了身体感官的放松，并进而引发深层次的精神愉悦。其次，"大众文化内蕴的审美趣味和美学价值支撑了大众文化现象性文本和事件性文本的叙事策略和话语方式，使其视觉媒介特征（数码技术为后台）和读者反应特征（市场运作为后台）大异于传统诗学的文字媒介特征和作者主导特征"[①]。各种娱乐现象级消费催生了文化消费的诸多消费热点。例如，起源于日韩，风靡东亚的偶像文化消费。再次，随着互联网去中心化以及泛娱乐的发展，文化消费的娱乐性越发呈现出"狂欢式"发展态势。从"双十一"消费狂欢，到"女生节""白色情人节"等造节消费活动，狂欢式的文化消费表现出全民娱乐、仪式性消费、消弭阶层差距与插科打诨的娱乐性特征。文化消费的娱乐性正愈演愈烈。

（五）文化消费的传承性

文化消费的传承性体现文化产品和服务消费过程与方式实现的文化内容传播、传递与继承，即文化消费是文化传承的主要方式。首先，文化通过文化产品的生产和消费得以广泛传播。观众观看《芈月传》之后，追溯秦楚文化的前世今生；游客在游览清明上河园时，重温北宋市井文化；在方特梦幻乐园的娱乐消费中，领略童话与未来世界。文化通过多种多样的产品与服务消费形式，为人们所接受和熟知，进而通过大众消费得以传播。其次，文化

---

① 傅守祥. 欢乐诗学：消费时代大众文化的审美想象[D]. 杭州：浙江大学，2005.

符号通过文化消费得以传承。中国的梅兰竹菊通过士大夫阶层的文化消费，逐渐凝聚成象征君子气节的文化符号，为历代文化消费者所认知和传递。类似的如美国梦、英国绅士、米兰时尚等文化符号，经过历代文化消费的积累，而得以在本地区甚至是在全世界内不断传承。此外，在文化消费过程中，由于消费偏好形成的消费习惯也具有传承性。例如美国与部分欧洲国家的超前性文化消费主张，中国的崇俭戒奢的消费习惯也影响着每一代的人们，而这又恰恰构建了消费文化的范畴。

三、文化消费的功能

文化消费是兼具经济属性与文化属性的社会行为，是包含文化因素与经济因素的综合性活动。因此，文化消费既有经济产业功能，又有社会文化功能。在社会经济发展、产业构建与人们的社会生活中发挥着不可替代的作用。

（一）文化消费与经济增长

我国经济步入新常态，投资增速放缓，出口增长乏力，扩大居民消费成为拉动经济增长和优化经济结构的重要手段。一方面，由于传统的依赖物质资源促进经济增长的模式面临着资源枯竭、资本投入边际效益递减的问题，经济增长亟待通过文化创意等智力资源创造新的增长点。另一方面，随着居民经济收入水平的提高，其对文化生活的需求日益旺盛。文化消费规模不断扩大，消费热点时时涌现。文化消费对经济增长发挥着直接带动与间接促进的作用。

文化消费作为生产要素直接拉动经济增长。首先，文化消费有利于扩大内需，拉动经济增长。据统计，"我国中产阶级人数将实现爆发式的增长并在十年后达到 2.5 亿—3 亿（相当于美国或英法德意人口的总和）。庞大中产阶级的崛起，必然对高品质文化产品和服务提出更多更高需求"[1]。其次，文化消费对经济总量有直接带动作用。2016 年全国文化及相关产业增加值从 2012 年的 18071 亿元增加到 30254 亿元[2]，在北京、广东、上海、江苏等多个省市的地区生产总值中，文化产业增加值占比已超过 5%，支柱产业的作用日益显著。以"互联网+"为主要形式的文化信息传输服务业营业收入 5752 亿元，增长 30.3%；文化艺术服务业 312 亿元，增长 22.8%；文化休闲娱乐服务业 1242 亿元，增长 19.3%。[3] 网络直播、移动电竞、内容付费、文化+VR/AR、文化+康养等文化消费领域的热点对经济的贡献达千万级。国家统计局数据显示[4]，2017 年，全国居民人均消费支出 18322 元，其中，人均教育文化娱乐消费支出 2086 元，增长 8.9%，占人均消费支出的比重为 11.4%。2018 年第一季度，全国电影票房收入为 202.2 亿元，同比增长 39.8%，其中，新年档票房 57.2 亿元，2 月票房 100 亿元，创下种种纪录。再次，文化消费有利于增加税收收入。仍以 2018 年第一季度为例，广播影视、文化艺术、娱乐、教育等精神文化型消费行业税收收入分别增长 38.3%、38.2%、27.3%、26%。文化、健康、旅游消费增长迅速，图书音像、文化办公用品和中西药品

---

[1] 齐骥.推进文化产业供给侧与需求侧协同发展研究 [J].发展研究，2016（11）.

[2] 范周.坚定文化自信，建设新时代社会主义现代化文化强国 [J].前线，2017（11）.

[3] 国家统计局.2016 年国民经济和社会发展统计公报 [EB/OL].(2017-02-28) [2018-05-10]. http://www.stats.gov.cn/tjsj/zxfb/201702/t20170228_1467424.html.

[4] 同上.

销售额增速均超过 50%。无论是对扩大内需，增加实体经济总量，还是文化消费行业税收收入，文化消费都发挥着实实在在的带动作用。

文化消费通过文化资本间接拉动经济增长。上述文化消费的精神性与知识性特征，使得人们可通过文化消费实现知识、教养、技能、品味的提升以及由此内化形成认知力、创造力等文化能力。这些文化资本成为人们参与经济社会生活的基础。一方面，文化消费有利于提高劳动者的科学文化素质，进而提升经济社会各部门生产力。例如，文化消费提升了人们对生活美学的鉴赏能力与审美追求，使人们越来越注重产品与服务的创意与设计。从传统消费品如鞋服配件，电子消费品如手机、电脑，到生活服务如餐饮、住宿及娱乐场所，创意设计不断提升着产品与服务的附加值，不仅带来了客观的经济附加收益，也改善和提升了实体经济环境。不得不说，这是文化消费通过人力溢出效应促进生产的良性互动的结果。另一方面，持续的文化消费可提升消费者的整体品位与素养，进一步释放了消费的潜力。例如，随着受过良好教育、经济独立的女性越来越多，女性在文化消费领域表现出惊人的消费能力与敏感度。百度糯米发布的《女性消费大数据报告》显示，自 2015 年女性在 KTV+美食、电影+美食、电影+酒店的组合中的联动消费比例高于男性。同时，"90 后"女性对青春怀旧、闺蜜爱情等题材的狂热更是推动了"小妞电影"新类型的崛起。①《滚蛋吧！肿瘤君》女性观众达六成。对艺术品、奢侈品的文化高

---

① 百度糯米. O2O 生活服务女性消费大数据报告 [EB/OL]. (2016-03-04) [2018-05-10]. http://www.cankaoxiaoxi.com/science/20160304/1091969.shtml.

消费进一步提升了女性的独立意识与生活品位，对生活品质的追求通过文化消费释放出强大的"她经济"，影响着经济的发展与走向。

同时，相对于物质消费，文化消费的资源消耗性较低。在资源消费日益严重、环境状况逐渐恶化的后工业社会，逐渐增加对精神文化产品与创意服务的消费，保护和创造绿水青山的资源环境，具有更为深远的意义。文化消费通过以低碳绿色为发展理念的智慧密集型文化产业效应，帮助国家跨过"中等收入陷阱"，促进国民经济的良性循环。

（二）文化消费与文化产业发展

文化消费与文化产业天然的内在关联性不言而喻。那些影响文化产业发展水平的要素，同样也是影响文化消费的关键因素。文化生产为文化消费提供产品和服务，文化产业发展水平的提升为文化消费营造更加积极的环境；而文化消费是文化产业发展的根本动力，文化消费的趋势引导文化产业的发展方向。文化消费对文化产业的发展作用主要体现在以下方面。

第一，文化消费具有产业转移作用。由文化消费需求改变而造成产业崛起与衰落在文化产业方面表现显著。以文化娱乐产业为例。20世纪80年代，卡拉OK传入中国，填补了当时人们的精神空白，卡拉OK产业迅速兴起。1994年之后，由于社会增加了一些通过出口、贸易富起来的阶层，为迎合这部分人群的文化娱乐消费需求，各地纷纷出现了豪华歌舞娱乐场所，在此场所消费成为社会地位的象征。以歌厅娱乐为消费热点的产业链迅速建立。由于市场盲目追求炫耀性消费，高昂的消费远远超出了大众消费水平。一方面使广大群众被排除在市场之外，因无法满足相关文化需求而造成需求紧缩；另一方面，炫耀奢侈消费滋生了骄奢淫逸、贪污腐败之风以及低俗化甚至有害内容，使产业发展逐渐畸形与混乱。随着社会不断发展和体制机制改革，人们的文化选择日益多样，相关的奢靡之风得以控制，造成传统卡拉OK消费需求进一步压缩，卡拉OK产业逐渐走向衰退期。近年来，随着互联网与共享经济的发展，以平价即时消费为特点，以网络短视频、共享歌房为形式的卡拉OK消费成为新热点，引来了无数资本的驻足。传统娱乐要素纷纷向此转移，撬动起新的产业链。由此可见，文化消费对文化产业的产业转移作用十分明显。

第二，文化消费具有产业创新作用。不论是产业内容拓展还是形态更新，文化消费都是最初的试金石和最终产业化的推手。20世纪中期，出版领域首先拥抱电子技术，产生了电子出版产品。开始并未受到大众的关注。但随着上班族效率需求与年轻人尝新需求引发的消费热潮，电子出版物迅速风靡一时。出版物也由原来的纸质出版物分为印刷与电子两大类出版物。再比如，传统的文化消费多以线下消费为主。随着大众零售电商、移动支付等数字化消费方式的改变，文化消费也顺应了数字化的趋势。网上数字内容消费、网络视频内容消费、网络游戏、在线旅游、数字电视、移动端文化消费、虚拟现实体验不断创造新的消费需求，并由此产生庞大的消费群体。文化消费需求的变化引导文化企业不断引进新技术、开发新产品与产业模式，并推动了文化产业内容更新。在国家统计局发布的最新的《文化及相关产业分类（2018）》中，增加了"其他文化数字内容服务""互联网文化娱乐平台""可穿戴智能文化设备制造"等行业小类，即是对文化消费的产业回应。此外，传统文化消费场域中也增加了数字内容与消费模式，催生了新的数字文化产业。使用智能设备、全息投影、VR、AR等技术手段，实现虚拟与现实的结合，增强多维度感官刺激，带来了更丰富的视听感受和"身临其境"的现场感，旅游文艺演出、舞台剧、线下游戏等数字文化产业新业态在消费的驱动下蓬勃发展。

第三，文化消费具有产业链整合作用。文化消费具有消费黏合性，由此带动相关产业发展，进而锻造巨大的产业链条。IP文化消费就是典型的例子。从"迪士尼""熊本熊"IP（intellectual property，知识产权）引发的动漫、电影、主题公园旅游（餐饮、酒店、艺术品）、服装等衍生品消费形成了联动的产业链效应。比如，剧院文化消费对经济的贡献不仅是门票售卖，还能够拉动周边的餐饮、住宿、购物和娱乐等相关产业，甚至可以像伦敦西区那样，带动整个城市文化品牌的提升和文化旅游的发展。这种联动效应能够吸引优秀企业到城市投资落户，更多高端和优秀人才到城市落户发展，为本地居民创造更多的就业机会，形成经济发展的良性循环和产业发展的良性互动。同时，这个过程是IP文化符号物化的过程，一旦可视化、实体化，模糊的概念就可以与现实世界相接触，同消费者产生情绪上的共鸣。基于IP的全球性，地域或地区性产业消费形成多产业联动，进一步扩大了IP的影响力，形成了强大的文化影响力。这是文化消费对于产业链带动的核心作用。

第四，文化消费具有产业投资效应。消费需要形成市场，市场吸引投资。消费与投资在市场经济条件下密不可分。随着文化消费的迅速增加，投资文化产业成为产业投资的一个重要方向，一个重要原因就是文化投资兼具社会效益和经济效益双重利好。例如，通过对纪录片、电视剧的拍摄而进行的文化产品的生产性投资，举办城市"惠民文化消费季"，鼓励和刺激文化消费一类的消费类投资，对艺术馆、图书馆等文化消费场所的赞助投资，对城市马拉松文化赛事或会展类消费的发展类投资，都是个人与企业树立形象口碑，提升企业经济效益与社会影响力的重要方式。以引导、鼓励、刺激文化消费为目标的投资效应，对文化产业形成良性的产业发展生态与环境起着至关重要的作用。

第五，文化消费具有产业政策引导作用。我国文化产业起步较晚，在发展的过程中出现的产业结构不够合理、产能过剩与产能不足等问题，部分原因是文化消费需求乏力、消费市场不成熟、消费结构有待升级导致的。因此，单纯依靠产业需求侧的市场调节无法促进和引导文化产业健康发展。政府引导与市场驱动相结合的模式便成为我国文化产业发展的主要方式。文化消费作为产业需求端的重要内容，顺理成章地成为文化产业制定的主要依据。例如，针对目前存在的近3万亿元的文化消费缺口，文化部、财政部联合制定了《关于开展引导城乡居民扩大文化消费试点工作的通知》，通过双效统一、制度设计、组织领导、系统布局、平台搭建、改善环境，推动文化供给侧与需求侧两端发力，实现社会效益优化和文化资源配置效率升级，在释放和扩大文化消费的同时，促进文化产业发展。

（三）文化消费与居民生活

根据《2017年国民经济和社会发展统计公报》，2017年我国居民人均教育文化娱乐消费支出为2086元，增长8.9%，占全部支出的11.4%，仅次于食、住、行等基本生活需求消费。随着人们在精神层面消费比重的增加，人们越来越关注自身的文化素养和知识结构发展，未来"文化幸福指数"将成为更多人的幸福衡量指标。文化消费也将成为衡量居民生活品质的重要指标，在提升综合生活品质方面起着不可替代的作用。

第一，文化消费是衡量居民生活水平的重要标准。文化消费占居民总消费比例越高，居民个人的文化生活越丰富，生活质量越高。通过文化消费指数，可以判断居民生活水平，并可衡量国民的综合素质。根据"中国文化消费指数指标体系"，文化消费指数包含文化消费意愿、文化消费能力、文化消费水平、文化消费环境、文化消费满意度五个方面。2017年中国文化消费指数表明，我国文化产品和服务的种类和质量在不断提升，消费渠道日益丰富与便捷，消费环境全面改善并日益更新，这些都为居民进行文化消费营造了良好的氛围。从区域来看，东部地区由于平均收入略高于中部与西部地区，其消费水平也相对较高，对于生活质量与精神满足的追求亦较高。从城乡角度看，城镇居民的文化消费与农村居民的文化消费仍在多个维度上存在差距，但正在逐渐缩小。从性别角度看，2017年男性文化消费综合指数历史性地超过女性，男性对于精神生活的追求逐步赶上。从年龄角度看，"90后""00前"的青少年属于行动派，实际文化消费支出占各年龄段之首，成为文化消费潜力与实力消费群体的主力军。从学历角度看，不同学历与教育背景的人群的文化消费差别显而易见，其中本科及以上，尤其是研究生以上学历人群的文化消费整体水平明显高于其他群体。从消费品类看，国内文化旅游、电影和游戏以及国外的动漫成为消费者热衷的品类。在文化产品、服务的消费支出水平方面，文化娱乐活动、电影、文化旅游、网络文化活动、图书/报纸/期刊排在前五位。①文化消费从多个维度反映出居民生活水平与生活方式的变化情况。

第二,文化消费是提高区域文化竞争力的重要手段。衡量城市区域的文化竞争力,需要从文化禀赋要素、文化经济要素、文化管理要素、文化潜力要素、文化交流要素着手。文化消费作为文化经济维度不可缺少的一环,成为城市文化竞争力塑造和发力的突破口。根据《中国城市文化竞争力研究报告(2016)》,北京、上海、广州、杭州、南京、深圳、武汉、西安、重庆、成都是排名前十的城市。这与城市对文化消费的重视程度直接挂钩。例如,北京、上海注重文化消费场域建设与环境塑造,探索以城市场景为载体的活化文化消费。北京市文化消费将举办活动和优化空间相结合,在活动内容上求增量,在消费空间上谋拓展。北京市设立了东城文化人才(国际)创业园、北京电影学院文创园等"十大文化消费园区",着力引导园区由传统商务服务功能向生产与消费并重的复合型园区升级。在上海市杨浦区五角场城市副中心的规划中,政府针对杨浦区120万人口和五角场周边有14所大学的特殊优势,特别重视文化设施的前期预留。在由5栋独立建筑构成的万达广场上,聚集了大歌星KTV、上海书城、万达百货等文化设施,以及沃尔玛、巴黎春天、第一食品商店、黄金珠宝城、宝大祥等大型购物中心,二者彼此呼应,实现了吃、喝、玩、乐一条龙服务,为文化消费的整体推进提供了集群式场景。南京市则通过全品类文化消费活动,打造城市文化氛围。在2018年南京美

---

① 中国人民大学. 2017中国文化产业系列指数[EB/OL]. (2018-01-19) [2018-05-10]. http://www.sohu.com/a/217717275_99957183.

好清单——全年文化消费活动列表上,3—12月,每个月都有一个文化消费门类活动。例如,3月的南京书展,将承载着传统与现代、历史与当下的优秀灵魂与思想系统地展示给市民;4月的2018年钟山假日音乐会,让各种音乐消费承包起南京的双休日;5月的南京创意设计周、中国(南京)非遗创新周,力推南京饮食文化消费;6月的太阳宫儿童演出季为"80后"中产阶级的下一代创造了展现的教育平台;7月的青年音乐节通过省际巡回海选模式,用文化消费平台搭建的方式,激发民间原创音乐的热情,打造南京音乐消费名片;8月的大报恩寺遗址博物馆特展季,促进历史文化消费;10月的南京文交会丰富文化消费品类;11月,南京将城市文化精心打包,以"南京周"的方式在世界各地展示,通过世界性文化消费输出当代中国城市文化;12月,当地演艺剧团登台亮相,为城市居民的冬日文化消费创造新窗口。从3月到12月,南京市将文化消费作为城市生活的主题,通过挖掘与传承城市文化,点燃城市文化消费激情,极大地提升了城市竞争力。总之,文化消费在城市塑造自身文化特色、打造良好生活环境方面发挥着不可替代的作用。

第二节　文化消费的理论基础

文化消费作为消费领域重心转移的结果,对其研究的时间并不长。自第二次世界大战结束,新科技革命促进了西方社会生产力发展,经济迅速复苏加速实现了社会物质财富需求的满足。文化消费在西方于20世纪50年代末到60年代初兴起。对于其进行的研究也纷至沓来。文化消费的兴起为文化消费的研究奠定了丰富的理论基础。由于文化消费是消费领域与文化社会领域的交叉研究对象：既继承性地遵循一般消费规律，又带有典型的文化特征。因此，对文化消费的研究务必需要以既有的消费理论与文化社会理论为基础。在现有的理论框架中，西方理论由于其起步早，系统性强而成果显著，也是文化消费理论建立的基础。值得注意的是，由于西方社会并未有明显的城乡差距，进入现代化阶段早且发展程度高，使中产阶层占绝大多数，因此，其文化消费的研究主体以全民为主。这与我国文化消费的现状多有出入，因此在具体实证研究中，需要以历史与辩证的角度看待理论依据。总体来讲，消费及文化消费理论主要从经济学、社会学和心理学等视角展开。

一、消费相关理论

（一）马歇尔消费者需求理论

西方经济学关于消费的讨论，历经了重商主义时期的思想开创阶段，古典经济学时期的消费生产关系讨论阶段，边际革命时期的基础研究，得以在新古典经济学的系统完成，以及之后凯恩斯的补充。可以说对于消费理论研究的丰富，奠定了经济学完整的架构基础。其中，新古典经济学创始人阿尔弗雷德·马歇尔对边际效用价值理论、一般均衡理论与边际生产力理论兼收并蓄，提出著名的消费者需求理论，彻底改变了经济学的发展方向，成为20世纪西方经济学主要流派，是经济学领域消费理论的集大成者。

马歇尔消费思想的出发点是人的欲望。人的欲望具有多样性，且既有物质的也有精神的。尤其指出人具有为"优越感而求优越感的欲望"。人的欲望必须由各种物品的效用加以满足，因此引起人类活动即生产消费行为。同时，新的活动引发新的欲望。但由于单个欲望的有限性，造成边际效用递减结果。与边际学派的主张不同，马歇尔将边际效用定义为边际购买量（愿意在最后一单位上支付）的效用，边际效用便通过消费者边际购买的价格——需求价格来衡量。当一个人所拥有的某物的数量越多，假定其他条件不变，则他对增多一点此物所愿意付出的价格就越少，也即边际需求价格越少。马歇尔将此思想用需求表与需求曲线表述，说明随着消费者所购物品数量的增加，所愿支付的价格会下降。这项不仅使用于个人也使用于整个市场的理论成为马歇尔的需求理论的基础。之后，马歇尔进一步提出需求价格弹性的理论及公式，即价格增减引起需求量变化的比率及计算方法。他指出，人们的收入水平、价格本身的高低、风俗习惯，还有商品本身的特性，均能影响需求弹性的大小。在研究消费者需求时，马歇尔提出消费者选择理论，主张一个人应当把他的货币收入做妥善处理，以便从有限的收入中获得最大的满足，方式是尽力使每一用途上所花费的单位货币的边际效用趋于相等。这个过程通常存在消费者剩余。一个消费者发生消费行为后，他从"购买此物所得的满足，通常超过他因付出此物的代价而放弃的满足"[1]，这样就从购买中产生一种满足的剩余。他因不愿得不到而愿意付出的这种物

---

[1] 〔英〕阿尔弗雷德·马歇尔. 经济学原理[M]. 朱志泰，陈良璧，译. 北京：商务印书馆，2009.

品的价格,超过他实际支付价格的部分,就是剩余满足的经济学衡量方法。也就是说,消费剩余是消费者获得的额外利益与满足,其衡量方式是消费者愿意支出的价格与实际支出价格的差额。由此可见,不同商品类型会产生不同的消费剩余。

马歇尔的消费者需求理论,改变了以往消费相对于贸易、生产的从属地位,认为一切生产的最终调节者均是消费者的需要。这是从人性角度出发,强调了消费在经济学中的首要位置。在对消费需求内容的研究中,马歇尔看到了精神需求的必要性。在对需求弹性的研究中,其研究假设为"理性经济人",即前提假设人的一切活动是为了追求效用最大化,并指出奢侈品价格弹性大于必需品;在消费者剩余理论中,强调购买意愿与需求满足的衡量方式,并指出生活必需品比奢侈品及文化产品的消费剩余多。这些都为文化消费现象及规律奠定了理性微观经济学理论基础。

(二)凯恩斯消费函数理论

西方现代消费理论研究始于20世纪30年代。随着第二次世界大战后的经济腾飞,消费逐步成为西方国家经济与社会活动的主要方式。消费对宏观经济的影响更为显著。因此,消费理论从微观经济领域转向宏观经济范畴。这一转向始于凯恩斯宏观经济学研究。20世纪30年代,西方社会爆发经济危机。需求不足和产品过剩对新古典经济学提出了挑战。为研究需求不足的问题,凯恩斯在其著作《就业、利息和货币通论》中,提出了绝对收入假说及消费函数。创造性地将"收入"变量引入消费分析,提出了绝对收入假说,首次从宏观经济学的视角将消费与收入关联起来。在此之前,人们对于消费和储蓄的认识多停留在利率决定性作用上,是从微观经济学角度考察个体消费行为,认为在收入水平一定时,消费是价格的函数。[①]

凯恩斯认为消费与收入之间具有稳定的函数关系。具体表达为:

$$Ct = a + b \times Yt$$

其中,C 表示总消费,Y 表示总收入,下标 t 表示时期;a 为必需的消费支出(或自发性消费),且 $a > 0$;b 为边际消费倾向,且 $0 < b < 1$。由于凯恩斯主要从消费心理学的视角研究消费函数,因此从以上公式中不难看出,消费函数是建立在三个基本心理法则的基础上的。第一,边际消费倾向递减。凯恩斯在《就业、利息和货币通论》中这样写道:"无论从先验的人性看,或从经验中之具体事实看,有一个基本心理法则,我们可以深信不疑。一般而论,当收入增加时,人们将增加消费,但消费之增加,不如收入增加之甚。"[②] 也就是说,消费的增长低于收入的增长,消费增量在收入增量中的比例逐渐减少,即边际消费递减。第二,平均消费倾向随收入增加而减少。平均消费倾向是指某时期消费占收入的比例。由于边际消费递减,平均消费倾向也递减,收入越高,消费占收入比重越小。这一结论说明低收入家庭有高消费倾向,高收入家庭的消费倾向较低。这也意味着,如果收入分配得越平均,则整个社会的整体平均消费倾向就越高。第三,消费的主要决定因素是收入。因此,在收入不能大幅度增加的情况下,消费支出也不会有太大变化,消费需求的变化只受收入水平的影响。

(三)马斯洛需求层次理论

不论经济学领域从理性的微观还是宏观层面开展对消费的研

---

① 罗晰文.西方消费理论发展演变研究[D].大连:东北财经大学,2014.
② 〔英〕约翰·梅纳德·凯恩斯.就业、利息和货币通论[M].陆梦龙,译.北京:中国社会科学出版社,2009.

究，消费都是人的需求与需求满足的活动。其主体离不开作为社会的人与人的需求。这也是其他学科如心理学、社会学不断向消费经济领域渗透的结果。20世纪五六十年代的美国，工业生产与科学技术的发展虽然帮助其逐渐确立了世界经济霸主的地位，但社会内部开始出现异常尖锐的矛盾。一方面，机械工业生产使人丧失了生命的意义和价值，造成精神空虚与堕落；另一方面，青年人对现实与主流文化不满，在一场场个人主义与个人欲望的反叛中，陷入更深的迷惘。人本主义心理学正是在这样的时代背景下诞生。随着马斯洛、罗杰斯等学者核心观点的提出，人本主义心理学为当时的人们开辟出通往自身心灵的方向，并成为与行为心理学与精神心理学分庭抗礼的新兴心理学理论。人本主义心理学主张以整体人（或全人）为研究对象，关心人的价值与潜能，以及人的成长与发展，或称自我实现。其本身是人类自主意识觉醒运动的重要组成部分，也是人与工业社会矛盾激化后的发展反思。

亚伯拉罕·马斯洛提出的需求层次理论是人本主义心理学的重要组成部分。他在1943年发表的《人类动机的理论》一书中，将人类的需求分为生理需求、安全需求、社交需求、尊重需求以及自我实现需求。生理需求主要指衣食住行等方面，用来维持自身生存的需要，也是最能推动和激励人行动的。安全需求本质上是对规则、秩序的确信需求。归属与爱则逐渐过渡到情感上的需求。尊重需求包含内部尊重，即独立自主与自信；外部尊重，即来自他人与社会的尊重。马斯洛认为，满足人的尊重需要，可以使人体会到人生的价值与意义，使人充满自信，对生活充满激情，具有非常积极的激励作用。自我实现的需求则最大限度地发挥人的潜能。不难看出，马斯洛需求理论的五种需求逐级上升，因此也成为马斯洛需求阶梯结构。前两个层次属于物质性需求，或低层级需求，后三个层次可归为精神性需求，是人的高级需求。据此，马斯洛得出需求理论的主要观点：第一，需求一般按照由基础向高阶的顺序发展。只有尚未满足的需求才具有激励作用，而得到满足的需求已然不构成激励因素。第二，需求分阶段，分层级，分种类，且表现强度不同。只有那些优势需求（最迫切与强烈的需求）才能引发人们的动机与行为。第三，各层次需求相互依赖与交叉。低层需求不会因高层需求的出现而消失，各层级需求可以实现不同程度的满足而共同存在。第四，需求层次存在诸多例外，并非所有人的需求都按照阶梯结构变化发展，也不是所有人一生都会有全部五种需求。

显然，马斯洛的需求层次理论多是以人的主观因素为出发点，分析人的心理动因和行为。这为研究消费、消费需求与消费行为提供了心理学理论基础，解释和印证了很多消费行为，如物质消费与文化消费的前后继起，需求层次中的需求高峰与消费需求变化曲线等。同时，马斯洛的需求层次理论为消费分析提供了经济学客观理性因素之外的主观感性因素。需求的个性化偏高，文化社会价值与身份认同的心理需求，生活美学消费的产生都与马斯洛人本主义心理需求理论密切相关。

（四）让·鲍德里亚消费社会与符号消费理论

从 20 世纪初开始，以美国为代表的西方国家逐渐进入"消费社会"。西方学者不断聚焦这一"社会转型"现象，并从社会学的角度深刻研究变革现象与原因。到 20 世纪 70 年代，"消费社会"进入后工业情景下新的发展阶段。投资逐渐被持续的消费扩张取代,尤其是在美国、日本、欧洲等发达的经济体,这种趋势尤为明显。1970年,美国的消费率为81.9%,超过投资率64.3个百分点;德国的消费率为70.4%,超过投资率45.2个百分点;法国的消费率为72.7%,超过投资率45.8个百分点;1976年,日本的消费率为59.7%,超过投资率27.9个百分点。1978年,英国的消费率为79.3%,超过投资率59.8个百分点。①法国后现代主义大师鲍德里亚敏锐地察觉到社会的新变化,认为一个由消费主导的社会正取代着传统的工业社会,人们从物的生产者转变成物的消费者。鲍德里亚在《消费社会》开篇写道:"今天,在我们的周围存在着一种由不断增长的物、服务和物质财富所构成的惊人的消费和丰盛现象。它构成了人类自然环境中的一种根本变化。恰当地说,富裕的人们不再像过去那样受到人的包围,而是受物的包围。""人们生活在物所包围的时代下,我们用物记载时代的变迁,而看到物产生、发展灭亡的却是我们自己。"②大规模流水线式生产造成社会物质过剩,大众媒体与广告的大肆渲染,呈指数效应地制造着"需要",使人们更加盲目地追求物质生活消费,一方面,消费主义造成了人思想的异化;另一方面,符号文化大为盛行,人们急切希望手中的商品具有独特的象征意义。正是在这样的社会基础上,鲍德里亚提出了著名的符号消费理论。

鲍德里亚认为,在现代社会中,消费是一种"能动的关系结构"。传统意义上与生产意义相对的消费是指对产品的吸收和占有,但消费社会中,消费的对象不仅包括消费的物品,更包括物

---

① 韩冰.鲍德里亚的消费社会理论评述[D].辽宁:辽宁大学,2013.
② 〔法〕让·鲍德里亚.消费社会[M].刘成富,全志钢,译.南京:南京大学出版社,2001.

品所承载的针对消费者集体和周边的世界的意义。他说:"从一开始就必须明确指出,消费是一种积极的关系方式(不仅于物,而且于集体和世界)是一种系统的行为和总体反应的方式。我们的整个文化体系就是建立在这个基础上的。"[①]这个论断建立在对物的符号化与消费符号化分析的基础上。关于物的符号化,《物体系》指出,物走向了功能的零度化。它超越日常功能,进入"人的行为和关系系统",即物是以联系人的行为与关系的符号意义存在,是以被赋予意义的符号而存在。正是由于物向符号发生转变,使消费社会成为可能。消费的符号化是指在消费社会中,符号化的物自成一个文化系统,有独立的规律和运行机制,并对生活各方面产生辐射影响。这个系统的本质是一个完整的意识形态系统。首先,自主化是符号物体系的特征之一。自主化是一种人类欲望,即人类把个人形象与意识上的自主性和人格意念附着到消费物之上,"自主化不过是个性化在物品层次的梦想实现"[②]。在这样的情况下,物完全被形象投射所左右。"在每件真实的物品背后,都有一件梦想中的物品。"[③]这也是时尚流行的原因。其次,示范效应与纵向更新是另一个特征。人们希望对模范的追求产生权利的超越感与身份地位的提升,这使符号物比普通物更具有示范效应。同时,"模范也不再固守于种姓式的存在,而是被整合于工业生产之中,朝着系列性的流通开放"[④]。这使模范在不断扩大的消费中不

---

① 〔法〕让·鲍德里亚.消费社会[M].刘成富,全志钢,译.南京:南京大学出版社,2001.
② 〔法〕尚·布希亚.物体系[M].林志明,译.上海:上海人民出版社,2001.
③ 同上.
④ 同上.

断泛化，进而形成对模范的否定，不断形成商品流通及消费的渠道。最后，广告是该系统的第三个特征。广告通过各种方式，强化人们心中各种物的特征与差异，并形成统一的物形象，完成符号物转化的同时，也使人们自动进入符号物的文化系统中，进而成为生活规范的一部分。正因为有了以上一套完整的文化意识形态体系，鲍德里亚将后现代意义上的消费定义为"一种操纵符号的系统性行为"。

二、文化消费相关理论

人类在漫长的消费历史中，创造出丰富的文化成果，形成不同阶段的消费生活方式，体现为不同阶段的消费文化。社会学领域的学者对消费文化进行了深入的研究。由于任何文化消费的发生均是在特定消费文化下进行的，因此，有必要对消费文化理论进行梳理，以期对文化消费研究提供系统性的文化理论基础。

（一）凡勃伦炫耀性消费理论

19世纪末20世纪初，西方资本主义向垄断资本主义过渡。随着工业化发展的推进，旧秩序正在瓦解，新秩序逐渐建立，社会充满着无序，随着中产阶级的出现，产生了庞杂的社会阶层，并衍生出特有的制度文化。美国著名的经济学家、制度学派的创始人托尔斯坦·凡勃伦敏锐地洞察到社会存在两种制度，一种是围绕物质生活的技术制度；另一种是围绕经济关系的礼仪制度。并以社会制度分析为基础，对当时社会生活中出现的"炫耀性消费"现象进行了深入分析，首次突破消费作为生产过程的静态研究的藩篱，形成了其独具特色的消费思想。

在1899年出版的《有闲阶级论——关于制度的经济研究》一书中，凡勃伦主要对当时美国新兴上流阶层崇尚消费的趋势进行了考察，尤其是"暴发户"或"新兴富豪"这些特殊社会群体独有的消费模式以及由此形成的相关社会和文化机制。这类"都市中产阶级"的文化消费模式，被凡勃伦概括为"炫耀性休闲"与"炫耀性消费"。首先，有闲阶级兴起。这是一些在某方面拥有特权和能力的人，他们最初掠夺或剥削私有财产据为己有，逐渐不参加实质性的生产性劳动。随着其所掠夺的财产逐渐增加，权力也就逐渐扩大，其据有的财产便成为荣耀的象征。因此，在有闲阶级内部，人们相互攀比，进行金钱竞赛，看谁拥有更多的财富。精神满足感与自豪感产生的来源就是拥有比他人更多的财富。与此同时，低层人民形成了对有闲阶级的向往与憧憬，想方设法晋升为有闲阶级成为大多人的追求。其次，有闲阶级总是设法通过某种方式展现其财力，以获得荣誉感与自豪感。显示财富有两种典型途径：一种是炫耀性休闲；另一种是炫耀性消费，两者共同构成了炫耀性挥霍浪费。炫耀性休闲是指通过炫耀自己无须终日劳作，且有大量时间进行娱乐，以此来传达自己的优越。这些人以及他们的代理人（仆人、侍从、女人）的大量时间用以进行休闲活动，这是普通劳动者可望不可求的。但由于在新的都市文化中，"暴发户"与"新兴富豪"的新面孔不断出现，造成阶层的不断扩充，单纯的炫耀性休闲不够展示权力与地位。因此，炫耀性消费进跃为都市中产阶级的新的展示途径。南京大学成伯清教授在其文章中提到，炫耀性消费遵循以下几条原则：①金钱歧视原则。在消费中不计成本，目的在于和他人形成歧视性比较，以此彰显自身金钱的权势。②金钱浪费原则。以金钱浪费为前提形成的歧视性对比，其力量来源于极尽所能的浪费场景与行为，任何勤俭节约都会削弱能量或降低阶层。③金钱荣誉原则。这是以上两种原则的目的与结果，即为了获得一种精神荣誉感，以及由此带来的尊严、信心、勇气和满足等情绪与体验。④金钱竞争原则。金钱竞争的方式是通过消费完成的，功能性消费不足以获得同阶层竞争与阶层间区隔的明显效果，因此，奢侈品消费成为金钱竞争的重要方式。①凡勃伦在书中以在服装方面追求高价与奢靡指出，炫耀性消费所追求的是"高一层"或精神上的需要，而非商品本身的机械效用。值得注意的是，由于炫耀财富的需要，消费者往往愿意为功能相同的商品支付更高的价格，而当商品的价格下降时，消费者将其等同为商品品质下降，或稀缺特性的稀释，从而终止或放弃对其消费。这种现象被称为"凡勃伦效应"。这种特殊的价格与需求量之间的关系是炫耀性消费的主要特点。显然凡勃伦有闲阶级的消费理论并非针对大众消费，而是对工业社会中某些阶级的消费实践研究。但其从日常生活的角度研究消费文化着实开启了新的研究视角。

（二）法兰克福学派文化工业与消费文化批判理论

20世纪30—60年代是西方工业社会迅速崛起的时代。在工业生产与经济腾飞极大地刺激了社会消费、大众文化逐渐兴起的同时，资本主义社会矛盾不断凸显。众多资本主义批判学派出现，法兰克福学派就是其中具有较高影响力的一支，其社会研究所对法西斯和政治极权展开了持久深入的批判。20世纪40年代至50年代，亲历美国发展的学派成员发现美国并非是公认的具有实质意义的自

---

① 成伯清. 现代西方社会学有关大众消费的理论 [J]. 国外社会科学，1998（3）.

由与民主的国家,而是一个发达的垄断资本主义国家。其间形成的是与之相对应的完备的流行文化网状系统,且具有更强的意识形态操纵性。自此,法兰克福学派的核心学者,从各自角度展开了对美国大众文化及其文化操控的批判。例如,阿多诺在《启蒙辩证法》中提出了"文化工业论",认为文化工业人为策划出迎合大众趣味的文化产品进行生产、传播与销售。以需求为导向的表象的背后是工业化对文化及意识的标准化、同一化操控。以自由想象与个体创作为核心的文化被工业标准抹杀,其本质是对自由的亵渎。该学派旨在阐释大众文化的本质是一种欺骗大众的意识形态。另一位学者霍克海默在其著作《艺术与大众文化》中,论证了个人时间如何为充斥其中的大众文化所挟持。同时,法兰克福学派的一些理论家敏锐地察觉到商品社会的影响力正逐步渗入人类精神文化领域,以消费为主要手段的垄断资本主义正在左右着人们的社会决策与行为。他们认为,资本主义社会的生产关系与社会阶级意识正是通过消费得以淋漓尽致的体现。而资本主义统治者也是通过消费,一方面灌输诸如表面阶级平等,相对自由的意识形态;另一方面通过消费操纵大众在以上意识形态框架内的行为。也就是说,消费成为消除阶级差异、维护资本主义的稳定性的工具。法兰克福学派提出的诸如"虚假需求""消费异化""单向度"等概念,为研究消费文化开辟了新的路径,引发了崭新的讨论。

在法兰克福学派对文化工业的批判方面,首先,其认为文化工业造成文化生产与消费的标准化。文化工业的生产是一种批量标准化生产。大规模复制使文化产品不再具备原创作品的独一无二的特征,这样的直接后果就是个性的消失,以及消费者自主性和自发性的扼杀。当工业本身代替消费者思考,消费者的接受能力最终会退化，或始终在社会接受范围内。其次，认为文化工业造成文化商品化，这进一步使消费者不再注重于文化产品的使用价值，而沉迷于购买文化产品的消费过程，单纯追求消费的意义。消费成了目的，而非手段。人们为消费而消费，最终造成人的异化。

在消费异化方面，首先，消费通过创造"虚假需求"操纵人类。顾名思义，虚假需求本身不是人的需求，而是由"特殊的社会利益"强加于个人的需求。最为关键的是，强加不是通过暴力相向而是柔性策略潜移默化地得以实现，是"由于传媒自身的夸大性造成物在其中被附加了意义……从而遮蔽了必要的需求"[①]。以这样的标准划分，大众趋之若鹜的娱乐休闲，尽信广告的消费活动，工业生产下的品牌爱憎与潮流等都属于虚假的需要这一范畴。大量大规模、强制性的产品代替人最真实的感性体验与理性判断。原本一人为核心，以人与人的社交、人与物的互动为内容的消费被一些虚假的需求替代。消费不再是人原本的真实需求之下的行为，由此造成了人的需求与行为的消费异化。

其次，当个人被虚假需求指引，参与整合到特定的社会中时，社会就成了"单向度"的消费社会。马尔库塞将这种社会和追逐虚假需求的人称为"单向度的社会"与"单向度的人"。"科学技术的迅猛发展带来科技理性与实证主义的勃兴，随之一个新型的集权主义工业社会也就诞生了。它成功地利用科技技术代替暴力去征服社会的那些离心力，征服大众心理的批判性、否定性和试图超越的维度，造就了发达工业社会大众思想的单向维度，因此，统治集团可

---

① 夏莹. 消费社会理论及其方法论导论——基于早期鲍德里亚的一种批判理论建构[M]. 北京：中国社会科学出版社，2007.

利用文化工业对单向度思维的人们进行意识形态的控制。"[①] 对物质虚假需求的盲目追求最终会使自身的需求与社会商品工业体系达成一致，集体意识的同一性将加剧行动的"单向度"。消费将不再可能是人们根据真实意愿选择的结果。这种资本主义社会的消费控制就是马尔库塞指出的"资本主义控制的新形式"。显然，文化生产在这个过程中扮演着主导甚至是霸权的作用。总之，法兰克福学派是从商品生产及其对人产生的消费异化作用研究消费文化的。

（三）布尔迪厄文化资本与阶层消费理论

20世纪60—70年代，世界大部分国家都在经历社会转型。这个时期内，新殖民主义、绿色革命新国际秩序以及计算机和电子资讯开始影响社会的方方面面，这种崭新的社会阶段与文化秩序经常被称为消费社会、媒介社会或景观社会。一方面，科技对商品生产与消费的影响，使西方陷入消费的狂潮与躁动中；另一方面，文化成为与其他消费品的同等物，逐渐世俗化与感官化，成为消费经济的附属物。社会通过消费实现阶层区分。

为研究消费实践引起的阶层区隔与社会分化，法国社会学家布尔迪厄把消费过程中消费者的文化品位和身份区隔这两种符号作为自己的研究重点，提出文化资本与阶层消费。文化资本是布尔迪厄提出的划分社会阶层的一个因素。其内涵"是与文化和文化活动相关的，承载着文化意义和文化价值的财富积累。文化资本的财富形式既包含自身文化价值，也蕴含经济价值"[②]。文化资本包括具体化文化资本如个体通过长期教育将知识、教

---

① 〔美〕赫伯特·马尔库塞. 单向度的人——发达工业社会思想形态研究[M]. 刘继，译. 上海：上海译文出版社，2006.

② 方董平. 文化资本的理论与实践研究[D]. 南宁：广西师范大学，2010.

养和技能内化成的一种文化能力，客观形态文化资本如物化的文化产品及文化实践活动物化结果，以及制度化文化资本及文化资本价值和运能的社会认证。文化资本具有与经济资本和社会资本同样的重要性。文化消费与经济资本和文化资本有着紧密关联。在《区隔：关于品味判断的社会批判》中，布尔迪厄认为，不同消费者根据自身的资本（主要是经济资本与文化资本）比例，选择不同的对象进行消费，以改变自身的社会空间位置，从而实现同他人的区隔。消费者多元消费行为的最终结果则逐渐固化并加深各自阶层与阶层的区分，这就是阶层消费理论。在此理论下，人们通过消费不断找寻与自身具有相同习惯的社群，从而便形成特定阶层的特定消费品位。文化消费也就解释了不同阶层之间文化消费与品位的差异，以及同一阶层内部之间的品位趋同与差异。值得注意的是，就整个社会而言，由于作为消费者而参与文化构建的机会则取决于资本的多少。也就是说，在消费社会中，资本拥有量少的群体，其文化资本的拥有量也少，此群体便会受到歧视与逼迫。这种情况在地区间与城乡间造成了文化资本鸿沟，也造成了巨大的社会差别。布尔迪厄的文化资本理论予以警示，尽管在表面来看，消费社会各个社会阶层的界限逐渐变得模糊不清，但文化资本担当着催生新社会阶层、社会群体的能动与场域作用，进而推动社会发生新的阶层变革与群体区隔。可以说，皮埃尔·布尔迪厄的分析有效诠释了种族间不平等与不同区域之间文化差别现象背后的原因。但要指出的是，"文化资本理论"强调的个人与群体文化造成的社会差别，忽略抑或是掩盖了由政治制度和社会体制造成的阶层区分，这也是需要我们注意的。

（四）迈克·费瑟斯通消费文化理论

20世纪60年代之后的社会被多数社会学家称为后现代社会。随着20世纪80年代早期后现代主义思潮的兴起，对现代化过程中剥夺人的主体性和感觉丰富性的集体性、权威性、同一性等思维方式的批判与反叛充斥于学界。英国著名文化研究学者迈克·费瑟斯通，作为最具影响力的后现代主义与文化全球论倡导者，将其研究焦点放在后现代文化变迁语境下的消费实践研究上，形成了独特的后现代主义消费文化研究体系，对我们当前社会消费文化的研究产生了深远的影响。

费瑟斯通的消费文化是在后现代消费社会的语境下展开的。首先，后现代消费社会的典型特征之一是符号消费。人们已经习惯被连篇累牍、无穷无尽的符号包围，并以此产生消费行为，最终成为一种系统，使人们从既有的良好社会关系中脱离，形成对象征符号性产品的无节制追逐，这就是符号主宰的消费文化。其次，后现代消费社会形成了个性化、风格化消费文化。后现代主义的一个典型特征就是对"现代"理性之上的批判。因此，消费不再是理性决策的结果，而是对个性的追逐与多元的感情释放。消费习惯体现着文化意识与精神追求。同时，媒介科技的迅猛发展为主体个性化传播提供强有力的保障，使消费者迅速进入信息社会网络，成为个性符号的信息传播者。在此基础上，费瑟斯通提出日常生活审美化理论。其理论主要有三大核心观点。一是亚文化的勃兴。尤其是波普艺术、行为艺术、观念艺术等的兴起。其本质上体现了原有艺术的生活化或商业化，这是由艺术家试图打破原来的艺术藩篱走向中心的种种原因所致，这一点被消费文化中的广告和大众传媒所利用与扩大。二是生活转化为艺术作品的策动。在文化媒介与知识权威的引导作用下，消费大众试图将生活转化为艺术品。这种方式在现代社会很普遍。正如费瑟斯通曾经举出的例子，身体的艺术化，比如文身、穿鼻、美甲、美眉、美容、瘦身等都是具体的表现。而那些在日常生活中创造时尚的人被费瑟斯通称为"消费文化英雄"，他们在各个消费时期有各种个性化呈现。三是商品符号化。费瑟斯通主要强调在社会各个空间内充斥着的符号商品和影像具有社会区隔以及社会结构的整合功能。符号的审美化呈现促使消费文化走向了从商品消费到审美消费的转变之路。在此基础上，费瑟斯通着重研究了中产阶级的文化实践。指出后现代社会中，中产阶级通过消费追寻的是精神上的快感。他们通过实践文化专家与文化媒介人的文化主张，寻找心灵的归属与激情的释放，通过采取狂欢化的文化旅游消费方式如参加交易会、展览，体验主题乐园，旅游度假，构建本阶级的文化渴望，创造浪漫型文化消费。这里需要指出的是，费瑟斯通并没有像批判学派那样，得出中产阶级被文化符号消费控制了意识形态的结论，而是认为中产阶级在消费过程中，将广告等其他文化符号控制转化为一种自我审美化表达的方式。不得不说，这是费瑟斯通消费文化理念的一大亮点。

第三节　文化消费的几组关系

一、文化消费供给侧与需求侧的关系

文化消费的供给和需求与物质消费一样，遵循商品经济中供求关系的一般规律。供给和需求是市场的两个基本方面，存在着

既对立又统一的辩证关系，二者的变化和相互作用导致市场关系的变化，影响市场价值的最终实现。价格的涨落对生产意愿和消费需求产生刺激和抑制作用，不断地调节供求，使之趋于平衡，协调着生产者和消费者之间的关系。一方面，文化产品作为一种商品，其生产、交易和消费仍然建立在市场规律的基础之上，文化消费需求同样受到消费品的质量、价格，相关产品的价格，以及消费者的收入水平等因素的影响。但由于文化消费需求不是刚性需求，文化消费品并非生活必需品，因此需求弹性较大。人们大多在基本生存需要和物质生活需求得到满足的前提下才会进行文化消费，并且对文化产品的价格敏感度较高，在消费能力不足、收入预期不佳或不稳定的情况下往往首先选择抑制非必需的文化消费。这一点在我国当前文化消费水平层次偏低、居民文化消费习惯尚未充分形成的现状之下表现得尤为显著。另一方面，文化产品又具有特殊的精神属性，在受到客观条件影响的同时，又受到消费主体的文化素养和审美偏好以及社会文化氛围、文化传统等内在、主观因素的制约。

　　文化产业供给侧的着力点是文化产业要素端和生产端的优化，重点在于文化产业发展方式的优化配置和行进序列的创新升级。[①] 在需求侧，拉动经济增长的"三驾马车"，即投资、出口和消费，也是拉动文化产业发展的主要动力。其中，文化消费为文化产业发展提供了动力和空间。文化消费是文化生产的最终目的，文化产品和服务的价值只有通过消费才能真正得到实现，也只有消费才能产生新的生产需要，推动再生产。文化产业的发展依赖

---

① 齐骥. 文化产业供给侧改革研究理论与案例 [M]. 北京：中国传媒大学出版社，2017.

文化市场所提供的环境，而文化市场建立在一定量的、持续性文化消费之上。文化供给的数量和质量决定了文化消费的数量和质量，其类型、内容、形式和层次限定了文化消费的可选择范围，影响着消费需求的实现程度。文化消费需求数量的增长刺激着供给数量的增长，需求层次提升倒逼供给水平的提升，需求变化的方向决定了供给调整的方向。我国居民的精神文化消费需求随着经济社会的不断发展而逐步增长，且呈现出品质化、个性化、多元化的趋势；而需求的升级会刺激供给内容、形式和渠道上的创新，推动产业结构的调整和产业链的延伸，不断产生新的消费热点。与此同时，供给也从单纯地适应需求转变为引导和创造需求。科技的进步更新了文化消费的载体、形式和渠道，创意设计水平的提升更好地实现了内涵、外观、功能与创意的统一，商业模式、服务模式和品牌理念的创新提升了消费体验和品牌附加值，塑造了新的消费方式和消费文化，激发了新的消费需求。供给创造需求的意图，是基于对需求变化趋势的灵活反应而主动进行的供给侧结构调整，进而改变需求端的消费习惯、消费偏好、消费潮流和消费模式，以期推动供求关系整体的结构性均衡。[①]

我国当前的经济形势面临着供给不足与供给过剩并存的双重困境，文化产业与文化消费领域同样存在着这样的问题。我国文化产品的数量和类型激增，新型文化产品，尤其是网络文化产品层出不穷，图书库存大量积压，电影和电视剧产量走高，但票房和播放量却不尽如人意，且缺乏国际竞争力，市场被海外影视剧大量挤占。同时，文化市场上充斥着大量的低端供给、低俗供给、

---

① 张颢瀚，张明之．供给如何引导和创造需求 [J]．江苏社会科学，2017（1）.

僵尸供给和呆滞供给，存在部分文化产品粗制滥造、原创力不足，某些文化服务混乱、无序，许多公共文化资源长期闲置、利用率极低等问题。由于文化供给没有及时适应文化消费需求的升级和转变，文化产品和服务有数量缺质量，有"高原"缺"高峰"，造成大量需求无法释放，潜在需求无法转化成有效需求，部分行业领域甚至出现了需求下降。文化市场上供给与需求未能有效对接，二者的脱节导致海量的文化产品无法全部转化为有效的文化消费，出现严重的结构性失衡。因此，推动文化消费的发展绝不能仅从需求侧入手，而是必须协调好供给侧与需求侧的关系。既要通过教育手段和文化氛围的营造培育文化消费理念和习惯，运用有效的消费政策引导和刺激文化消费需求，又要深入推进供给侧结构性改革，通过提高供给质量与效率，优化供给结构，推动产业融合与产业链延伸，培育新兴业态，在满足和适应不断变化的消费需求的同时，以新供给创造新需求，实现供给水平提升与需求层次升级的协同共进。

二、文化消费与文化惠民的关系

文化惠民这个概念经常与文化消费同时出现，地方政府在开展文化消费相关活动时也容易将二者混淆，甚至简单地将文化消费等同于文化惠民，将实施各种补贴、优惠政策和举办惠民文化活动等文化惠民政策和措施作为扩大文化消费的唯一手段，没有厘清文化消费与文化惠民的关系。

实际上，文化消费与文化惠民是两个不同的概念。文化消费是消费主体以精神文化产品或服务为消费对象的一种消费活动，属于消费的一个类型，是居民消费生活的一个方面；而文化惠民的核心是"文化惠民工程"，即党的十七大提出来的一项惠及全国人民、普及大众文化的工程，包括广播电视村村通工程、全国文化信息资源共享工程、农村电影放映工程、农家书屋工程、西部开发助学工程和电视进万家工程等重点项目。此外，文化惠民也包括中央和地方各级政府制定和实施的各项文化惠民政策，举办的各种文化惠民活动。可见，文化惠民是政府为改善文化民生、提高全民文化素质、丰富人民群众精神文化生活的一项普惠性举措。文化消费以需求为出发点，是消费主体为满足自身精神文化需要而自发进行的活动，消费者可以自由选择消费的对象、渠道和方式。文化消费是一种经济行为、市场行为，符合供求关系和市场配置资源的一般规律，受到文化产品和服务的价格与供给水平等市场因素的影响。文化惠民则是政府从文化治理的角度出发，自上而下、有计划地推进的一种政策性活动。文化惠民是一项政府行为，其主要受到政府财政和行政计划的制约，而不受市场因素的影响。例如，即使在经济发展水平偏低，文化供给不足的地区，人们也可以通过惠民演出以免费或低票价的形式欣赏到高质量的艺术表演。同时，由于政府在文化惠民活动中的主导性，消费主体处于一种相对被动和依赖的状态。

　　文化消费与文化惠民的联系主要体现在消费政策和消费环境对消费行为的影响上。由于我国现阶段文化消费的市场化程度仍然偏低，消费动力和积极性不足，文化消费的增长很大程度上是由文化消费政策和措施所拉动的。其中，文化惠民通过发放文化消费卡、举办文化惠民消费季、推出低价演出和公益性文化活动等方式，以价格补贴、积分奖励等消费激励措施以及消费氛围的营造充分调动人们参与文化消费的热情和积极性。因此，文化惠民是现阶段引导和带动文化消费的一项重要措施。但是，扩大文化消费不等于文化惠民。单纯的"惠民"虽然有利于保障人民群众的基本文化权益，但无法真正地拉动消费，还可能使群众产生图便宜、不花钱的依赖心理。如果没有形成良好的消费理念和消费习惯，一旦价格优惠消失，人们的消费积极性也会随之减弱，从长远来看，不利于扩大文化消费。扩大文化消费不是做公益，既要实现社会价值，也要产生经济效益，关注财政资金对文化消费的实际拉动比例。只有建立长期有效的模式，培育消费主体的文化消费理念和消费习惯，引导和刺激文化消费行为，并构建起有利于消费的氛围和机制，才能从根本上推动文化消费的良性增长。

三、文化消费与公共文化服务的关系

根据《中华人民共和国公共文化服务保障法》，公共文化服务是指由政府主导、社会力量参与，以满足公民基本文化需求为主要目的而提供的公共文化设施、文化产品、文化活动以及其他相关服务。公共文化服务是以政府部门为主的公共部门所提供的，是政府公共服务的重要组成部分，以保障公民的基本文化生活权利为目的。政府作为公共文化服务的提供主体，在公共文化服务体系和制度建设中发挥着主导作用，决定着公共文化基础设施的数量、种类和分布，公共文化资源和服务的具体内容及形式，以及人才、资金、技术等方面的相关政策和保障机制。因此，公共文化服务也有很强的政策性和计划性，带有明显的行政色彩。公共文化服务为文化消费提供消费设施、文化产品和文化服务的供给。公共文化基础设施的建设和完善为人们提供覆盖范围更广，更加先进、丰富和多样化的消费场所和消费设施，公共文化服务水平的提升为文化消费营造更加优质的消费环境和良好的消费氛围。农村基本公共文化服务标准化、均等化建设，如农家书屋、广播电视村村通工程等，有助于培育农村居民的文化消费意识和消费习惯，为农村文化消费创造良好的基础条件和积极的文化氛围；公共文化服务向现代化、数字化、智能化方向发展，如掌上图书馆、数字博物馆、文博单位文创产品开发等，为消费者提供了更加便捷的消费方式和消费渠道，带动新兴文化消费。

但是，公共文化服务具有"公共"属性，是以公共文化资源和设施为基础，以社会全体公众为服务对象的，满足的是基本的、共同的文化需求，提供的是基础性、标准化、均等化的文化产品和服务。文化企业的生产活动主要由市场决定，并根据消费需求的变化进行调整。而公共文化服务则由政府主导、统一计划和配置公共文化资源，不能覆盖和满足所有的文化消费需求。文化消费活动既包括公共活动，如去图书馆借阅书籍，参观博物馆、美术馆，参加群众文艺活动等；也包括私人活动，如看电影，玩网络游戏，购买图书、动漫、音像制品等。在大众基本的、共同的文化需求之外，不同年龄、职业和收入群体的需求又呈现出多层次、多样化的特点，不同个体的消费习惯和审美偏好也存在着个性化的差异，而这些往往是公共文化服务所无法满足的。市场上的文化消费品种类繁多，尤其是一些个性化、定制化、精细化的产品和服务，绝大多数是由文化企业所生产和提供的。此外，公共文化服务是普惠性、公益性的，是所有公民都可以无偿（或低价）且无差别地获得的；而文化企业所生产的文化消费品大多数都是有偿的，并且分为不同的价格层次，消费对象的选择受制于消费主体的消费能力。

公共文化服务体系的健全为文化消费提供了完善的基础设施以及优质的公共文化产品和服务，是营造文化消费氛围、培育文化消费习惯的重要基础条件，能够在一定程度上刺激文化消费行为。尤其是随着公共文化服务体系的现代化、社会化，政府也通过鼓励和引导社会力量的参与，引入市场机制，更好地适应和满足新的、多元化的文化消费需求。但是，居民参与公共文化活动的热情并不完全等同于进行文化消费的积极性，推进公共文化服务体系建设也不能与引导和扩大文化消费画等号。只有建立有针对性地引导和扩大文化消费的长效机制，最大限度地激发消费意愿，从供给侧和需求侧同时发力，才能从根本上推动文化消费长期、稳定的增长。

第二章　时代发展中的中国文化消费

第一节　消费升级背景下的文化消费

近年来，随着居民收入水平的整体提升、生活方式的改变以及消费观念的转变，消费结构逐步优化，呈现出从实物消费到服务消费，从物质产品向精神产品的转变。人们不再单纯地追求消费品的数量，而是更加关注消费体验、消费品质的提升和无形价值的实现。单一、趋同的模仿型、排浪式消费逐渐被多样化、多层次、分众化、个性化的消费取代，新技术、新业态、新趋势和新的消费热点不断涌现。其中，文化消费的快速发展反映出我国居民精神消费需求的增长和消费层次的整体提升，是消费升级的一个重要趋势。

一、消费升级与文化消费

（一）消费升级的内涵

世界主要国家人均 GDP 达到 8000 美元标准后，都出现了消费升级的趋势，消费产品和服务向中高端升级，消费内容由基础性消费向娱乐性消费转移。根据国家统计局的数据，2016年我国人均国内生产总值已达53980元[①]（约合8400美元），为消费升级奠定了基础。当前，中国正处在新一轮消费升级的热潮中，消费模式革新，消费形态更加多元化，消费主体的消费习惯与消费理念也在发生着革命性的变化。一般意义上的消费升级是指消费结构的升级，即各类消费支出在消费总支出中占比结构的优化和整体消费层次的提高。实际上，消费升级是一个消费品质、消费方式和消费理念升级的综合过程，它直接反映了消费的总体水平和发展趋势。从总体上看，消费升级表现为：需求层次的逐步提升，从有形产品为主到服务性消费的显著增长，以及从满足物质需求、保障基本生活需要向满足精神需求、追求生活品质的转变。

在《第4消费时代》一书中，日本学者三浦展根据日本社会消费发展和演化的进程，将日本的消费变迁划分为4个主要阶段。第一个阶段是20世纪初，只有少数人能追求西洋化的现代生活；第二阶段是20世纪中叶，大规模生产化开始出现，以家庭为中心的消费势如破竹，人们买房、买车、买家电，追求量的增长；第三阶段为20世纪下半叶至21世纪初，消费的个性化趋势越来越突出，人们看重品牌，追求差别化和多样化；到了第四阶段，即21世纪上半叶，人们又开始出现无品牌倾向和朴素倾向。[②] 中国的

[①] 国家统计局. 中华人民共和国2016年国民经济和社会发展统计公报[EB/OL]. (2017-02-28) [2018-04-12]. http://www.stats.gov.cn/tjsj/zxfb/201702/t20170228_1467424.html.

[②] 第一财经周刊. 什么是新中产，他们如何生活、消费？[EB/OL]. (2017-08-04) [2018-04-18]. http://www.sohu.com/a/162128040_465303.

消费发展也基本遵循这个逻辑——在经历过物质急速增长的第二消费时代之后，越来越多的人已进入第三消费时代，部分富裕人群，尤其是新中产阶层逐步向第四消费时代过渡，更加追求品质和内在的精神满足。

消费升级不是一个单一的线性过程，也不能简单地理解为从生存型消费向发展型消费再到享受型消费的转变，除了居民收入水平和需求层次的提高之外，消费升级还受到其他许多因素的综合影响。我国的消费升级既符合消费升级的一般规律，又呈现出一些不同于发达国家的特殊性。一是消费升级过程中的技术和文化引领力量大多来自外部；二是消费者群体分层特征不同导致消费升级内部路径也有所不同。①

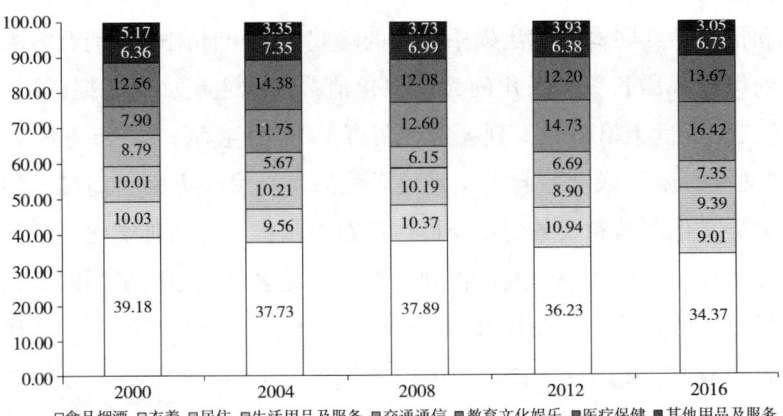

图 2-1　2000—2016 年城镇居民人均消费支出结构（%）②

---

① 黄卫挺. 居民消费升级的理论与现实研究 [J]. 科学发展，2013（3）.
② 数据来源：《中国统计年鉴》，苏宁金融研究院整理.

（二）消费升级背景下的文化消费增长

精神性消费的增长是当前消费升级的一个重要特征。十九大报告中指出了新时期我国社会主要矛盾的变化，即从过去的"人民日益增长的物质文化需要同落后的社会生产之间的矛盾"转化为"人民日益增长的美好生活需要和不平衡不充分的发展之间的矛盾"。这也反映出居民消费需求的深刻变化。美好生活是生活品质的全面提升，不仅建立在充实的物质生活的基础上，更离不开完善的社会保障和公共服务体系，以及丰富的文化生活与高品质的文化产品和服务。

随着收入水平和知识水平的提高，物质需求日益得到满足，人们的消费观念开始发生变化，更多地关注和追求内在的、精神层面的充实。一方面，以网络文学、影视、音乐、动漫、游戏和衍生品共同构成的泛娱乐产业的崛起折射出休闲娱乐消费需求的爆发式增长，娱乐化的大众文化消费渐成主流。从《捉妖记》《三生三世十里桃花》到《王者荣耀》《荒野生存》《旅行青蛙》，"文漫影游"联动掀起了全民娱乐的风潮。另一方面，高端、创意类文化产品和服务的受众群体正在逐步扩大，高雅文化、精英文化在文化消费中的地位得到了提升。更多的人走进了剧院、音乐厅、博物馆，以朝珠耳机、《故宫日历》、"顶戴花翎伞"为代表的故宫文创受到追捧，《中国诗词大会》《国家宝藏》等传统文化创新传承与复兴类综艺节目广受好评。与此同时，文化与旅游深度融合，以文化为内涵、以旅游为载体、以科技为手段的文化旅游成为文化消费的一种主要形式，也成为文化消费的重要增长点。

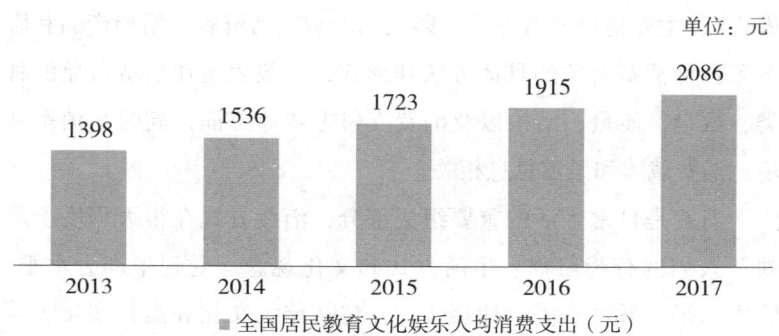

图 2-2 2013—2017 年全国居民教育文化娱乐人均消费支出[①]

二、消费模式的革新

在时代发展的背景之下,经济水平的提升、科学技术的进步以及社会文化观念和生活方式的变革重塑了消费模式。消费模式的内涵十分丰富,广义的消费模式可以理解为一定时期消费的主要特征,涉及消费水平、消费结构、消费内容、消费方式、消费偏好、消费趋势等不同维度。[②]狭义的消费模式既可以理解为居民消费活动中所形成的社会关系的总和,即人们在消费领域里应该遵循的规范和准则[③];也可以聚焦于消费制度,主要包括消费体制、消费发展、消费结构和消费运行机制等内容。[④]这里所讲的"消费

---

① 数据来源:国家统计局历年国民经济和社会发展统计公报,艾瑞咨询整理.
② 周叔莲.正确处理生产和消费的关系——兼论中国式的社会主义消费模式[J].经济问题,1981(7).
③ 尹世杰.社会主义消费经济学[M].上海:上海人民出版社,1983:301—302.
④ 杨圣明.中国式消费模式选择[M].北京:中国社会科学出版社,1989:47—48,68—69,102—111.

模式",主要是指消费方式,即人们消费生活资料、精神产品和服务等各种消费对象的具体方法和形式,一般表现在消费对象的种类、数量、质量、结构以及消费支付方式等方面,同时与消费环境、消费载体和渠道息息相关。

消费是日常生活的重要组成部分,消费方式在很大程度上反映了人们的行为习惯、生活方式和文化观念。受到生产力水平、收入水平、教育水平、社会文化(包括传统文化和流行文化)等因素的综合作用,消费方式不断发生变化,同时伴随着消费载体和消费场景的更新。以经济发展水平的提高为主要动力,我国消费模式的变迁遵循"生存—发展—享受"的基本发展逻辑,经历了从贫困型、温饱型、小康型、富裕型到现代型的转变。现代消费模式是物质与非物质形态消费的结合,是在国内经济制度与消费政策指导下,西方发达国家消费观念影响下,在经济全球化大背景中形成的消费体验和消费选择。[①]一方面,消费观念更加开放和时尚,享受性与精神性消费显著增加;另一方面,消费心态更加理性,在达到富裕的基础上,人们不再片面追求名牌和奢侈消费,而是倾向于以人为本、可持续的绿色消费。从消费心理和行为方式的角度来看,消费模式可以分为节约型、浪费型、奢侈型、理智型等不同类型。

(一)新的消费方式

消费方式是消费心理的体现和外化,表现为具体的行为模式和习惯,受到收入水平、技术条件、消费环境和消费政策等因素

---

① 何媛. 中国消费模式演变研究——以科学发展观为视角 [D]. 上海:复旦大学,2012.

的影响。在新一轮消费升级的背景之下,我国居民的消费模式呈现出以下一些突出特点。

一是消费的数字化。计算机、信息和通信技术的高速发展和迭代,尤其是互联网的普及,全面而深刻地改变着人们的生活。互联网不仅为消费提供了新的载体和渠道,更是为产业融合与业态创新提供了天然的媒介,为新的消费形态的出现提供了技术支撑。甚至可以说,互联网重新定义了消费。通过互联网,人们可以实现线上购物、线上支付,以及O2O模式下的线上线下互动。网银、支付宝、微信支付这些支付工具使支付更加便捷,支付方式的转变在很大程度上刺激和带动了文化消费。通过大麦网、淘票票、猫眼等在线购票平台,众多文化机构的微信公众号或文化消费综合服务平台,人们可以足不出户地获得最新的电影、演出和展览以及其他文化活动资讯并随时随地轻松购票,还可以进行在线点评与互动交流。网络不仅提供了更加快捷便利的消费渠道和低廉的价格,互联网与旅游、娱乐、医疗、交通等不同领域的融合,提供了新的、更加丰富的产品(服务)类型和形态,拓展了消费领域。互联网作为内容平台,不仅丰富了内容的呈现形式和传播方式,还改变了内容生产与消费的模式。互联网用户既是网络平台上各种文化产品的消费者,也可以成为内容生产者和创意提供者,生产与消费的传统定义被打破,形成新的动态关系。数字文化产业异军突起,数字文化消费的比例大幅增长,数字阅读、数字音乐、移动游戏、在线教育等一系列数字文化产品和服务的市场规模及用户规模迅速扩大。此外,网络直播这一新形式的出现充分体现了网络文化的平民化与去中心化,为娱乐、社交与商业的整合提供了新的可能性。2016年被称为"中国网络直播的元年"。据业内数据显示,在短短不到一年的时间里,斗鱼、映客、花椒、熊猫 TV、虎牙等上百个直播平台大量涌现并快速崛起(见图 2-4),网络主播平台主播人数近 80 万,网络直播的市场规模接近百亿元。

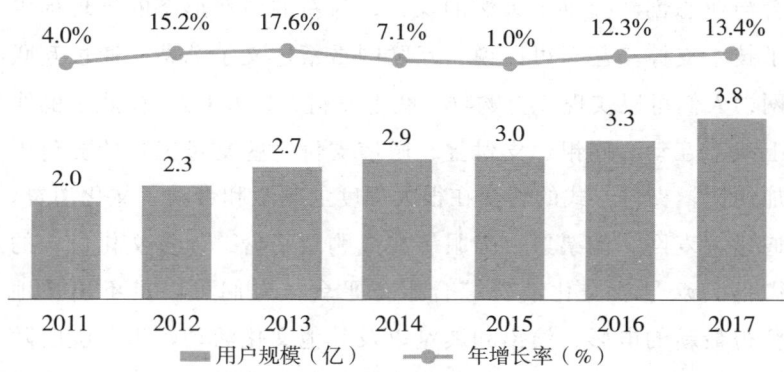

图 2-3　2011—2017 年中国数字阅读用户规模增长率[①]

图 2-4　网络直播平台类型及运营方

---

① 数据来源:中国互联网络信息中心(CNNIC)历年中国互联网络发展状况统计报告,艾瑞咨询整理.

二是消费的个性化。现代消费文化的一个重要特征和表现就是消费的个性化。个性化的消费需求和消费方式反映出人们对于自我表达和自我价值实现的强烈诉求，以及喜欢与众不同，渴望"独特"和"唯一"的心理特征。人们取得身份认同和表现个人品位的方式不再只是追求名牌和奢侈品，而是更多地强调个性化、差异化和定制化。在文化消费领域，消费的精神属性以及内容产品的原创性使个性化这一特征表现得更加突出。网络平台使用便利且门槛很低，其开放、平等的特性为人们提供了一个表达观点和展现个性的自由空间。不同领域、不同类型的自媒体如雨后春笋般密集地出现，信息传播平台更加多元化，五花八门的网络文化产品为人们提供了更加多样化的消费选择。同时，依托互联网、大数据和云计算技术对用户消费习惯和消费偏好进行跟踪、收集和分析，能够精准定位用户需求，为不同群体提供符合他们需求和特点的定制化、差异化的内容。例如，今日头条、网易新闻、ZAKER等移动客户端为读者提供定制化的资讯内容和阅读体验，QQ音乐、虾米音乐、网易云音乐等音乐类应用则根据用户喜好自动推荐和匹配歌曲，并提供互动和社交功能。此外，在文创产品的设计和文化旅游类产品的主题和服务内容方面，个性化、定制化的趋势也越来越明显。NONOO占座杯以学生时代奇思妙想的占座方式为设计灵感，融入了"90后"群体追求自由、彰显个性、乐于调侃和寻求认同的思维模式与生活态度，为"90后"们打造专属智慧生活符号。

三是消费的体验性。物质产品的极大丰富使人们不再满足于产品功能本身，而是开始重视伴随产品提供的各项服务以及产品的整体品质感受。这就对产品从营销、交易、使用到售后保障的全过程提出了更高的要求。在这种背景下，"体验式消费"应运而生。所谓"体验式消费",区别于主要关注产品本身和购买行为的传统零售业消费模式,更注重消费全过程的参与、体验和整体感受。一方面,服装、电子产品、家居用品等零售行业将服务品质与用户体验放到了与产品本身同等重要的位置上;另一方面,餐饮、娱乐、健康等服务行业越来越注重场景和氛围的营造,希望通过经营模式、服务流程的创新以及空间设计和文化元素的融入提升整体品质。对于体验式消费的巨大需求还催生了许多文化、娱乐、商业相融合的新型业态。音乐餐厅、咖啡书屋、生活美学空间和各种文化综合体的出现回应了复合型的消费诉求。文化产业本身就有很强的关联性与融合性,通过与餐饮、旅游、体育、康养等产业的融合以及与科技和创意设计的嫁接,不仅使文化消费本身具有了很强的体验性、参与性和互动性,也赋予了传统消费形式新的文化活力。

四是消费的可持续化。理性、健康、绿色、可持续的消费观念和消费方式是当下社会倡导的,也是消费发展的重要方向。在消费升级的趋势之下,越来越多的人,尤其是年轻一代和新中产阶层,倾向于选择更加低碳和健康的生活方式,这不仅表现在行为方式和消费对象的选择上,如食用无污染、无添加的健康食品,使用节能型或工艺和材质更加环保的产品,选择自行车、公共交通工具等更加绿色的出行方式等;也表现为更加理性和务实的消费观念,以及健康和可持续的生活理念本身。单纯为满足虚荣心的炫耀性消费、"面子"消费减少了,合理、适度并倡导健康价值观的消费方式越来越受欢迎。从共享单车、用废旧材料做的服装和箱包,到不提供一次性包装的环保超市,人与环境的关系以及人们对于价值的认知正在发生深刻的变化。从文化消费的角度来看，文化产业本身低能耗、低污染、高附加值的特性也使文化消费天然地具有"绿色"的属性。当物欲的过度膨胀转化为对精神需求的关注时，产品和服务的内在品质和所承载的价值观念显得更加重要。文创产品的创意设计，通过使用环保型的材质和工艺，赋予产品绿色和可持续的特性，例如用稻壳研磨成粉压制成的"稻壳筷"，用衍生纸制作的书签、笔记本、工艺品等。各种倡导环保与美好生活的创意市集、节展和公益性文化活动正在通过人们的参与和互动，不仅传播了环保的理念，还增进了人与人之间的关系，营造了更加积极健康的社区氛围。同时，以慢生活、健康生活为特色的民宿、农庄，各种养生会馆、禅修会所，倡导绿色、健康的健身步道、骑行路线，以及以可持续生活为主题的体验项目也越来越受到市场的青睐。

（二）新的消费渠道

消费载体是实现产品或服务功能的物质载体，而消费渠道是连接用户与产品的通道和媒介。消费载体与消费渠道的更新是消费升级、消费模式更新的重要支撑。

首先是在线消费的普及。互联网大大拓展了全社会沟通活动的空间，拓展了信息获取、传播和交换的渠道，改变了人机之间、人与物之间以及人与人之间的交互方式。尤其是移动互联网的迅猛发展，使台式电脑、笔记本电脑、平板电脑等其他个人上网设备的使用率均出现下降，手机成为人们通信、社交、购物、娱乐的"主阵地"。一方面，网络成为重要的内容平台。人们获取新闻资讯、音频和视频资源，进行知识分享和社交互动的行为已经有很大一部分从线下转移到了线上。网易新闻、今日头条等新闻资讯类手机应用，QQ音乐、网易云音乐等网络音乐平台，以及爱奇艺、优酷等视频网站已经成为人们日常生活的重要组成部分。信息技术和互联网、移动互联网技术的发展极大地刺激了新兴媒体的发展以及新兴媒体和传统媒体的融合。[①] 由此所产生的消费渠道、消费方式以及消费产品和服务的变革极大地扩展了文化消费的领域。另一方面，在线支付成为人们日常消费的主要支付手段。移动支付用户规模持续扩大，用户使用习惯进一步巩固，截至 2017 年 12 月，网民在线下消费使用手机网上支付比例已达 65.5%。[②] 消费者可以通过手机 APP、公众号等多种渠道购买图书、电影票、演出票等，而企业则可以通过大数据和云计算对消费者需求进行精准定位，移动互联网为生产者和消费者搭起了新的桥梁和更加便捷的通道。

其次是消费渠道的分散化和多元化。在互联网推动商业模式变革的背景之下，传统的商场和超市被电商平台、便利店、社区超市等多元化的分销渠道分流。"新零售"概念的出现又在传统电商的基础上进一步发展，链接和整合各种商业渠道，推动线上线下一体化。天猫、京东、亚马逊等大型电子商务平台的垄断被打破，微商、自媒体平台、垂直电商平台等构成的多渠道、分散化的销售模式为消费者提供了多元化的消费渠道。在文化消费领域，电视频道和电影院不再是人们看电视、电影的唯一选择，视频网站、网络电视、手机应用提供了丰富的影视资源，缴纳会员费、付费点播成为新的用户付费模式（见图 2-5）。网络直播技术的应用和直播平台的崛起，不仅孕育了新的消费形态，也为用户观看和参与体育竞技、游戏竞技、论坛、演唱会等多种文化及相关活动提供了全新的

---

① 吕炜，等.中国文化消费报告（2015）[M].北京：社会科学文献出版社，2016.
② 中国互联网络信息中心.第 41 次《中国互联网络发展状况统计报告》[EB/OL].(2018-01-31) [2018-04-15]. http://www.cac.gov.cn/2018-01/31/c_1122346138.htm.

渠道和方式。资讯和阅读服务不再单一地局限于传统纸媒的介质和载体之上，而是分布在微信公众号、手机新闻客户端、阅读软件、听书软件等不同的终端和平台上，满足用户多样化的需求。从桌游吧、VR体验馆、真人密室逃脱到私人影院、迷你KTV，休闲娱乐的场所和设施也在不断丰富和完善。

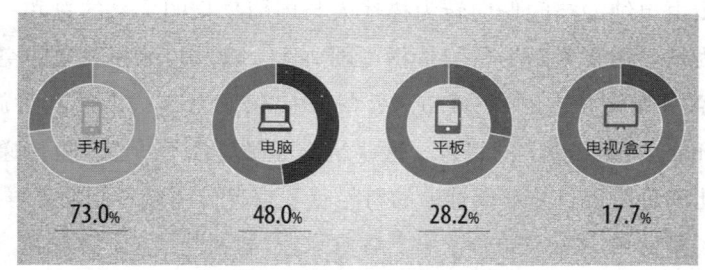

图 2-5 视频内容获取的渠道分布 ①

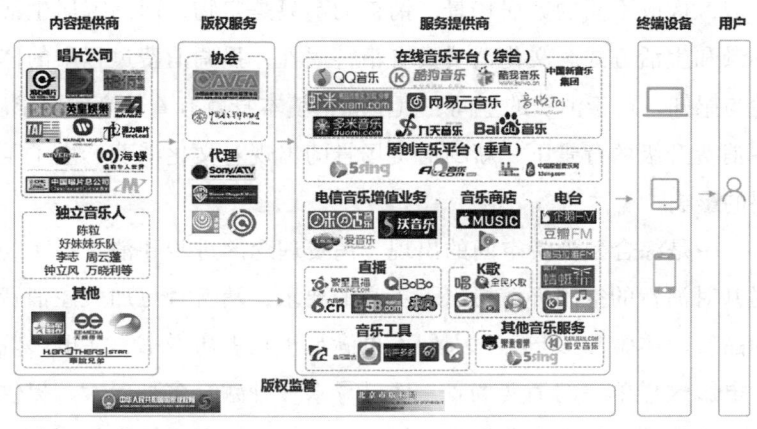

图 2-6 中国在线音乐产业生态 ②

---

① 企鹅智酷. 2016年中国视频网站付费会员调查报告 [R]. 2016.
② 艾瑞咨询. 2016年中国在线音乐行业研究报告 [R]. 2016.

(三)新的消费场景

人们的消费行为总是发生在特定的空间和场域中,空间、场域中的元素及元素之间的相互关系所共同构成的场景会对消费心理和消费行为产生重要的影响。"场景"一词最初是指戏剧、电影中的场面,而后逐步为社会学、传播学等学科所应用。其释义逐步由单纯的空间偏向转为描述人与周围景物的关系的总和,其最为核心的要素是场所与景物等硬要素,以及与此相关联的空间与氛围等软要素。[①] 在城市中,场景的构成是"城市便利设施"(Urban Amenities)的组合,这些组合不仅蕴含了功能,也传递着文化和价值观,并形成抽象的符号感和信息传递给不同的人群。[②] 在场景营销方面,知名家居品牌宜家家居提供了绝佳的范例。宜家家居通过将家具和家居用品按一定关系放置在特定位置和空间区域,构成不同的家居场景,销售的不只是实物,而是家居生活场景和生活方式。文化消费具有精神属性,强调消费过程中的体验与感知,对于消费的空间、氛围和情境本身就有着较高的要求。在消费升级的背景下,新的消费场景的出现对文化消费产生了重要的影响。

一是综合型消费空间的出现。消费理念的进步和消费层次的提升对消费的空间环境提出了更高的要求,消费者更加关注消费的品质、体验和参与感。人们不再满足于在书店看书、在电影院看电影这样单一的消费场景,而是寻求一种融合多种元素、提供复合型体验的新的消费场景。例如,360°全沉浸式投影餐厅将美

---

① 谭天.从渠道争夺到终端制胜,从受众场景到用户场景——传统媒体融合转型的关键 [J]. 新闻记者,2015(4).

② 吴军.城市社会学研究前沿:场景理论述评 [J]. 社会学评论,2014(2).

食与影像、音乐、全息投影、现场演出相结合,多角度刺激消费者的感官,创造更加丰富和立体的消费体验,并根据影像主题和文化元素搭配菜色,营造独特的情趣和氛围。以国内的台湾诚品书店、西西弗书店、方所书店、单向空间和国外的日本茑屋书店为代表的新型书店,分析和把握场景化消费的需求和心理特征,依照主题和生活场景进行空间设计和书籍分类,并将文创产品有机融入到书店布局中,同时开设各类体验课程和主题文化活动,构建开放式的生活美学空间,推动了消费升级和生活方式的改变。此外,迅速崛起的城市文化综合体也为消费者提供了"文化+娱乐+商业"的一体化消费空间和消费场景。例如,北京的侨福芳草地,将包括零售、餐饮、娱乐、酒店、办公、画廊、会展、会所等多种功能要素在内的功能群落,全部整合在一个巨大的"环保罩"之下,并通过倾斜式结构的主体建筑形态,营造富于活力和张力的视觉风格和都市空间感。

二是消费场景的虚拟化和智能化。随着"互联网"向"物联网"的进一步发展,无线延展的网络空间和以手机为中心的智能硬件设备,逐步构建起前所未有的虚拟化、智能化应用场景。网络,尤其是移动网络,前所未有地改变了人们对时间和空间的感受和认知,赋予了人与人之间新的连接和交互方式。如果说传统的场景体验是基于世界状态、地理环境的感知,那么移动互联网时代的场景则是以人为本,但是被智能的移动终端所重新赋能的人。[1]微信"朋友圈"通过信息的发布、分享与交流,将不同时间、不同地点的人、事件和环境联系起来,在现实时空之外创造了一

---

[1] 吴声. 场景革命:重构人与商业的连接[M]. 北京:机械工业出版社,2015.

个基于社交网络的虚拟场域。可穿戴智能设备通过虚拟现实、增强现实、人工智能等技术实现虚拟世界与现实空间的连接与融合,并通过人体数据的反馈形成即时性的互动,在互动娱乐、虚拟展馆、模拟安全体验等文化消费领域的运用越来越广泛。此外,网络社群通过将具有共同目标、兴趣和价值认同的用户聚集和连接起来,建立了新型的社交关系和互动场景。例如,视频网站哔哩哔哩(bilibili)基于"弹幕"(实时评论)功能"构建出一种奇妙的共时性的关系,形成一种虚拟的部落式观影氛围"[①]。

三、消费形态的更新

经济技术的发展、社会需求的变化和社会生活方式的变革导致消费形态的不断更迭,尤其是互联网时代的到来,使生产、流通和消费领域均发生了革命性的变化。新技术产品涌现,传统零售向电子商务、"新零售"的方向发展,产业融合与业态创新推动消费形态变得更加丰富和多元化。站在文化产业的视角,互联网改变了文化内容生产和传播的方式,重新定义了生产者与消费者的关系,硬件升级以及内容、技术和渠道上的创新为文化消费提供了更加多样化的选择。同时,新的消费需求催生了新的供给,产品及服务的内容和形式都发生了深刻的变化。《文化及相关产业分类(2018)》相对于上一版分类标准的新变化也反映了消费形态的变化。例如,新标准中增加了"休闲观光游览服务"种类,体

---

① 陈一,曹圣琪,王彤.透视弹幕网站与弹幕族:一个青年亚文化的视角[J].青年探索,2013(6).

现了文化与旅游的密切关系,文化旅游已经成为主要文化消费形态之一;增加"互联网文化娱乐平台",是对网络文学、网络影视、网络动漫、电子竞技等网络文娱消费快速增长的回应;将原"文化用品的生产"和"文化专用设备的生产"两大类修订为"文化装备生产"和"文化消费终端生产",新增"可穿戴智能文化设备制造""其他智能文化消费设备制造"小类,则说明文化消费终端的类型越来越多样化,尤其是数字化、智能化的文化消费设备。

(一)多元化的消费形态

文化消费形态的更新,突出表现为文化消费的数字化,以及从满足单一需求到满足复合型需求的转变,同时也包括新的技术和消费终端所带来的功能性和体验性的升级。尽管新的文化消费形态并没有完全取代旧的文化消费形态,但却在很大程度上改变了人们的消费心理和消费习惯,为文化消费提供了更多新的选择。

伴随着互联网和移动互联网的普及,数字阅读、数字音乐、网络视频、网络直播、电子竞技等在很大限度上取代了读报纸、看电视新闻、玩单机游戏等传统的文化消费形态。这种消费形态的转变不是简单的"从线下到线上""从实体媒介到数字媒介"的消费渠道和消费载体创新,还意味着信息交流和社交互动方式的变革,以及用户界面的创新和消费体验的全面优化升级。QQ音乐、虾米音乐和网易云音乐等网络音乐平台不仅仅是音乐播放器,而是以数字音乐产品和服务为核心的网上音乐社区,能够基于大数据、云计算等技术提供个性化、定制化服务。除了播放音乐,还具有收藏、评论、分享、推荐等功能,并根据用户反馈数据分析其偏好和使用习惯,进行消息推送和歌曲推荐。人们在观看电视节目时也不再只是电视机前的"观看者",而是可以通过网络视频发送实时"弹幕",随时随地地发表自己的评论并与认识或不认识的网友交流、分享,个体的休闲娱乐行为融入到巨大的网络社群中。

新技术的应用和硬件设备的升级不仅提升了产品的功能性,也为消费者提供了更佳的感官体验以及深度的参与和互动。人工智能技术通过语音识别、人脸识别、自然语言处理、智能搜索和深度学习能够更好地识别信息和需求并进行实时反馈和互动。"文化+人工智能"意在通过科学技术满足用户的精神文化需求,从而创造一种全新的文化消费体验与符号解码历程。全息投影、VR、AR 技术打破了虚拟与现实的边界,营造了"身临其境"的代入感和沉浸感。可穿戴娱乐设备通过传感、虚拟显示、无限通信等技术手段创新了人机交互方式,使数字化娱乐体验更加真实、立体和富于动感。"Pokemon Go"是一款通过智能手机在现实世界里发现精灵并进行抓捕和战斗的 AR 游戏,使电子游戏不再局限在电子设备的虚拟场景里,而是可以发生在家中、公园、城市街道等各种现实场景中,颠覆了传统的游戏模式。体感游戏则通过游戏手柄和可穿戴设备让玩家通过身体动作来控制游戏,将平面游戏三维化、立体化,增强了游戏的参与性和趣味性。3D 展览、VR 眼镜和更多数字化的展览方式打破了传统的展览形式,通过超越时空的场景模拟和复原以及全景展示、虚拟漫游等给用户带来了更加丰富和深入的观展体验。

随着消费需求的不断更新和升级,单一的文化产品和服务已经满足不了人们的文化消费需求,更多定制化且多样化的文化消费需求,倒逼文化产业进行更新调整。在文化产业与其他产业、文化产业内部不同行业之间相互融合的过程中,越来越多新的消费形态正在不断涌现。例如，康养旅游以"文化＋康养＋旅游"的新模式，同时满足人们健康、养老、养生和旅游休闲的复合型消费需求，并结合饮食文化、茶酒文化、中医药文化、国学文化和禅文化等多种文化元素，通过文化创意提升了康养和旅游消费的内涵，既养身又养心，使游客在休养生息、观光娱乐的同时获得精神上的满足，丰富和充实了消费体验。2015年的《西游记之大圣归来》电影众筹的成功，掀起一股影视众筹的热潮。文化众筹是"文化＋金融"的创新发展形式，既是一种投资行为，也是一种消费行为。文化众筹实际上销售的是故事、情怀、创意和梦想，并通过对粉丝经济的把握，让消费者（投资人）参与到文化产品生产制作的过程中，使消费者在项目分红之外，还能够获得强烈的参与感、体验感和满足感。众筹版昆曲《玉簪记》把传统的戏曲演出变成了由一个讲座、一台演出、一次众筹、一场红毯秀和一席家宴组成的产品群，并通过对"场外赞助"观众、"核心"观众和"致敬昆曲"观众的人群细分和差别定价，以及提供参观后台、与演员交流、与大师共进晚餐等不同的活动内容满足了不同层次的心理和情感需求，是对"互联网＋戏曲＋众筹"的新消费形态的一次成功实践。

（二）消费心理与消费形态的关系

消费心理是消费主体在消费过程中的心理特征和各种心理活动，与消费形态之间有着十分密切的联系。

一方面，消费心理影响消费形态。消费心理建立在性格、气质、兴趣、价值观和生活方式等因素的基础上，对消费对象的选择和消费中的具体行为产生直接影响，并集中反映在消费形态上。例如，"80后""90后"的消费观念相对时尚，乐于尝试新鲜事物，是 VR 游戏、网络直播、知识付费等新的消费形态的主要消费群体；而"95 后""00 后"则更加崇尚独立与个性，热衷于"二次元"文化，对网络动漫、动漫周边产品和"二次元"手游情有独钟。不仅如此，消费观念的发展和消费心理的变化也会影响人们的消费选择，导致消费形态的变化。生活节奏的加快、信息爆炸和碎片化的时间使人们变得越来越功利化，倾向于快餐式的文化消费形态，于是出现了短视频、小游戏和各种碎片化的阅读方式以满足这种消费需求。定制化旅游，私人定制的文创产品，以及新闻客户端、网络音乐平台和生活方式类应用所推出的智能筛选和推荐功能也都是对人们更加追求个性化、差异化和精细化的消费心理的响应。另一方面，消费形态在反映消费心理的同时，也会对消费心理产生影响。这一点突出表现在互联网和数字技术对消费心理与消费习惯的重塑上。

首先，互联网的开放性与去中心化改变了内容生产和消费的模式，也重新定义了社会关系以及社会参与和交往的方式。在互联网平台上，人们的角色从"消费者"变成了"用户"，任何人都可以成为信息发布者和内容生产者，成为他（她）所在的社群网络的中心。网络文化消费具有平民化、草根性的特征，因此用户的消费心理也更加积极和开放，主导性更强，由被动接受变为主动参与，单纯消费变为价值共创，并积极寻求认同与关注。例如，网络直播这种消费形态的出现，给了普通人一个成为主播甚至"网红"的机会，也为观众提供了释放压力、缓解孤独的新方式，满足他们的猎奇、窥私和情感投射的心理需求。然而，在全民娱乐、全民狂欢的背后，隐藏着过度娱乐化的"娱乐陷阱"。网络娱乐消费的爆发式增长和五花八门的数字娱乐产品存在低俗化、泛娱乐化的倾向，人们在获得了虚拟的、短暂的快感和满足之后，面临的是更大范围和更深层次的"群体性孤独"。

其次，网购、外卖、生鲜速递、上门服务以及层出不穷的数字娱乐产品，在线教育和网络娱乐平台使人们足不出户就能满足生活、购物、社交、学习和娱乐等各种日常需求。互联网提供的海量产品和信息使人们有了更多的选择，因而对产品和服务提出了更精细化的要求并抱有更高的期待。与此同时，丰富多样的网络消费形态，也令人产生强烈的网络依赖，尤其是手机依赖心理，许多人，尤其是年轻人不愿意出门，习惯于"线上生活"和虚拟社交，变得越来越慵懒，并逐渐形成一种"宅"文化。

最后，新的消费形态可以培养新的消费习惯，引导和创造新的消费需求。共享单车、共享充电宝、共享住宿等共享型消费形态的出现，推动了共享理念的传播。人们开始习惯于共享的消费方式，这种倡导分享、经济、绿色、可持续的文化和价值观对消费者的消费心理产生了重要的影响。在线教育的普及打破传统课堂的限制，人们可以通过互联网随时获取所需的知识技能和全球各地不同专业、不同领域的课程资源。其改变了人们对于教育和学习的认知，使人们更加主动且有选择性、针对性地去寻求知识和进行自我提升，消费理念更加积极和灵活。过去，人们对博物馆、传统文化、文物和非物质文化遗产存在一种古老、严肃、高高在上的刻板印象，认为它们离日常生活和消费很远。而近几年来，故宫的"萌"系文创、非遗技艺体验活动以及《国家宝藏》《中国诗词大会》等电视节目的出现，通过科技、创意设计和新的展现与互动形式活化了文物与传统文化，激发了人们，尤其是年轻一代的消费热情，创造出新的消费需求。

四、新中产阶层的崛起

从当前的社会结构来看，我国尚未形成发达国家那种以中产阶层为主体的"橄榄型"社会。但伴随着经济社会的快速发展和商业化的推进，一个新的社会群体——新中产阶层正在崛起。这一群体在观念和行为方式上都更加充满活力，不仅重视事业上的成就和家庭生活的幸福美满，还关注自我的提升和满足。他们重视效率和品质，偏好富有格调的产品，热衷于创意和各种新奇的点子。人们不再简单地用消费品的数量和价格，尤其是对高端消费品和奢侈品的购买力来衡量个人的社会地位和消费层次，生活方式、消费品质和审美品位成为鉴别社会阶层、标榜身份和地位的符号与隐性标准。

（一）新中产阶层的概念

新中产阶层并不是一个严格意义上的学术概念，目前并无准确、统一的定义，但其大致具备教育背景良好、中等以上收入和财富水平、追求生活品质等几个标签。从年龄分布来看，新中产阶层中数量最多的是"80后"群体，其次是"70后"和"90后"；从城市分布来看，他们大多来自一二线城市；从收入与资产水平来看，超过半数的人净收入（除去各项开支的家庭净收入）在10万—50万元或可投资资产在20万—500万元；从受教育程度来看，他们普遍接受过高等教育，超过91.7%的人拥有大学本科或专科学历，其中21.3%拥有硕士或博士学历。[①] 中产阶层的认定标准主

---

① 苏州新闻. 智联招聘发布《2017年新中产调查报告》[EB/OL]. (2017-08-09) [2018-04-18]. http://www.sohu.com/a/163442940_102681.

要是收入水平和资产的多少,而新中产阶层的界定则更加看重生活方式和价值观。新中产阶层与中产阶层相比一个重要的区别就是,"在拥有一定的时间、财富和社会资源的基础上,他们对于这些资源更为多元化的支配方式"[①]。与处在相同或相近财富水平上的其他群体相比,"新中产"们往往更注重内心体验、自我表达、精神上的满足以及健康的生活方式,他们的审美观念、消费方式以及与世界的连接方式都更为时尚和现代。

(二)新中产阶层的消费特点

从总体上看,新中产阶层在消费方面已经超越了物质上的"小康",处于富裕型消费阶段并逐步向现代型消费过渡,在消费模式上从"外向型炫耀消费"向"内向型自我享受消费"转变,"品质""体验""个性""创意""智能""艺术和设计感"等是新中产阶层消费的关键词。他们具有独立、清晰且符合当代商业美学的审美趣味,不盲目崇洋或追求名牌;服务性、体验型消费增加,将更多时间和金钱投入享受生活和自我修养提升方面中;移动互联网成为他们重要的生活方式,通过网络连接线上线下的社交圈。具体来说,这一群体的消费特点主要表现在以下两个方面。

一是消费更加理性,重视消费的品质、内涵和价值观的表达。一方面,新中产阶层具有较为充足的财富和社会资源,因此在生活方式和消费对象的选择上也更加自由。比起价格和数量,他们更看重的是产品的整体品质,包括外观、功能、服务以及设计上

---

① 第一财经周刊.什么是新中产,他们如何生活、消费?[EB/OL].(2017-08-04)[2018-04-18].http://www.sohu.com/a/162128040_465303.

的一些细节。另一方面，他们倾向于表达自己的个性、价值观和审美喜好，更多地关注内心的感受，而不太在乎别人的看法；在品牌的选择上，不再执着于奢侈品，而将更多的注意力放在了品牌文化与品牌价值观的契合度上。例如，在选择服装时，他们会考虑的是：质地是否传递高级感，设计是否简洁大方，以及品牌背后的故事是否打动人。牛津学者詹姆斯·哈金在《小众行为学》中谈到消费升级时说，持有这种消费观的消费者不甘于普通大众消费品的平庸，又不可能也不愿意全部换成高档奢侈品，他们热爱的是一些工艺和设计等比传统消费品高一点、价格高两点的升级消费品。① 新中产阶层追求的是一种"好，但又不是最好；贵，但又不是太贵"的消费方式，实现了从物质满足到精神愉悦，从盲目追求名牌到向往"美好事物"的转变。

二是生活方式类消费增加，重视消费的体验性和参与感。与过去单纯重视实物消费和功能性消费不同，生活方式类和符号性消费在新中产阶层的生活中所占的比重越来越大。他们热衷于旅行、艺术活动，享受美食和健康生活，乐于把时间和精力投入"无用的美好事物"上。他们消费的不仅仅是产品或服务本身，而是消费行为和消费过程中所体现的生活理念和所象征的生活方式。愉悦感和生活方式的认同度成为衡量消费对象价值的重要指标。根据《2017年新中产调查报告》的调查结果，在新中产阶层消费显著增加的前十项中，仅有一项是实物类商品（服饰），其余九项都是体验类服务，包括旅行、餐饮、学习提升、运动健

---

① 〔美〕詹姆斯·哈金. 小众行为学[M]. 张家卫, 译. 北京：北京时代华文书局, 2015.

身、休闲娱乐等（见图2-7）。[①]《2017年新中产品质生活报告》显示，有超过90%的人更舍得花钱追求更好的服务和互动体验，超过80%的人更加注重在实体店的体验，店内陈列有格调和创意、高效的售后服务、优惠和便捷的支付服务、数字化和智能化服务以及消费者能参与产品设计或定制过程等都是影响消费体验的重要因素。[②] 可见，新中产阶层将更多的财富、时间和社会资源用于服务类消费，更加重视消费的体验性，并且极力追求个性、自由、精神愉悦和人生意义。像优衣库、无印良品这样店内布局简单舒适、商品种类齐全的实体店，集合多种生活场景，能够满足不同的消费需求，提供了一种时尚、高效、情景化的全新消费体验。Airbnb和摩拜单车提供的不仅仅是民宿和自行车，它们不只是传统住宿和出行方式的替代品，而是一种提倡绿色、健康、共享的生活方式和人与人之间新的连接。上绘画、插花、茶道或手工课程，参加创意市集、集体户外活动，或者带孩子参加亲子类互动体验和游乐项目，提供了更具参与感和互动性的消费体验，成为越来越多都市白领周末解压放松、提升自我和社交互动的生活方式。

新中产阶层的消费符合新一轮消费升级下居民消费的基本特征，但在追求消费品质、体验以及个性化和自我价值的表达方面表现得更为突出，对生活方式类消费和新兴消费形态表现出更强烈的兴趣，成为消费趋势和消费潮流的引领者。

[①] 苏州新闻. 智联招聘发布《2017年新中产调查报告》[EB/OL]. (2017-08-09) [2018-04-18]. http://www.sohu.com/a/163442940_102681.

[②] 第一财经周刊. 什么是新中产，他们如何生活、消费？[EB/OL]. (2017-08-04) [2018-04-18]. http://www.sohu.com/a/162128040_465303.

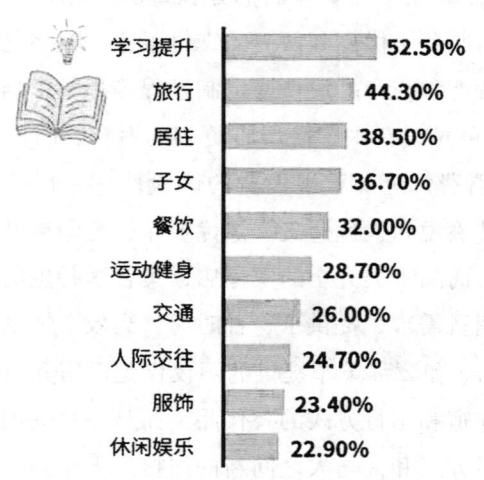

图 2-7 消费显著增加排名前十[①]

（三）新中产阶层的文化消费

新一轮消费升级的一个重要特点就是精神性消费在消费结构中的比重大幅增加，文化消费持续增长。新中产阶层升级在消费升级中表现得十分活跃，尤其是在文化消费领域。《2017 年新中产品质生活报告》显示，有 67.56% 的受访者在过去一年中消费过音乐、电影、展览等文化娱乐产品，84.94% 购买过有版权的图书。[②]新中产阶层有较稳定的收入，教育背景良好，追求有品质、有态

---

① 苏州新闻．智联招聘发布《2017 年新中产调查报告》[EB/OL]. (2017-08-09) [2018-04-18]. http://www. sohu. com/a/163442940_102681.

② 第一财经周刊．什么是新中产，他们如何生活、消费？[EB/OL]. (2017-08-04) [2018-04-18]. http://www. sohu. com/a/162128040_465303.

度、个性化的生活,而文化生活是展现生活方式、提升生活品质、满足精神需求、实现自我价值的重要载体。因此,该群体的文化消费需求呈现出显著增长且日益多元化的趋势,推动文化消费市场的不断扩大,成为文化消费增长新的动力。同时,新中产阶层的消费需求层次相对较高。虽然我国的文化消费结构整体上仍然相对落后,传统的休闲娱乐消费仍然占很大的比重,但新中产阶层的消费观念和消费习惯都更加时尚,青睐知识性消费、生活方式类消费以及高文化附加值和创意含量的产品和服务。其中"80后""90后"的年轻群体,对于新的文化消费方式和消费形态表现出极大的热情。

(1)教育和自我提升类消费显著增加。随着现代生活节奏的不断加快,知识更新的周期越来越短,信息量也呈爆炸式增长,从产品、技术到观念都在高速发展和迭代,对人的知识水平和综合素质提出了更高的要求。因此,学习和自我提升成为迫切的需要。同时,获取知识的渠道更加多元化,知识获取更加便利,交流互动的方式也更加新颖和具有趣味性,大大提升了人们对知识性消费的兴趣。《2017年新中产调查报告》的调查结果反映出新中产阶层极高的学习热情和自我提升意识,半数以上的受访者过去一年中在学习提升方面的开支显著增加。[①] 值得注意的是,新中产阶层正在成为知识付费的主要用户群体,知乎、得到、扇贝英语、薄荷阅读、网易公开课等学习和知识分享类应用平台在该群体中广受欢迎,不仅体现了新中产阶层对知识的强烈需求、不断提升

---

① 苏州新闻.智联招聘发布《2017年新中产调查报告》[EB/OL].(2017-08-09)[2018-04-18].http://www.sohu.com/a/163442940_102681.

自我的紧迫感以及更强的付费意识和习惯,还反映出这种新的消费方式所具有的象征个体身份、地位和自我价值的"符号"意义。

(2)高雅艺术类消费逐步提升。尽管大众文化、流行文化类消费仍然是我国文化消费的主流,但新中产阶层正在崛起为歌剧、音乐会、艺术展览、艺术品博览会等高雅艺术类消费的主力军。高雅艺术类消费不仅要求较高的支付能力,而且必须建立在一定的艺术品位和艺术理解能力的基础上。新中产阶层不仅具备较强的购买力,而且接受过良好的教育和一定的艺术熏陶,具备艺术欣赏所需要的基本知识结构和美学素养。同时,他们在消费观念上也更加开放,愿意尝试更高层次的消费类型和消费内容,尤其是精神性的消费。因此,新中产阶层的艺术消费需求正在快速增长,剧院、音乐厅、美术馆等艺术场馆已经成为他们生活的一部分,同时许多人开始介入艺术品收藏领域。京东针对艺术品消费进行用户调研的结果显示,超过1/4的用户对艺术品相关领域感兴趣,会逛线下的艺术场馆,关注艺术领域的资讯,而艺术北京博览会的数据也显示,其参观人数从2015年的5万人攀升至2017年的10万人。[①] 新中产阶层作为新成长起来的艺术品消费群体,具有明显的消费偏好,尽管对艺术品的品质有较高的要求,但并不热衷于投资天价艺术品,而是青睐更加年轻化的现当代原创作品,包括油画、版画、当代水墨和雕塑作品等,以及艺术与生活相融合的创意衍生品。

(3)"文化+生活"类新兴消费形态受到关注。新中产阶层

---

① 新浪收藏. 新中产艺术消费当道 京东艺术品频道填补市场空白 [EB/OL]. (2018-03-25) [2018-04-23]. http://www.cnarts.net/cweb/news/read.asp?id=409354.

对生活方式类消费的偏好也渗透到文化消费领域，在时尚、运动、饮食、旅游等领域积极实践生活化的文化活动。他们热爱旅游，并且倾向于主题旅游、定制旅游，比如工业旅游、博物馆游、特色小镇游和一些相对小众的旅游目的地。比起价格、住宿条件等硬性要素，他们更加看重旅游目的地的文化特色和旅游过程中的深度体验。他们既关注新型的智能文创产品，如快速变温水杯、智能音箱、VR眼镜等，同时又向往内涵式的"慢生活"以及融入中国传统美学元素的"新中式"设计，生活美学空间、手作体验、传统文化体验以及以"慢生活"、田园生活为主题的特色民宿等尤其受到新中产阶层的欢迎。

第二节　文化消费与消费文化

　　文化消费作为消费的一种，不仅受到经济发展水平、文化产品和服务供给、市场环境、消费政策等外在环境因素的影响，也受到内在的文化传统、习俗、观念和多种心理因素的影响。文化消费行为同一般物质商品的消费行为一样，建立在一定的文化基因的基础之上，而这一基础会随着社会发展、城市化进程、生产和生活方式变迁、社会认知和审美观念转变而发生变化，受经济、政治、文化、科技、生态等多种因素的综合作用而呈现出不同的形态。消费文化影响消费行为，而消费行为实践的过程中又会产生新的消费文化，改变甚至重塑消费观念和意识形态。从另一种意义上说，消费本身就是一种文化，消费中的行为方式、消费的价值观念和伦理道德以及消费过程中所反映出的人与自然、人与社会以及人与人之间的关系等是社会文化系统的重要组成部分。

一、消费文化的内涵

（一）消费文化的概念

工业革命以来，在消费文化研究领域产生了许多颇具代表性和影响力的思想理论，并形成不同流派，西方学者对消费文化的研究以让·鲍德里亚、迈克·费瑟斯通、凡勃伦等人为代表。我国对消费文化的研究起步较晚，研究成果相对零散，尽管自20世纪70年代开始，消费文化的研究热度不断上升，但目前对于消费文化的概念还没有统一的认识，系统、严谨的理论体系尚未形成。

鲍德里亚认为，消费文化就是在消费社会人们消费中所表现出来的文化。鲍德里亚指出，消费是当代社会所特有的概念，它不是围绕需求或效用而进行的，而是一种符号行为或使用符号的行为，消费系统是建立在符号编码和差别基础上的，而不是建立在需求和快乐基础上的。[①] 这种观点突出了消费的社会属性，尤其是符号性，是与消费的自然属性、物质功能和使用价值的分离。在迈克·费瑟斯通看来，消费文化即指消费社会中的文化。消费文化的一个重要特征就是商品、产品和体验可供人们消费、维持、规划和梦想。消费绝不仅仅是为满足特定需要的商品使用价值的消费，相反，通过广告、大众传媒和商品展示陈列技巧，消费文

---

① Baudrillard, Jean. *Selected Writings* [M]. Mark Poster (ed.). Cambridge: Polity Press, 1988, pp.21-47.

化动摇了原来商品的使用或产品意义的观念,并赋予其新的影像与记号,全面激发人们广泛的感觉联想和欲望。因此,消费文化今后的趋势就是将文化推至社会生活的中心。[①]可见,费瑟斯通对于消费文化的认识同样强调消费的社会文化功能和符号属性。鲍德里亚和费瑟斯通所理解的消费文化,与凡勃伦提出的"炫耀性消费"和布尔迪厄提出的"品味""趣味性消费"一样,都聚焦于消费的符号价值与文化意义,但两者均建立在"消费社会"的特定语境中,以消费主义为基础,有一定的局限性。

尹世杰将消费文化理解为消费领域中人们创造的物质财富和精神财富的总和,包括消费环境、消费品和消费活动。尹世杰认为消费文化可分为物质文化、精神文化和生态文化,三者各自独立,但又有相互渗透和交叉的关系。[②]杨魁、董雅丽则认为,消费文化就是人类所创造的各类消费相关因素的综合,文化中那些影响人类消费行为的部分,或文化在消费领域中的具体存在形式,都可称为消费文化。在此基础上,消费文化应包括三个基本层次,即消费品、消费观念和消费方式。[③]这两种观点都是从广义上对消费文化的理解,拓展了消费文化的外延,进一步明确和剖析了消费文化的结构和层次,但同时也显得过于宽泛,模糊了消费文化与消费和文化消费之间的关系。

尽管不同学者在界定消费文化时的视角和侧重点有所不同,

---

① 〔英〕迈克·费瑟斯通.消费文化与后现代主义社会[M].刘精明,译.南京:译林出版社,2000:165—166.
② 尹世杰.消费文化学[M].武汉:湖北人民出版社,2002:14—20.
③ 杨魁,董雅丽.消费文化:从现代到后现代[M].北京:中国社会科学出版社,2013:23—24.

但消费文化的内涵至少包括以下几个层面：一是核心层，即消费者的思想观念、目标追求和价值取向等内在精神文化；二是外围层，即消费品（作为消费对象的各种产品和服务）的类型、结构和层次等消费载体所体现的物质文化；三是关联层，即消费的行为模式、组织形式、市场环境和制度规范等制度文化和外在环境。消费文化产生于消费主体、消费客体和消费环境相互结合和彼此作用的动态过程，反映出消费过程中的人与自然、人与社会和人与人之间的相互关系，折射出社会经济发展水平、生产和生活方式、意识形态与文化观念等。本书所讨论的消费文化并不是特指消费社会或消费主义背景下的消费文化，而是存在于不同社会发展阶段和意识形态背景之下不断发展变化的消费文化，并且主要聚焦于消费文化的核心层，即消费观念。

（二）消费文化的影响因素

消费文化的形成和发展受到经济、社会、科技、文化等因素的共同影响，经济发展、社会变迁、生产和生活方式变革、社会文化和审美观念演变都推动着消费文化的发展变迁。

首先，经济发展和生产力水平的提高为消费文化的发展提供物质基础。一方面，生产方式的进步和生产结构的升级，丰富了消费品的种类，改变了供给方式、渠道和结构，为人们提供了新的、更高层次和更加多样化的消费选择，从而不断更新甚至重塑人们对消费对象和消费活动的认知，推动消费观念、消费心理和消费方式的转变。另一方面，生产关系的变化不断解构和重构社会关系、社会结构和价值观念等，推动消费文化的演化和更新。消费关系本身就被包含在生产关系体系中，资源配置方式、产品分配和交换关系、资产和财富占有形式以及人际关系和社会组织形式的改变会推动消费中的人与人、人与自然之间关系和互动方式的转变，从而影响消费观念、心理、环境和体制等，孕育新的消费文化。

其次，社会变迁和社会空间形态的演化促进消费文化的传播与更新。城镇化、现代化、工业化和信息化进程的推进，使城市空间迅速扩张，人们的生活和消费范围也不断扩大和延伸，包括生产空间、生活和消费空间在内的整个社会空间形态和空间关系不断被打破和重新规划，不仅消除了商品流通的空间障碍，也消解了消费观念的空间区隔，加速了商品经济思想的传播与蔓延。信息和物质交换的范围不断扩大，频率不断提高，人群流动性增强，加速了不同地域、圈层和文化背景之间的意识形态与价值观念的交流、碰撞与融合，消费主义、形象建构、时尚品位、身份认同等符号化的消费观念突破了阶层界限，在更大的空间范围内传播。同时，城市的消费品、消费方式、消费观念与消费习惯源源不断地向乡村辐射和传播，城市对经济和消费发展的控制力和话语权逐渐强化，中心地位凸显，主导着消费文化的变迁。此外，正如大卫·哈维在《巴黎城记——现代性之都的诞生》一书中所描述的，"新百货公司与新咖啡馆——往外溢出到新大道两旁的人行道上——的出现，使公共与私人空间的疆界变得充满空隙"，"公园与广场转变成社交与休闲的地方"，"商店橱窗成为引人驻足凝望的引诱物"[1]——街道、公共空间、消费场所等城市空间的变化和更新，也改变了人们的认知和行为方式，重塑消费观念与消

---

[1] 〔美〕大卫·哈维.巴黎城记——现代性之都的诞生[M].黄煜文，译.桂林：广西师范大学出版社，2010.

费习惯。

生活方式的变革不断塑造新的消费文化。首先，生活方式影响生活观念，而消费观念作为生活观念的一部分，自然也受到生活方式的深刻影响。广义的生活方式是指人们各种物质和精神生活的活动方式和行为习惯的总和，包括衣、食、住、行以及闲暇时间的利用，从日常生活起居，到消费、宗教和精神生活等一切生活活动的方式。人们在长期的饮食、起居、出行、社交等生活实践活动中逐渐形成了稳定的模式，包括行为方式、习惯与风俗等，并在此基础上积淀形成了特定的生活观念和社会心理。生活观念包括消费观念，生活观念的改变和演进也会推动消费观念和消费心理的变化。其次，生活方式决定消费需求和消费方式。在不同的生活方式下，人们的消费需求也呈现出显著的差异。在不同的社会发展阶段，人们的生活方式是不同的，在传统生活方式下，人们的消费主要是出于基本的生存需要，渴望物质富足以满足温饱；而在现代生活方式下，人们对消费品的品质和类别的精细化提出了更高的要求，追求精神上满足和愉悦，并且出现了崇尚简约、原始、慢生活和返璞归真的新的消费文化。消费是生活的重要方面，消费方式反映出人们在消费领域的生活方式，并在此基础上形成特定的消费文化模式。凡勃伦认为，"有闲阶级的生活方式与炫耀性的消费文化是合二为一的"[1]，他们通过特定的饮食习惯、服饰风格以及消费的品类、层次和结构等外在表现形式来展示自己的生活方式，标榜身份地位，显示个人风格与审美品位，

---

[1] 冯文华. 新时期我国居民消费文化变迁研究[M]. 大连：大连海事大学出版社，2008.

而这种符号化、风格化、象征性、炫耀性的消费行为以及个人价值观念、审美趣味的表达塑造了独特的消费文化。在当代社会，很多年轻人喜欢"宅"在家里，习惯于网购、点外卖、进行网上社交和娱乐活动，这种生活和消费习惯下所产生的消费文化也打上了鲜明的"宅文化"的烙印。

最后，文化和审美观念的发展演变推动消费意识和消费观念的转变。消费文化本身就是社会文化系统的一部分，意识形态、价值观念、思维方式和审美心理等决定着消费主体对消费对象的认知方式和价值判断，影响着消费感知、感受、趣味、理想和标准等各个方面，反映在消费偏好和消费对象的选择上。在一般物质商品的消费中，商品的外观、包装、陈列方式、广告宣传以及商业空间和消费场所的建筑风格、内部陈设等成为人们消费时所考虑的重要因素，甚至成为消费对象本身。商品的视觉形式及其所传达出来的气质、情趣和意蕴等与商品本身的功能同等重要，有时，商品的美学价值甚至超越了实用价值。在文化消费中，消费者通过感知与解读文化艺术产品或服务的文化内涵与美学价值，并享受其所带来的感官刺激和情感体验而获得精神上的愉悦和满足。从这个意义上来说，审美活动本身就成为一种消费。审美观念根植于特定的文化传统，因地域的不同和时代的发展而呈现出差异，同时，主流文化中的审美标准的单一性被打破，审美观念越来越个性化、多元化。例如，有的人喜欢奢华、夸张的品牌风格，有的人则以低调、朴素、极简的设计为美；有些人偏好音乐会、艺术展览等高雅艺术消费，而另一些则崇尚嘻哈、涂鸦等街头流行文化。在消费主义的视域下，商品功能价值之外的符号价值、形象价值与文化意义凸显出来。"日常生活审美化"的趋势越来越显著，审美活动超出了文化艺术的范畴，也不再是某个阶级的特权，而是逐渐渗透到普通人日常生活的方方面面。这一趋势也充分反映在消费领域，商品的艺术化，消费的时尚化、景观化和情感化重新定义了消费文化。

（三）消费文化与文化消费的关系

消费文化与文化消费属于两个不同范畴的概念。文化消费是以文化产品或服务为消费对象的消费活动，与物质消费、生态消费一样，属于消费的一个类型和维度，或者说是消费生活的一部分。消费文化从广义上来说，是消费理念、消费方式、消费行为和消费环境等的总和，其核心是消费实践中形成并通过消费活动表现出来的意识形态、价值取向、审美观念和风俗习惯等。文化消费本质是一种消费行为，而消费文化的本质是文化；文化消费属于精神消费，其对象限于精神文化产品；而消费文化中的消费则包括物质消费、精神消费和生态消费等各种消费活动。

同时，消费文化与文化消费之间又存在着十分密切的联系。一方面，消费实践决定消费文化，消费文化是对消费实践的反映。不同社会发展阶段、不同民族和地区、不同阶层和群体的消费活动方式和行为特征是不一样的，从而形成了不同的消费文化，消费需求的转变、消费层次的提升和消费结构的升级推动消费文化不断地发展演化。另一方面，消费文化影响消费实践。消费的影响因素有很多，除了收入水平、供给条件、市场环境的外在因素，消费文化，尤其是消费观念也是影响消费决策，引导和制约消费行为的重要因素。消费文化的差异表现为消费理念、消费倾向、消费习惯和消费价值取向的不同，在消费的客观条件相同的情况下，消费行为和决策上的差异主要是由消费文化的不同所决定的。

因此可以说，消费文化与消费之间是相互影响、相互作用的关系，而文化消费属于消费的一种，符合消费文化与消费之间关系的一般规律。

与此同时，由于消费的文化属性，文化消费与一般的物质消费相比，与消费文化之间存在着更为密切的内在联系。在消费主义的语境下，消费的自然性和物质性被弱化，象征性和炫耀性增强，消费的文化含义和精神需求越来越受到关注。在消费社会中，"人们消费的不是商品和服务的使用价值，而是它们在一种文化中的符号象征价值"[①]，消费过程中的感官体验、内心的愉悦和精神上的满足已经超越了商品本身的效用。同时，休闲、娱乐等享受型消费大大增加，以满足人们不断膨胀的消费欲望。消费主义指向的并不仅仅是一种消费的观念或行为方式，而是一整套生活方式，一种意识形态，消费主义文化使消费本身变成了一种精神需要。这种消费功能的变化，消费需求和价值观的转向，一定程度上为文化消费的发展奠定了基础。布尔迪厄在他的《语言与符号权力》一书中将符号消费的概念从物质消费拓展到了文化消费，他认为，文化的生产、消费、传播、积累、继承等诸环节，与其他事物一样，也可以依照一种实践的符号经济学来加以研究。但值得注意的是，消费主义是将消费行为和过程本身当作一种价值和意义去追求，关注的是超越实际生活需要的消费欲望，这种"欲望"存在于物质和精神消费中，表现在消费生活的方方面面；而文化消费中的"精神需求"是通过对文化产品或服务的占有和使用而获

---

① 陈昕. 赎救与消费——当代中国日常生活中的消费主义[M]. 南京：江苏人民出版社，2003.

得满足,即通过对产品或服务中知识的获取、文化内涵的解读以及艺术价值的感受而使精神生活得以充实。

二、中国消费文化观念变迁

(一)中国消费文化发展阶段

消费文化的变迁建立在经济发展和社会形态演进的基础之上。以经济、社会和历史发展进程为依据,可以大致将中国消费文化划分为传统消费文化、近代消费文化、现代消费文化三个时期,而现代消费文化的发展演变又经历了计划经济和市场经济两个主要阶段。不同历史时期的消费文化因受到当时的经济形态、政治制度、社会结构、生活方式和思想文化等各种因素的影响和制约而呈现出不同的特征。

1. 传统消费文化主导时期

传统消费文化是传统社会(从原始社会、奴隶社会到封建社会的发展阶段)的主流消费文化,具有浓厚的小农经济色彩,封闭、保守、节俭、等级、宗法、从众和趋同是它的标签。中国传统社会建立在农业经济的基础之上,从生产生活方式到社会意识形态都打上了农耕文明的深刻烙印。占人口绝大多数的农民以家庭为基本单位进行农业生产,有限的生产力仅仅能够满足自身基本生活需要,而无更多剩余产品可供交换,于是形成了自给自足的生产—消费模式,其导致了消费思想和消费心理的封闭、保守与节制。

"黜奢崇俭"可以说是中国传统消费文化的核心,尽管王公贵族、大士绅等上层阶级的消费在一定程度上存在奢靡之风,但始终无法撼动"尚俭"这一价值观念的主导和统治地位。儒家文化认为"俭养德"——奢侈的消费将导致社会道德沦丧，礼崩乐坏，而倡导节俭有利于节制人们的欲望和消费需求，维护良好的道德风尚。在孔子看来，消费不仅是一种经济行为，更是一种伦理行为，衣、食、住、行、交际、陈设等各种消费活动都必须以"礼"为规范和约束，避免越礼而"奢"。此外，墨子、荀子、韩非子等也均强调节制日常生活，反对奢侈消费。这种崇尚节俭的消费思想和消费伦理，贯穿了中国的消费发展史，始终影响和制约着中国人的消费观念和消费行为——高储蓄率一度抑制了消费的增长，直到今天，许多人，尤其是老一辈人始终保持着节俭的消费习惯，反对过度消费、超前消费。从经济的角度来说，节俭是出于个人、家庭和国家积累资源与财富的需要，而生产力水平低下和"重农抑商"政策导致消费品数量和种类的匮乏，进一步制约了消费需求的增长。

除了"尚俭"的消费思想之外，宗法等级制度也是传统消费文化形成和发展的重要基础。在"尊卑有别、长幼有序"的宗法制度以及家族"同居共财"的生活方式和财产关系之下，家长有绝对权威，家族成员具有共同价值取向，消费的自主性较弱，抑制了个性化的消费行为和消费方式。封建等级制度造成了等级间生活方式的巨大差别和消费上的鸿沟，不同阶层在食物、服饰、器具、住宅和交通工具的选择上都有很大的差别，消费方式和消费习惯也表现出明显的差异。例如，居室建筑的形制和风格以及服饰的品种、花色、造型、质地等都有严格的等级限制，农民、商人和下层士民即使有消费能力，也不能僭越礼制，消费观念受到以"礼"为核心的道德伦理的约束。

这种森严的等级制度同样反映在文化消费上。由于社会地位、生活环境和受教育程度的不同，贵族和平民的文化生活形成了鲜明的对比。上层的贵族和官僚是高雅文化、精英文化的消费者，文化生活的方式主要是诗、书、画、棋、琴、戏等；而下层的农、工、商阶层在接受教育方面没有平等的机会和权利，尤其是广大农民，整体文化素养偏低，接触文学和艺术的机会也很有限，消费内容主要是通俗文化、民间文化，以曲艺、杂剧、杂技等休闲娱乐为主，主要出入茶馆、勾栏、瓦肆等表演和娱乐场所。可见，精神消费同物质消费一样，也是等级和社会地位的反映，消费文化呈现出等级分化、雅俗分明的特征。

2. 近代消费文化转型时期

封建社会末期，工商业迅速发展，自然经济向商品经济转变，同时，在西方文明的强烈冲击之下，传统社会的封闭状态被打破，无论是市场环境还是文化观念，都更加开放和自由。人们在饮食、起居、穿戴、社交等方面越来越多地仿效西方，生活和消费方式出现了"西洋化"的趋势，洋油、洋布、时钟、西洋镜、玻璃器皿等洋货开始走进人们的生活，"大江南北，莫不以洋为尚"[①]。消费品种类、结构和质量的变化定义了新的消费时尚和消费习俗，崇尚西洋的生活和消费方式渐成风气。与此同时，受传统伦理道德约束的单一、固化的节俭型消费文化模式受到一定程度的冲击，出现了不同的声音和更加前卫的思想，人们的消费观念越来越多元化。新兴消费现象和消费思潮的出现使节俭型消费观受到一部分人的公开质疑甚至批判，市民阶层的兴起和平等意识的萌芽使

---

① 严昌洪. 中国近代风俗史[M]. 杭州：浙江人民出版社，1992：78.

人们的消费行为不再严格遵从等级和秩序，消费观念更加开化和时尚。在文化生活领域，除了传统的赏花看戏、琴棋会友和民间休闲娱乐活动之外，西方的照相机、电影、留声机等传入中国，第一部电影《定军山》诞生，以"百乐门"舞厅为代表的综合性娱乐场所开始出现，西方人时髦的文化生活和休闲娱乐方式为中国人的生活注入新鲜元素。

另外，这一时期的消费文化的转型是不彻底、不全面的。一是这种转变基本停留在表面，主要是器物层面的变化，并未深入制度层面，没有触及深层价值观念，传统消费文化的思想基础并未发生根本性的转变。二是新兴消费文化在地区、城乡和社会阶层之间传播和发展不均衡。西方文化首先在沿海地区，尤其是诸如中国上海和天津等港口城市"登陆"，并逐步扩散至其他地区，内陆地区和农村的消费文化变化远没有那么显著。新兴知识分子主张解放思想、突破传统礼教的束缚，作为新生活方式和消费方式的倡导者，他们只是整个社会很小的一部分，而广大农民和统治阶级则多固守传统的体制和观念，消费文化转变的范围有很大的局限性。三是消费观念进步的同时也伴随着一些消极现象和不良倾向，如盲目崇洋媚外，认为"西化"的就是好的、先进的；奢侈、无度地消费，无节制地享乐和纵欲。中国近代消费文化的转型是传统消费文化向现代化消费文化的转变和过渡，是一个在西方先进文化和封建传统思想之间动荡和变化的渐进、曲折和漫长的过程。

3. 计划经济时期

从1949年新中国成立到1978年实施改革开放政策之前的30年间，中国实行的是计划经济体制，这一时期的消费文化也带有明显的计划经济色彩。计划经济是对生产、资源分配以及产品消费事先进行计划的指令型经济体制。在这种单一所有制、高度集中与高度计划的经济制度之下,政府成为社会资源主要配给者,资源配置和商品流通被"统得过死";企业缺乏生产的自主性、积极性和创造性,商品的生产、流通与居民消费需求脱节;再加上社会生产的重心长期放在重工业上,农业、轻工业发展严重滞后,产业结构明显失调。居民消费处于一种"生产什么,消费什么;生产多少,消费多少"的状态,基本生活资料长期短缺,基本农产品和日用品供给不足,消费结构失衡,消费层次在低水平徘徊。受这种市场环境的限制,居民的消费需求和消费意愿长期被压抑,消费目标主要是解决温饱,处于一种追求基本物质生活满足的生存型消费模式中。在这样的社会背景下,居民的文化生活也相对单调和贫乏。文化消费的对象以图书、广播、电视、电影为主,可选择的类型十分有限,大家读一样的书,听一样的广播节目,看一样的电影。电视以新闻节目为主,电影市场上国产影片占绝大多数,进口影片少且内容和题材有很大的局限性,文艺活动也主要靠政府、机关单位组织。

总的来说,计划经济时期的消费文化供给呈现出单一化、均等化的特点,消费方式单一。居民消费的自主性和积极性偏低,缺乏消费活力。由于采取定量供给和按计划分配的制度,消费品的数量、种类、规格和消费方式由政策制定,居民消费整齐划一。在这样的经济体制和消费环境之下,居民的消费意愿和消费欲望受到约束,消费观念和消费习惯相对保守和谨慎,形成了一种抑制性的消费文化。与传统消费文化中以"黜奢崇俭"的伦理道德为基础的消费观念不同,这一时期消费文化中的节俭意识受客观条件的限制和政策的制约，是一种被动的、并非完全自愿的节俭。此外，由于社会发展格局相对封闭，这一时期国民接触到的外来文化商品和资讯有限，消费观念滞后，文化氛围相对封闭和单调。

4. 市场经济时期

随着改革开放的推进和市场经济体制的建立，生产力水平大幅度提高，经济结构不断优化，市场快速扩张、商品流通和市场交易更加自由，统一、开放、竞争、有序的现代市场体系逐步建立。生产和消费的积极性大大提高，消费品数量和种类在短时间内丰富起来并快速更新迭代。从有线电视、卫星电视到网络电视，从冰箱、空调、洗衣机等大型家电到智能音箱、扫地机器人等智能小家电，各种新型家用电器和智能产品不断进入人们的日常生活。服装的款式和风格不断发生新的变化，时尚潮流一次次冲击着人们的审美观念，刷新人们对美的认识。从基本生活消费品，到高档消费品，再到奢侈品，国民的消费层次不断提升。尤其是家用电脑和互联网迅速普及，席卷了人们的整个生活，手机、平板电脑、智能穿戴设备的出现和数字技术、通信技术的发展把人们送入了信息时代、智能时代。计算机网络和移动网络彻底颠覆了人们对世界、对个人和社会生活的认知，重新定义了消费并重塑人们的消费观念。

一方面，充足的供给，丰富且不断更新的消费品类为时尚、多元、个性化的消费文化提供了条件。人们的消费欲望日益膨胀，享受着各种物质产品所带来的感官刺激和物质需求的满足。如果说从改革开放初期到20世纪90年代中期，人们追求的是消费品的标准化和批量化所带来的安全感和满足感，那么从20世纪90年代后期开始，尤其是进入21世纪以后，人们的消费生活迈上了一个新的台阶。恩格尔系数不断下降，生活必需品在消费中所占的比重越来越小，发展型、享受型消费大大增加。消费结构的升级，不仅表现在消费品和消费方式等外在层面上，同时也伴随着消费观念和消费心理等内在转变。人们不再为了生存需要而发愁，而是开始思考如何让自己和家人生活得更好、更有品质，从追求数量的满足转向追求质量的提升。消费观念和消费方式呈现出差异化、多样化、个性化的特点，消费需求也向精细化、定制化的方向发展，对产品的功能、品质、科技含量和文化内涵等提出了更高的要求。此外，受西方消费主义思潮的影响，商品的符号价值和象征意义越来越受到重视，甚至超过了商品本身的使用价值。人们开始出于彰显身份地位、塑造自我形象、表达价值认同和展现生活方式的需求而进行消费。

另一方面，物质的充盈无法填补精神上的空虚，深层次的精神需求不断显露出来。经济的高速发展在带来物质欲望的满足的同时也造成了精神世界的空洞和迷茫。在实现了温饱、经历了物质上的富足和繁荣之后，人们开始更多地转向精神追求，精神文化消费需求显著增加；同时，文化产业的快速发展，也在不断丰富市场上的文化产品，充实居民的文化生活。尤其是近十年来，数字文化产业的发展改变了文化内容的生产和消费方式，网络文化消费打开了消费的新空间，重塑了社会关系以及人与人之间的交互方式。网络文学、网络游戏、VR体验、休闲农业、健康旅游、创意设计等新兴业态与消费形态引领了时尚潮流。文化消费从实体向虚拟、数字化转变，从线下到线上再到线上线下相整合，新的消费形态、消费渠道和消费习惯塑造了新的消费文化。

从总体上看，这一时期居民的消费意愿和消费积极性大大增强，传统的节俭、保守、重积累的消费观越来越受到挑战，主流意识形态的绝对主导地位被打破，消费文化氛围更加开放、多元和充满活力。消费的自我意识增强，消费行为成为自我表达和个人风格体现的重要方面。人们不再仅仅出于生存需求、家庭基本生活需要而消费，而是越来越多地为个人、为高层次物质和精神享受而进行消费，追求精神愉悦、自我满足和自我价值的提升。消费文化由保守型向开放型转化，从崇尚节俭到自由消费，从重视实用、温饱发展为追求审美、享受，由物质消费上升为精神消费，由单一、标准、趋同化向多样、普泛、个性化转变。

（二）消费主义思想对中国消费文化的影响

19世纪末20世纪初，以大众消费为主要特征的西方消费社会逐渐形成。消费社会是资本主义社会发展到一定阶段的必然产物，呈现出资本主义意识形态的特征。生产力水平的提高，尤其是工业化、规模化生产和科技的飞速发展为消费提供了充足甚至过剩的供给；生产效率的提高和企业管理的进步带来了居民收入和闲暇时间的增加；城镇化、都市化发展在改变城镇面貌、塑造新的生产生活空间的同时，也改变了人们的生活方式和生活观念；社会文化观念的变革，更加自由开放的文化氛围，鼓励人们尽情地消费和享受生活，为消费主义的兴起消除了思想障碍。简单而言，消费主义是指20世纪初在美国开始出现并逐渐盛行起来的一种生活方式、社会文化现象和价值观念体系，它既不是一种单纯的价值观，也不是一种单纯的行为实践，而是两者的结合。[①] 在消

---

① 纪秋发.中国社会消费主义现象简析[M].北京：北京理工大学出版社，2015：38—39.

费主义的意识形态之下，消费的目的不是满足实际生存需求，而是对企业和大众媒介制造、宣传和反复刺激下不断膨胀的消费欲望的追求。这种欲望不同于需要，是一种虚假的、无休止的欲求，就像一个永远也填不满的大窟窿。人们享受甚至迷恋这种对物质的占有、消耗甚至浪费，比起消费品的功能，消费本身所带来的快感和精神上的满足似乎更重要。商品的符号价值和象征意义超越了其使用价值，因而它不再只是一个"物"，而是成为一种彰显身份地位、塑造自我形象、表达价值认同和展现生活方式的符号。从消费主义的视角来看，在生活层面上，消费是为了达到建构身份、建构自身及建构与他人的关系等一些目的；在社会层面上，消费是为了支撑体制、团体、机构等的存在与继续运作；在制度层面上，消费则是为了保证种种条件的再生产，而正是这些条件使所有上述这些活动得以成为可能。①

伴随着经济的全球化、消费市场的扩大和资本的国际运作，西方消费主义思潮传入包括中国在内的发展中国家并迅速蔓延开。在经济社会高速发展、商品供应日渐充足和丰富以及消费环境日益改善的基础上，消费政策的调整为消费主义在中国的扩散提供了更加宽松的制度环境。20世纪90年代末期以后，政府采取鼓励消费的政策，全社会的消费积极性大大提高，加上收入水平的提升，居民的消费意愿和消费能力显著增强，消费需求和消费心理发生了巨大的转变。尤其是先富起来的一部分人，较早地受到消费主义文化的影响，消费观念更加开放，炫耀性、享乐型的消费行为增加，引领了新的消费风潮。越来越多的人开始买豪宅、豪

---

① 何佩群.消费主义的欺骗性——鲍曼访谈录[N].中华读书报，1998-06-17.

车、打高尔夫球、购买奢侈品,到高档酒店消费,到海外度假,超越实际生活需要的消费欲望逐渐释放出来。同时,商业广告和大众传播媒介加速和加剧了消费主义的扩散和传播。随着西方国家的商品一同传入中国的还有西方的生活方式和价值观念,各种时尚的食品、服装、日用品、家用电器、小轿车和休闲娱乐方式,以及令人炫目的消费场所和消费情景借助电影、电视、网络,通过感官刺激和文化渗透激发着人们无尽的消费欲望。

  在消费主义的影响下,中国的消费文化也逐渐呈现符号化、象征性和炫耀性的特征。有钱有闲阶层通过购买高端消费品、奢侈品,享受贵宾服务、私人定制服务来炫耀自己的身份地位,表现时尚品位,从而获得优越感、认同感和内心欲望的满足。甚至有些并不具备消费能力的人也希望通过模仿和跟从特定的消费行为和消费方式以满足自己的虚荣心,获得一种进入高消费阶层的"错觉"和表面化的、虚无的快感。与此同时,消费能力的提高、消费观念的开放和品牌意识的增强也为奢侈消费提供了充分的条件。富人热衷于购买价格高昂的商品,尤其是名牌服装和皮具、高档首饰和腕表、豪华轿车、私人飞机和游艇等一般消费者消费不起的奢侈商品。尽管一部分人确实是出于商品品质的考虑或对品牌价值和品牌背后的故事和文化内涵的认同,但更多的人则是以此来炫耀财富或仅仅是在盲目跟风,严重脱离实际生活需要。经历了物质匮乏年代的中国人,在经济跨越式发展的背景之下,面对极速丰富起来的消费品和消费社会的突然到来缺乏抵抗力,似乎是不可避免地陷入了消费主义的旋涡。尤其是部分在短时间内迅速富裕起来的群体,跨入了与他们的文化素养和以往的社会地位完全不符的生活中,有的甚至沉迷于"暴发户式"挥金如土的消费。市面上大部分的奢侈品属于舶来品，因此很大一部分人在消费时并不一定了解品牌的价值理念和文化传统，看重的只是表面化的形式，只是"名牌""大牌"所带来的影响力和作为符号的标志和象征作用。

在中国经济转轨、社会转型的过程中，消费主义的传播和扩散对中国人的消费行为和整个消费文化产生了特殊的影响。"对西方消费主义文化的接受就意味着对支撑这种生活方式和文化意识形态的西方资本主义的价值观念、思想意识的认同。"[①] 这种符号消费、"炫耀性消费"的出现一定程度上反映了新的、更加开放和时尚的消费理念与价值取向，使中国与全球的消费趋势同步，但同时也存在着许多弊端和畸形化发展的趋势，造成了一些负面影响。超越实际生活需要的过度消费、盲目追求名牌和奢侈品导致物欲的泛滥。请客吃饭时，如果没有名酒、名烟似乎就显得掉价，没有面子；"天价宴席"、超级跑车、几十万元的名牌手提包常常只是为了满足人们炫富和攀比的扭曲的心理需求。此外，还出现了过于放纵自己的欲望和不良消费习惯，以一种不健康的甚至是恶劣的、违背社会道德的方式进行消费的现象，例如赌博、吸毒、嫖娼等。在文化消费，尤其是网络文化消费领域，存在着过度商业化和泛娱乐化的倾向，部分影视剧、综艺节目、文艺表演、网络文学和网络直播缺乏文化内涵和艺术价值，以空洞、浅薄甚至粗鄙、低俗的内容博取眼球，满足消费者的猎奇心、窥私欲，制造不真实的、短暂的快感。正如英国学者汤林森所指出的，消费

---

① 纪秋发. 中国社会消费主义现象简析[M]. 北京：北京理工大学出版社，2015：41.

主义文化"使所有文化体验都卷入商品化的旋涡"[①]。这些对消费欲望缺乏约束、沉溺于消费幻想和消费本身所带来快感的消费行为,塑造了一种消极、异化的消费文化。

三、当代中国消费文化

(一)当代中国消费文化的基本特征

经历了从"计划"到"市场"的经济体制的转变,改革开放带来的社会的急速发展和巨大变革,以及西方消费文化,尤其是消费主义思潮的冲击,中国的消费文化和居民的消费生活也发生了剧变。当代中国的消费文化主要呈现出以下基本特征。

1. 消费自由和消费观念的开放化

改革开放带来的不仅仅是市场和社会环境的对外开放,还有民众思想观念的解放。在经济发展水平、消费品质量和品类、消费渠道和环境等客观物质条件日益改善的基础上,中国人的消费热情和消费欲望也在不断增强。面对消费市场上品种繁多、琳琅满目的商品,人们比过去更愿意消费,也更加敢于和乐于消费。生产力水平的提高创造了充足的物质基础,为消费市场提供源源不断的消费品供应,人们不再因为供应短缺而抑制消费需求。同时,收入水平的提高大大增强了居民对消费品的购买力,大部分人已基本实现了"小康",部分群体甚至已经跨入了富裕阶层的行列,不需要为了生计过度节省开支、严格控制消费,而是可以根据自己的需要和喜好去支配财富,自由地选择不同类型和层次的

---

① 〔英〕汤林森. 文化帝国主义[M]. 冯建三, 译. 上海:上海人民出版社, 1996:53.

消费品，进行多种消费活动。在消费社会的背景下，新的消费思想和消费观念冲击甚至消解着传统消费文化中的黜奢崇俭、自我约束的消费伦理观念和计划经济时代遗留的抑制性消费习惯。节约、俭朴、量入为出的传统消费观念正在为更加自由、开放的现代消费观念所取代。尽管仍有一部分人，尤其是中老年人恪守着勤俭节约、知足常乐的传统观念，但越来越多的人开始赞同甚至倾向于适度奢侈、适度享乐的观念，有的已然步入奢侈消费、超前消费的行列，他们愿意为了价格昂贵的高端消费品支付高昂的费用，为了满足自己的消费欲望，以预支、分期付款的形式进行超出当前收入的消费活动。尤其是西方消费主义思潮的涌入，带来了新的价值判断标准，冲击着传统的消费观念，使人们的消费行为更加积极和大胆。这种消费文化在鼓励和刺激消费的同时，也产生了一定的消极影响，如过度的奢侈、炫耀和攀比所造成的浪费，拜金主义、享乐主义泛滥，盲目超前消费增加了信用危机产生的风险等。

2. 消费文化的大众化和世俗化

我国消费市场的不断扩大和国民消费能力的逐步提升，使消费的门槛越来越低。一方面，生存型消费之外的发展型和享受型消费不再是精英和贵族阶层等少数人的特权，普通人只要具备消费能力也可以自由选择消费对象和消费方式，消费成为大众日常生活的一部分，一件再平常不过的事情。因此，消费文化也逐渐呈现出适应一般大众消费需求、消费特点和世俗精神状态的大众化、世俗化的特征。这与大众文化的形成、发展与传播是密不可分的。现代工业社会的生产方式和高度发达的市场经济孕育出大众文化，其受众广泛，通过大众传播媒介深刻地影响着广大中间阶层，并打破边界限制，在不同群体、不同阶层之间渗透和扩散，具有普及性、流行性、商业性和娱乐性。大众文化影响下的消费文化表现出区别于精英文化的大众化、民间化、通俗化的特征，并且一定程度上具有平面化、粗浅化的局限性。消费社会中，企业为迎合受众的消费需求，投其所好，采用大众广为接受且喜闻乐见的形式，以通俗易懂的语言文字进行广告宣传和营销推广，有的甚至奉行"眼球经济"的策略，以媚俗甚至低俗的营销方式博取关注，使消费文化扭曲化、畸形化发展；而大众传播媒介的推波助澜，进一步强化了这种文化氛围。

3. 消费目的与消费方式的多元化

社会转型，经济、政治体制改革导致社会文化价值分层裂变，传统文化与现代文化、西方文化的碰撞、交融与相互作用打破了主流价值观的绝对垄断地位，孕育了更加开放、多元的文化氛围；去中心化的社会关系和社会结构强化了不同个体和群体之间差异性、多样化的特征。具体来说，消费文化的多元化主要表现在以下几个方面：首先是消费需求和消费目的多样化和多层次。从整体上看，单纯的物质消费需求转向物质、精神、生态的多重需求；从满足生存需要为主向追求个人享受、身心愉悦，提升自我价值，炫耀财富，展示身份地位，获得社会认同等多种消费价值取向和消费目的发展。同时，消费的层次、具体要求、偏好和审美标准也在不同群体和个体间呈现出明显的差异和分化。其次是消费方式的多样化。人们不再被动地过着同质化、按部就班的生活，而是根据自己的收入和财富水平、文化背景、价值观念和审美品位选择着适合自己的生活方式，并且更富于变化，乐于接受新的生活方式。生活方式的多样化也包括消费方式的多样化。例如手机、平板电脑、Kindle阅读器和纸质书提供了多样化的选择,造就了差异化的阅读习惯;网络音乐平台用户不断增加,实体唱片市场受到了巨大冲击,但仍有自己固定的受众群体;有的人出游时喜欢住高档星级酒店,享受高品质的硬件设施和服务,有的则更喜欢骑行、农业体验、慢生活主题民宿等回归自然、回归简朴的旅行方式。此外,拼车、拼团、共享单车、共享住宿、新零售等新的消费方式的出现不断为消费文化补充新的元素。在经济、文化全球化进程加速的同时,各国居民的生活方式日渐趋同化。国内的消费种类以及国民的消费方式、消费观念等都受到其他国家,尤其是美国、日本等在经济上具有话语权、在国际市场上占据垄断地位且文化渗透力强的国家的影响。因此,当前中国的消费文化也与全球经济、文化的发展相同步,呈现出民族性与世界性相融合、多元共生的发展态势。

4. 消费需求与消费风格的个性化

随着我国消费层次的提升和消费结构的升级,模仿型、排浪式消费逐渐为个性化、多样化消费所取代,消费的个体差异越来越显著。由于每个人的消费需求、消费偏好、消费习惯和消费时的心理特征不同,其消费的行为方式也呈现出明显的差异,有时甚至带着鲜明的个人风格标记。例如,有的人偏爱小众甚至是另类设计风格的服装,有的人喜欢手工定制的、独一无二的产品,有的人在餐厅用餐时有独特的用餐习惯等。而商家也积极地回应来自不同群体的不同类型和层次的需求,提供差异化、定制化、柔性化的产品和服务,包括定制服装、专属礼品、私人定制旅游、个性化内容筛选与推荐等。一方面,科技和生产力的进步和商品市场的快速成长为居民消费奠定了物质基础,提供了更大的选择范围和空间。供求关系也从计划经济时期的单向度的"生产决定消费,生产什么,消费什么"转变为"消费影响生产,生产与消费相互作用"。企业根据市场需求灵活地制定和调整生产策略,因而消费者的需求能够得到充分的表达。消费热点不再集中在单一的消费领域和消费品类上,消费观念和消费方式的趋同化、平均化、标准化被分散化、差异化、个性化取代。另一方面,自由、平等、独立的思想是现代文化的重要组成部分,这种强调个人价值与平等权利的思想观念也渗透到消费文化中。人们的自我意识增强,自我表达的意愿比以往任何时候都更加强烈,不再满足于批量化、标准化的产品与服务,而是希望通过消费品的选择、消费层次和消费方式表达自己的价值观,展现与众不同的个人风格与审美品位以及对美好生活的追求。

5. 消费的象征性与符号化

在消费主义的影响下,消费的功能、价值体系以及人们对消费的价值认知发生了根本性的转变。在消费社会中,商品的符号价值超越了其使用价值,"使用价值、符号价值和交换价值相互作用形成了新的稳固价值体系,为社会生产的持续扩大和商品交换的深入扩展奠定了基础"[①]。在这样的背景下,商品具有了其物质实体和功能属性之外的无形价值,人们消费该商品的同时也是在消费商品的品牌价值和文化意义,是对身份、地位和品位的展示。由于我国经济与资本主义国家发达的商品经济联系日益紧密,在生活和消费方式上也逐步与西方接轨,因此当代中国的消费文化也呈现出当代西方消费文化中符号化、象征性和炫耀性

---

① 伍庆.消费社会与消费认同[M].北京:社会科学文献出版社,2009:121.

的特征。人们购买白酒和茶叶时，考虑的不仅仅是产品的品质和口感，还有其背后的文化内涵与历史传统。欧美奢侈品牌的服饰、箱包之所以在国内如此受欢迎，是因为其所折射出的独特的品牌价值及其所代表的消费能力与品位。企业将其售卖的商品包装成一种象征身份地位的标识和符号进行宣传营销，如汽车、房产广告中经常出现"尊贵""荣耀""奢华""顶级"等字眼，向人们传递着商品符号化的信息。大众媒介的传播进一步放大了商品的符号价值，几乎是不间断地刺激着人们的消费欲望，潜移默化地影响着消费导向，强化了这种消费主义的文化氛围。然而，这种消费主义的倾向也造成了一定的消极影响，包括浪费、对传统节俭型消费文化片面否定、盲目崇洋以及严重的面子消费等。

总的来说，我国近四十年来经济社会发展所经历的巨大变革，在推动消费增长与繁荣的同时，也导致社会价值观呈现出错综复杂的混沌状态。市场经济的发展与巩固塑造并强化了商品化、功利化、世俗化的意识形态和文化氛围，自由主义、个人主义、及时行乐等价值观对消费文化产生了重要的影响。传统消费文化与现代消费文化的互动，中国消费文化与西方消费文化的交融，以及主流消费文化、精英消费文化和大众消费文化潮流的交错与混杂，这一切生成为当代中国消费文化独特的生态。[①]这种消费文化更加开放、多元，更具包容性且处于持续性的动态变化中，不断孕育新的消费时尚和消费潮流的同时也滋生了种种不良现象。近几年来，随着经济增长趋于平稳并由规模速度型粗放增长向质量

---

① 赵吉林.中国消费文化变迁研究[D].成都：西南财经大学，2009.

效率型集约增长转变，消费市场也日趋理性，在回归传统文化的合理内核的基础上，适度消费、绿色消费、可持续消费的观念为消费文化注入了新的积极因素。

（二）当代中国消费文化对文化消费的影响

如果说生产力和供给水平、市场环境、消费政策等是影响消费的客观条件，那么消费文化就是影响消费的主观因素，而文化消费作为消费的一种，同样受到消费文化的深刻影响。具体来说，当代中国消费文化影响下的文化消费主要呈现以下特征。

一是文化的商品化。消费社会的发展呈现出商品符号化、文化化，文化商品化、产业化的趋势。在物质极度充裕、物质消费需求不断被满足的基础上，人们的精神消费需求开始增长；同时，消费符号化与日常生活审美化的发展趋势拉近了消费与文化的距离。一方面，物质消费的象征意义与文化内涵凸显出来；另一方面，文化消费成为人们日常生活的一部分。文化产业的发展将文化艺术包装成商品，并将这些文化商品源源不断地输送到市场上以供交易和消费。文化、艺术与市场紧密联系，与商品经济交融在一起，文化的商业化色彩日渐浓厚，文化商品化成为当代消费社会的重要特征之一。文化生产与文化消费作为一种经济现象，符合经济活动的一般规律。以电影产业为例，发达的电影工业有一套专业化、标准化的电影制作流程。电影不再只是艺术作品，而是更多地被作为一种商业产品生产出来。一部成熟的商业电影，遵循资本市场的规律，适应消费市场的需求，从剧本创作、选角、取景、拍摄、剪辑到营销、定价、投放院线都以市场为中心进行产业化的运作。当然，文化商品作为一种特殊的商品，在表现出商业属性的同时，又具备着文化产品特有的精神属性，承载着实现文化和社会价值的重要使命，这也是文化消费不同于一般物质消费的特征所在。因此，消费主义泛滥导致的文化消费的过度商业化、娱乐化和低俗化的不良现象是必须高度警惕和严格抵制的。

二是文化消费的大众化。随着人们生活水平的整体提高、教育的普及以及文化产业和文化事业的迅速发展，文化消费早已成为普通民众日常生活的一部分。由于每个公民的基本文化权益都受到平等保障，文化消费不再是少数人的专利。文化走下了"神坛"，褪去严肃、神圣的外衣，走进了人们的生活。艺术生活化、生活审美化的趋势拉近了艺术与生活的距离。即使是高层次的文化艺术产品，只要是具备了足够的消费和鉴赏能力的人都可以进行消费。大众文化的出现为文化消费提供了更加通俗化、民间化的消费对象，大众文化与精英文化的绝对界限变得模糊，越来越多雅俗共赏的文化产品走进人们的生活。商业电影、电视剧、通俗文学、流行音乐等大众文化形式受众广泛，是大多数人易于理解且乐于接受的文化消费形式。网络文学作为新时代的产物充分体现了网络文化消费平民化、草根性的特征。网络音乐、网络游戏、网络综艺、网络直播等一系列新的文化消费形态市场迅速扩大，用户规模急速增长，低门槛性、去中心化、对传统权威的挑战以及广泛的社会参与和大规模的社群传播进一步强化了文化消费的大众化特征。

三是文化消费的多元化与个性化。消费多元化、个性化的发展趋势同样表现在文化消费领域，包括消费方式与消费渠道的多样化，也包括消费对象与消费内容的多层次与个性化。互联网与数字技术的发展更新了文化消费的渠道与载体，人们可以根据自己的需求和喜好进行选择——既可以阅读纸质书，也可以借助手机、平板电脑、Kindle 阅读器进行"无纸化"阅读；既可以收看有线电视，也可以通过网络视频平台随时随地点播各种类型的电视节目；既可以去休闲娱乐场所，也可以通过智能硬件设备和各种娱乐软件足不出户地享受游戏、KTV、模拟运动带来的乐趣。单调、固化、整齐划一的主流消费模式被打破，每个人都根据自己的生活方式和消费习惯自由选择着适合自己的文化消费方式，并享受着这种差异化。同时，图书、电影、电视剧、综艺节目、动漫、音乐、游戏等文化产品的类型、题材、风格越来越丰富和多样化，不同群体和不同层次的文化消费需求得到了充分释放，多元化的价值观念和审美取向通过消费对象的差异反映出来。文化服务消费显著增长，内容定制与柔性服务从用户出发，满足着人们个性化的需求。

第三节　中国文化消费现状及特征

随着经济的快速增长和居民收入水平的逐步提高，我国的整体消费规模持续扩大，消费水平显著提升，已进入"消费需求持续增长、消费结构加快升级、消费拉动经济作用明显增强"的重要阶段。在消费结构不断优化的过程中，精神消费在消费总支出中所占的比重越来越大，文化消费成为居民消费的重要组成部分。2017 年，社会消费品零售总额达到 36.6 万亿元，2013—2017 年社会消费品零售总额年均增长 11.39%，网上零售额年均增长 30% 以上；全国居民恩格尔系数为 29.39%，进入了联合国划分的

20%—30% 的富足区间；服务消费占比不断扩大，其中教育文化娱乐支出占居民消费支出的比重达到了 11.4%。[①]

一、文化消费总体情况

（一）文化消费水平

伴随着消费结构的升级，文化消费逐渐成为居民消费的重要组成部分，尤其是近 5 年间，我国文化消费总体水平持续上升，消费规模不断扩大。一方面，文化产品和服务的种类逐渐丰富，公共文化设施日益完善，消费渠道迅速拓展，消费环境整体改善。文化产业的发展不仅为文化消费提供了更加有利的市场环境和更加丰富、高品质的供给，同时也引导和创造了新的消费需求。尤其是数字文化产业的崛起，推动文化消费向数字化、信息化方向发展。另一方面，居民的文化消费意愿和积极性与过去相比有了显著提升。可支配收入的增加为消费能力的提升奠定了基础。2017 年，全国居民人均可支配收入 25974 元，实际增长 7.3%，高于经济增长速度。[②] 同时，生活方式与消费观念也在发生转变，使得享受型与发展型消费的比重显著增加，文化消费需求逐步释放。国家统计局数据显示，2017 年，全国居民人均消费支出 18322 元，其中，人均教育文化娱乐消费支出 2086 元，增长 8.9%，占人均消费支出的比重为 11.4%（见图 2-8）。[③] 在文化消费的构成中，休闲

---

① 于祥明. 2017 年中国居民消费发展报告发布 [EB/OL]. (2018-03-30) [2018-05-07]. http://www.jjckb.cn/2018-03/30/c_137076717.htm.

② 同上.

③ 国家统计局. 2017 年居民收入和消费支出情况 [EB/OL]. (2018-01-18) [2018-05-07]. http://www.stats.gov.cn/tjsj/zxfb/201801/t20180118_1574931.html.

娱乐消费仍然占据着主要部分,以 IP 为核心的泛娱乐产业市场和用户规模迅速增长。以具体消费领域为例,2017 年全国电影票房收入达 559.11 亿元,同比增长 13.45%,观影人次 16.2 亿,同比增长 18.08%;2017 年动漫产业产值将达到 1500 亿元,同比增长 13.6%。[①] 同时,网络文化消费呈"井喷式"增长,成为文化消费增长的热点领域。

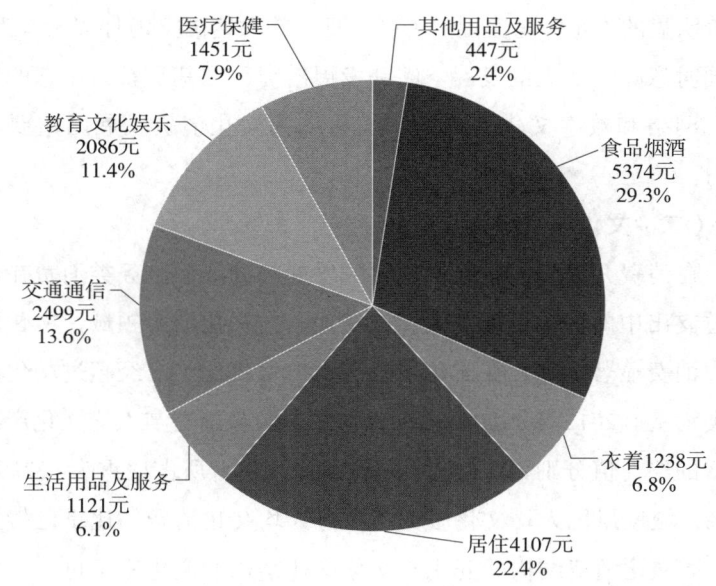

图 2-8　2017 年全国居民人均消费支出及构成

尽管我国文化消费的总体水平持续上升,但我国的文化消费总量仍然偏低,实际文化消费与文化消费的潜在规模之间仍然存在巨大的消费缺口,大量消费市场潜力尚未释放。在人均 GDP 同

---

① 依绍华. 优化文化产品供给促进文化消费快速发展 [EB/OL]. (2018-04-25) [2018-05-10]. http://www.jjckb.cn/2018-04/25/c_137134634.htm.

等水平下，我国文化消费规模仅为发达国家的 1/3 左右。[①] 与发达国家文化消费的高度市场化不同，我国近两年来文化消费的增长在很大程度上是受消费政策的影响，政府补贴、惠民文化活动等消费刺激手段作用显著。文化市场体系不健全，市场在文化消费中的主导作用以及消费主体在文化消费中的自主性较弱。因此，我国的文化消费无论在市场规模、供给质量还是消费结构上都存在着明显的不足，与美国、英国、日本等发达国家仍有较大差距。但同时意味着巨大的发展空间和发展潜力，尤其是新兴业态的发展、网络和数字文化消费的增长将成为文化消费发展的重要驱动力。

（二）文化消费结构

在消费升级和消费结构优化的发展趋势下，服务类消费在消费总支出中的占比不断扩大；同样地，在文化消费领域，文化服务类消费显著增加，在文化消费总支出所占比重已经超过文化产品类消费。2012 年，城镇居民人均文化服务消费与人均文化产品消费的绝对值分别为 762 元和 451.9 元，二者所占比重为 63% 和 37%，城镇居民人均文化服务消费占人均文化消费的比重已接近 2/3。[②] 文化消费结构的变化与文化产业结构的变化密不可分，文化产业的结构性调整为文化消费提供更加充足、优质和多元化的供给，而文化消费需求的转变和消费结构的升级进一步刺激了文化生产，倒逼文化产业结构的优化升级。2016 年，全国文化及

[①] 邱玥. 文化消费如何补齐短板 [N]. 光明日报，2015-06-11.
[②] 李蕊. 中国城镇居民文化消费：现状、趋势与政策建议 [J]. 消费经济，2014（6）.

相关产业增加值为 30785 亿元,其中文化服务业增加值为 16024 亿元,占 52.1%(见图 2-9)。① 全国规模以上文化及相关产业 5 万家企业实现营业收入 80314 亿元,实现营业收入两位数以上增长的 3 个行业分别是:以"互联网+"为主要形式的文化信息传输服务业营业收入 5752 亿元,增长 30.3%;文化艺术服务业 312 亿元,增长 22.8%;文化休闲娱乐服务业 1242 亿元,增长 19.3%。② 文化服务业增势迅猛,文化服务类消费成为文化消费的主流。

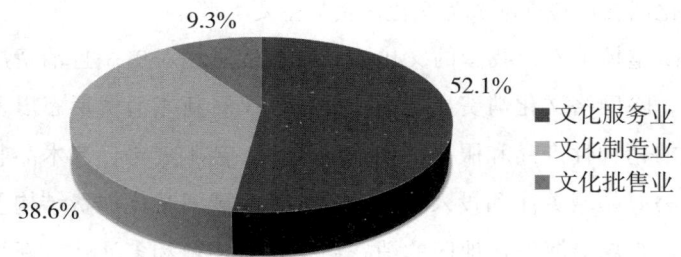

图 2-9　2016 年文化及相关产业营业收入构成

从具体的消费领域来看,首先,教育类消费在文化消费结构中仍占较大比重。尤其在中西部的部分地区,属于典型的教育型文化消费模式,教育消费在文化消费总支出中的占比很大;东部发达地区教育投入持续增长,尤其是幼儿早教、在线教育、体验式教育等新消费市场规模不断扩大,但消费类型更加多样化,消

---

① 中国产业信息网. 2017 年我国文化产业占 GDP 比重及相关产业企业营收增速分析 [EB/OL]. (2017-11-28) [2018-05-12]. http://www.chyxx.com/industry/201711/587273.html.

② 梁达. 文化消费升势强劲 文化产业发展迅速 [EB/OL]. (2017-06-22) [2018-05-12]. http://www.cs.com.cn/sylm/zjyl_1/201706/t20170622_5335943.html.

费结构也相对均衡。此外，网络文化消费和休闲娱乐消费显著增加，成为推动文化消费增长的主要力量。福雷斯特研究公司的消费研究表明，73%的年轻人的第一消费动机是娱乐，他们的可支配收入有60%都花在娱乐消费上。[①]休闲娱乐消费的增加是全球消费发展的重要趋势，也是当代消费文化观念的典型体现。在互联网时代，娱乐与网络已经密不可分，人们的休闲娱乐活动很大一部分都是在线上进行的，传统娱乐行业搭载互联网快车实现了数字化转型升级，网络文学、网络音乐、网络游戏、网络动漫等数字文化消费形态逐渐成为文化消费的主要类型。

从整体上看，我国的文化消费结构依然相对单一且消费层次偏低，除网络文化消费显著增长外，居民对新兴消费形态以及高层次的精神性产品和服务，如戏剧演出、艺术展览、艺术品收藏和交易等领域关注和投入较少。此外，区域间文化消费结构差异较大，东部沿海发达地区的消费结构相对均衡和多元化，新兴消费快速增长；中部地区的教育消费和休闲娱乐消费仍是文化消费的主流；西部地区文化消费结构相对落后，消费类型和消费形态有很大的局限性，部分省市仍处于初级的、传统型的文化消费发展阶段。但同时，《关于加快发展生活性服务业促进消费结构升级的指导意见》《关于积极发挥新消费引领作用加快培育形成新供给新动力的指导意见》等推动消费升级以及针对重点领域、新兴领域消费的一系列政策文件的发布和实施将对我国文化消费结构的优化发挥重要的引领和促进作用。

---

① 李剑欣，张占平. 中国文化消费区域差异研究[M]. 北京：中国社会科学出版社，2016.

二、文化消费的阶段性特征

（一）文化消费环境日益完善

随着文化产业发展步入快车道和公共文化服务体系建设的推进，我国的文化消费环境日益改善，文化消费环境指数的连年上升也反映了这一点。尤其是近五年来，文化企业快速成长，科技创新能力增强，市场环境也进一步优化，无论在文化场馆、设施等硬件方面，还是文化消费渠道和服务平台等软件方面都有显著提升，为居民的文化消费营造了更加便捷、积极和充满活力的外部环境。

首先，从总体上看，我国文化消费设施体系日益健全，设施的数量、层级、类型和功能都逐步趋于完善。北京、上海、广州、深圳等一线城市文化场馆和设施更加多样化、现代化和智能化，满足更加高品质和精细化的消费需求；新一线城市和二三线城市进行文化场馆的改扩建、数字化改造和系统升级，大型综合性文化消费场所数量快速增加。例如，太原建立"文化商务区"模式，打造长风文化商务区，集中了山西大剧院、太原博物馆、太原美术馆、山西省图书馆、山西省科技馆等公共文化场馆，与周边配套设施共同构成了一个集文化、休闲、娱乐、购物为一体的商业文化消费综合体。这种产业集聚化、突出便捷性的文化消费新模式，既方便市民进行多种文化消费，又具有文化的濡染效应，极大地改善了太原市的文化消费氛围，培育了市民的文化消费习惯。农村、基层和西部较为落后地区的文化消费需求快速增长与文化消费设施供给不足之间的矛盾比较突出。近两年来，通过加快推进文化基础设施建设，这些地区的公共文化设施覆盖率不断提升，基础性功能逐步完善，为文化消费的增长奠定了硬件基础。例如，青海省黄南州规划建设文化体育项目110个，在"十三五"期间基本建成文化消费的设施网络体系；内蒙古鄂尔多斯市公共文化场所"以空间换服务"，激活公共文化消费场馆活力。

其次，文化消费渠道向分散化、多元化、立体式方向发展，综合性的文化消费平台逐步建立。消费渠道是连接文化供给和文化需求之间的桥梁，文化消费渠道的拓展，尤其是"互联网+"背景下线上线下一体化的消费模式，在提高消费便捷性的同时，也丰富了消费选择，改善了消费体验。例如，北京市政府与联盟商家、公共文化场馆、票务网站、电商平台和APP合作，发放的惠民文化消费券可以在全市上百家合作单位使用，覆盖戏剧演出、图书音像、电影观映、文创衍生、文化旅游、文化娱乐、文化体育等不同类型和领域。永乐票务网、大麦网、北京图书大厦3家合作单位，都实现了千万元以上的销售增量。特别是通过聚集京东商城、优酷网、微票儿网等平台型资源，初步形成了以点带面、以线串珠、以一聚众的乘数效应，推动消费资源布局由企业向平台转变，在更高维度、更宽领域、更长链条上激发了文化消费活力。文化消费平台是进行信息发布和提供综合性文化消费服务的互联网平台，不仅实现了信息和资源的高效聚合与对接，还能够进行大数据采集和分析。例如，重庆建设了全市公共文化物联网，建立了"1个市级总平台+40个区县分平台+960多个基层服务点"，已累计服务群众达305万人次。成都市搭建了文化消费综合服务平台"看度"APP，进行文化消费信息发布以及消费评价数据统计。下载"看度"APP、邀请他人成功下载、发布消费评价、在文化消费试点企业进行消费等均可获得"成都文化消费券"，消费券积累到一定量可在成都市文化消费试点企业抵用相应消费金额。消费渠道的拓展和消费平台的建立极大地方便了市民的文化消费,沟通了文化企业和消费者,为文化消费提供了软件支撑。

(二)文化消费政策作用突出

近年来,我国文化消费水平的提升建立在经济社会发展、人均收入水平提高和居民精神消费需求增长的基础上。但就现阶段来看,我国文化消费的市场化程度仍然偏低,政府在居民文化消费中发挥着重要的引导和促进作用,文化消费的增长在很大程度上是由文化消费政策和措施所拉动的。这是由我国现阶段的国情所决定的。一方面,我国文化市场的发育程度与发达国家相比有较大差距,现代文化市场体系尚未建立。尤其是在文化产业发展的体制机制方面,由于计划经济体制遗留下来的问题,我国文化产业发展的市场化程度仍然偏低,而市场主体的不成熟和市场体系的不完善制约了供给水平和供给质量,因而无法充分满足文化消费需求。另一方面,居民的文化消费习惯和消费理念尚未形成。尽管在消费升级的过程中,精神消费需求不断增长,消费理念也在发生变化,但从总体上看,尚未形成稳定的文化消费习惯和消费理念,消费动力和积极性不足。教育发展水平的不均衡和美学教育的滞后,导致国民整体人文素养和审美能力欠缺,限制了其对文艺作品的理解和欣赏,尤其在古典音乐、戏剧、艺术品等高雅文化和艺术消费方面消费能力较弱,消费群体具有明显的局限性。因此,我国现阶段文化消费的自主性还不是很强,政府促进文化消费的各项政策措施和惠民文化活动在引导和刺激文化消费方面影响显著。

例如,《关于加快发展生活性服务业促进消费结构升级的指导意见》提出,着力提升文化服务内涵和品质,推进文化创意和设计服务等新型服务业发展;积极发展具有民族特色和地方特色的传统文化艺术;推动文化服务产品制作、传播、消费的数字化、网络化进程等。《关于积极发挥新消费引领作用加快培育形成新供给新动力的指导意见》从加快推进重点领域制度创新、全面改善优化消费环境、创新并扩大有效供给、优化政策支撑体系4个方面提出了具体措施,其中消费升级的重点领域和方向包括动漫游戏、创意设计、网络文化、数字内容等新兴文化产业及传统文化消费升级。《关于进一步扩大旅游文化体育健康养老教育培训等领域消费的意见》提出,支持实体书店融入文化旅游、创意设计、商贸物流等相关行业发展;出台推动文化娱乐行业转型升级的意见,丰富数字文化内容和形式等。

在具体的措施方面,各地积极出台促进文化消费的地方性政策,尤其是首批国家文化消费试点城市,在探索和实践可复制推广的文化消费模式方面取得了初步成效。政府通过财政补贴或"以奖代补"的方式,依托O2O大数据平台的信息发布、在线支付、消费积分或返利功能,在开展各项惠民文化活动的同时,以文化产业和文化消费相结合,文化企业和广大居民双重受益的方式,调动市场积极性,刺激文化消费行为,挖掘和释放文化消费的潜力。其中,发放文化消费卡和举办惠民文化活动,是大多数试点城市普遍采用的模式。例如,北京市文惠卡(券)的发放和惠民文化消费季的举办极大地激发了市民的文化消费热情,活跃了文化消费氛围。第四届北京惠民文化消费季期间,共有190余家单位参与,组织开展各类活动21000余场次,共计7776.2万人次参与消费,直接消费金额达到160.8亿元;通过折扣、满减、买赠等方式，累计为消费者提供惠民金额17.4亿元。[①]宁波市实行高雅艺术演出政府补贴制度，累计发放政府补贴6000多万元，搭建展销交易平台、活动促销平台、信息服务平台等一批重点平台，同时实施"一人一艺"全民艺术普及工程，积极引导文化消费。遵义市选定了四大类13个消费品种的文化消费产品，在电视台及《遵义日报》上对项目合作商户进行了公告，吸引市民参与。武汉市则充分利用户外屏幕、文化广场、社区宣传栏等多种途径，加大对优质文化产品和服务的宣传推介。

（三）文化消费区域差异显著

在我国文化消费水平整体提升的同时，文化消费的区域差异也十分显著。一方面，不同地区的文化消费水平和结构存在明显差距。经济发展水平是影响居民消费的基础性因素，文化消费增长与经济增长之间一般呈正相关。经济发展水平越高、经济结构越合理的地区，文化消费水平也较高，文化消费的内部结构也相对合理。我国的经济发展水平由东向西梯度下降。东部经济发达地区，人均GDP较高，第三产业发展较快，文化产业相对发达，文化消费水平也最高，且文化消费中教育和发展型消费以及高品质和新型的消费形态所占比重较大。而中西部地区，尤其是西部经济落后省市，文化消费的总体水平明显滞后，文化消费增长率偏低，且文化消费结构中很大一部分属于初级的、传统型的文化消费。此外，中西部地区文化消费对经济增长和第三产业发展的拉动作用均不显著，文化消费还有巨大的潜力和增长空间。文化

---

① 北京市国有文化资产监督管理办公室.第四届北京惠民文化消费季直接消费金额达到160.8亿元[EB/OL].(2017-01-04) [2018-05-15]. http://www.bjwzb.gov.cn/xxdt/gzdt/ff80808159645755015968c233ba0002.html.

消费指数反映出我国文化消费的这种区域差异。文化消费综合指数排名前十的省市有七个分布在东部地区且连续五年保持在这个水平，它们分别是北京、上海、浙江、广东、天津、江苏和山东；在文化消费意愿、能力、水平、满意度等一级指标排名前十的省市中，东部地区也占了一半以上。

另一方面，不同地区之间由于区位条件、资源分布、文化产业基础等方面的差异，在文化消费的发展方面呈现出各自的特征。各地政府因地制宜，加强对区域特色消费形态的培育，打造本地文化品牌。例如，盘锦市围绕"文化+农业"，突出饮食（稻作）文化，举办辽河口风情 2017 元宵节非遗展、中国（盘锦）苇艺草编创意设计大赛、辽河口特色小吃文化展、中国盘锦插秧节、中国盘锦二界沟开海节，以及大型情景演艺《印象辽河口》等活动，以会展节庆活动集聚人气、带动人流，扩大文化消费的受众面。石河子市则围绕极富当地特色的军垦文化、珠宝玉石文化，打造了新疆生产建设兵团军垦博物馆、石河子奇石馆、"八一记忆"特色文化产业园区、新丝路文化军垦文旅小镇；举办了军垦文化旅游节、冰雪旅游节、草原文化节、蟠桃节、奇石节、赏石文化高峰论坛等 11 个贴近本地文化的节庆活动，先后推出了《兵团记忆》《我的娘·我的根》等反映新疆历史文化的重点剧目。泸州市以"酒"这一特色文化标签为核心，深入挖掘与"酒"相关的各种文化创意元素，确立了包括设计服务业、现代传媒业、文化休闲旅游业、信息服务业、文化会展业、创新发展教育培训业、动漫游戏业和艺术品业在内的"酒+8"文化产业发展体系，提升文化消费供给水平；同时突出当地特色民俗文化，发展农民演艺，使泸县农民演艺中心成为全国首家农村演艺中心。哈尔滨市被誉为

"音乐之都""冰城夏都",依托冰雪景观、欧陆风情、历史文化、红色文化、生态旅游等优势资源,打造了多元化的文化产品和冰雪节、啤酒节、哈尔滨夏季音乐会等独具冰城特色的节庆品牌。

(四)新兴业态领域文化消费快速增长

在居民消费结构升级和消费需求变化的背景下,伴随着新技术的应用,文化产业的发展呈现出专业化、信息化、智能化和跨界融合的趋势,涌现出一批快速发展的新兴行业和新兴业态。随着互联网和移动互联网的普及并逐渐向物联网发展,以及文化与科技融合的进一步深入,数字音乐、数字广播、数字电视、数字电影、网络文学、网络游戏、网络动漫等数字化的文化消费形态迅速占据了人们的生活。数字文化产业的发展不仅为文化消费提供了新型的文化产品和服务,创造了文化消费的新形态和新模式,也为我国扩大内需创造了新的消费增长点。国家统计局数据显示,2017年全国规模以上文化及相关产业的5.5万家企业共实现营业收入91950亿元,其中,以"互联网+"为主要形式的文化信息传输服务业营业收入7990亿元,增长34.6%[1],在文化及相关产业的10个行业中增速最快。《2017年度数字阅读白皮书》显示,2017年我国数字阅读市场规模达到152亿元,同比增长26.7%;数字阅读作者数量达到784万;数字阅读用户规模达到3.78亿人,用户年龄分布更加分散,向全年龄段拓展。[2]根据《2017年中国游

---

[1] 国家统计局.2017年全国规模以上文化及相关产业企业营业收入增长10.8%[EB/OL].(2018-01-31)[2018-05-18].http://www.stats.gov.cn/tjsj/zxfb/201801/t20180131_1579206.html.

[2] 新华网.我国数字阅读市场规模突破150亿元[EB/OL].(2018-04-13)[2018-05-18].http://www.xinhuanet.com/politics/2018-04/13/c_129850242.htm.

戏产业报告》，2017年中国游戏市场实际销售收入达到2036.1亿元，其中移动游戏市场占57.0%。[①]《阴阳师》《王者荣耀》《绝地求生》等手游迅速风靡，成为近两年的爆款游戏产品。移动游戏也因其门槛低、上手快、操作便捷等特点，成为大众化的娱乐生活方式。

此外，文化与旅游、体育、康养、金融、创意设计等众多产业的进一步融合以及集合了多种业态、多种功能的综合性消费空间的出现为文化消费提供了新的选择。例如，北京故宫博物院将传统文化、故宫历史文化元素与创意设计以及深受年轻人喜爱的卡通造型和"萌"系风格相结合，开发了朝珠耳机、《故宫日历》、"故宫猫"系列等各类文创产品，受到广泛欢迎，年销售额超10亿元。山西省图书馆3D打印文化创意公共服务平台，结合3D打印技术，提供云平台和"从设计到制造"的一站式解决方案，把文创产品真正带入生活，带动了新兴文化消费。长春市林田远达公司研发了VR+文化创意、文化体验及安全教育类产品；太极禅健康文化交流有限公司发展植根于传统文化、符合现代消费需求的健康管理服务产业。哈尔滨市西城红场集"产、学、商、艺、康、旅"为一体，打造艺术与生活、艺术与商业相结合的新业态和新的消费载体。

（五）线上线下互动促进消费结构升级

截至2017年12月，我国网民规模达7.72亿，普及率达到55.8%；手机网民规模达7.53亿，网民中使用手机上网人群的占

---

① 游戏产业报告. 2017中国游戏市场规模超2000亿 移动游戏涨幅超300亿[EB/OL]. (2017-12-19) [2018-05-18]. http://games.qq.com/a/20171219/011724.htm.

比由 2016 年的 95.1% 提升至 97.5%。①互联网已经成为生活的一部分，人们的消费行为几乎不可避免地与互联网发生关系，而商业模式的不断创新以及线上线下服务的融合正在推动消费结构的进一步优化升级。零售领域出现了融合线上服务与线下体验、整合不同资源与渠道的新零售模式。同样，在文化消费领域，新消费不仅表现为数字化的文化消费形态和载体，还体现在线上线下的融合与互动中。线上平台可以进行资讯发布、优惠补贴、积分兑换以及在线支付等，而实际的消费行为则发生在线下的文化场馆或商家。以互联网为依托的文化消费综合性平台，通过线上辐射线下，发挥了文化消费信息导引、文化企业宣传推广的作用，同时激发了市民消费的积极性，形成了广泛、良好的社会文化互动。以芜湖市为例，市民可以通过手机、电脑、数字电视大屏等多种交互方式参与文化消费活动，形成了"政府专项＋多屏互动＋电商平台＋文化消费"一体化长效运营模式，将市区近 200 万人口、40 万个家庭纳入同一个文化消费信息服务网络中。由于在电视、电脑、手机等终端上都可以使用线上文化消费平台，因而大大提高了市民接触和使用平台的频率。而线上模式中的数字文化现实展示、手机实时兑现支付等功能的深度开发，也为丰富和拓展线上文化消费形式提供了新的探索。

此外，以互联网、大数据、云计算为架构的 O2O 大数据平台，可以作为文化消费和文化产业发展的基础数据库。通过记录用户文化消费详细信息，包括消费频率、消费偏好、支付习惯、消费

---

① 中国互联网络信息中心. 第 41 次《中国互联网络发展状况统计报告》[EB/OL]. (2018-01-31) [2018-05-18]. http://www.cac.gov.cn/2018-01/31/c_1122346138.htm.

评价及反馈信息等，并在此基础上进一步分析和应用基础数据进行宏观数据统计和个体行为研究，能够精准定位消费者的实际需求并及时跟踪需求变化，为文化企业提供商业咨询，指导企业投资运营、产品开发和营销推广，同时为政府部门的规划和政策的制定以及相关决策部署提供参考。例如，杭州文化消费平台目前运行已基本成熟，形成了由"五个一"——一个微信服务号、一张文化通卡、一个文化体验周、一份电子版文化消费指南及一份文化消费大数据组成的连通线上线下，信息化、集成化的文化消费服务体系，构成了"线上获取文化资讯、线上购票、线下消费体验、平台交易分析的'O2O'闭环"[①]。通过对后台产生的文化消费大数据进行计算和分析，可以及时掌握杭州市民的消费需求和习惯，为出台更优质的文化惠民政策和文化活动提供数据支持，不断推动文化供给升级和消费业态创新。

第四节　中国文化消费存在的主要问题

尽管我国文化消费，尤其是网络和数字文化消费近年来呈现快速增长的发展态势，部分地区文化消费十分活跃，但与发达国家相比仍有较大差距，且存在文化消费层次偏低、消费结构单一、消费市场不成熟、供需结构性失衡、居民消费意识与消费能力欠

---

① 杭州网. 杭州文化消费平台上线暨文化消费体验周启动 [EB/OL]. (2017-12-08) [2018-05-18]. http://hznews. hangzhou. com. cn/jingji/content/2017-12/08/content_6736149. htm.

缺、区域及城乡差距较大等突出问题。从总体上看，我国的文化消费仍在较低水平徘徊，消费潜力远未释放。

一、文化消费整体水平及层次偏低，消费结构单一

首先，我国的文化消费总量和人均文化消费支出偏低。根据文化部发布的《中国文化消费指数》，我国文化消费的潜在规模为4.7万亿元，而实际消费仅为1.0388万亿元，还存在超过3万亿元的消费缺口。我国人均GDP在"十一五"初期（2006—2007年）就已经超过2000美元，而当时的文化消费在个人消费中仅占7%；到2015年，我国人均GDP已超过8000美元，但文化消费在个人消费的占比仍不到15%；2013年美国、英国、日本和澳大利亚的人均文化消费分别为3285美元、2105美元、2803美元和2313美元，文化消费在居民消费支出中的比例分别为12.3%、11.6%、12.5%和14.9%，而我国人均文化消费水平仅为103美元，占消费总支出的6.6%，远低于发达国家平均水平。[①] 无论从文化消费的总量还是文化消费在个人消费总支出中的占比来看，我国文化消费尚处于成长阶段，与发达国家相比仍存在较大差距。人均文化消费支出虽然在增长，但与居民收入水平和消费总支出的增长相比，增速明显落后，文化消费市场还有很大的发展空间。

其次，从整体上看，我国文化消费结构仍然相对单一，消费层次有待进一步提升。书籍、报纸、电影、电视、休闲娱乐活动

---

① 谭荔丹."十三五"时期我国文化消费的发展特征和对策建议[J].中国经贸导刊，2017（2）.

等依然是文化消费的主要类型,除网络文化消费和文化旅游消费显著增长之外,新兴文化消费以及听音乐会、参观艺术场馆、购买艺术品等高层次文化消费在整个文化消费结构中占比较低。从 2017 年各类文化产品和服务的支出情况(见图 2-10)和受欢迎程度(见图 2-11)来看,电影、图书/报纸/期刊、文化娱乐活动和网络文化活动都排在前几位,除了网络文化活动以外,仍以传统文化消费类型(形态)为主,动漫产品以及工艺美术品和收藏品排名比较靠后。尽管北京、上海、广州、深圳等一线城市及部分新一线和二线城市的文化消费相对活跃,高品质和新兴文化消费增长较快,但从全国范围来看,我国的文化消费仍处于满足基本文化生活需求、减压放松、休闲娱乐的初级阶段,文化消费中的高层次精神需求尚不突出;大众文化消费品仍然是居民文化消费的主要对象,高雅艺术、精英文化类消费仍局限于少数消费群体,与普通老百姓的审美需求和文化消费习惯之间仍有一定距离。

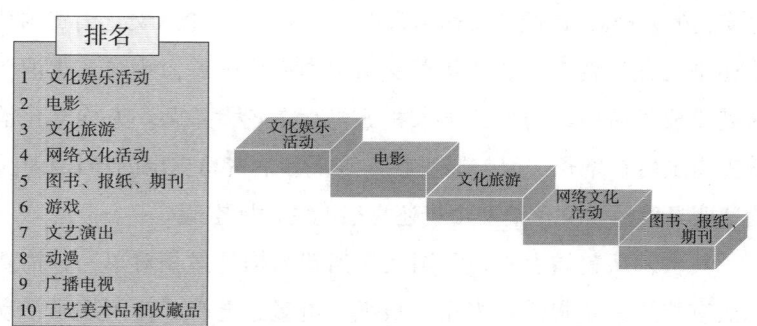

图 2-10　2017 文化产品／服务消费支出对比分析 [①]

---

① 数据来源:中国文化消费指数(2017).

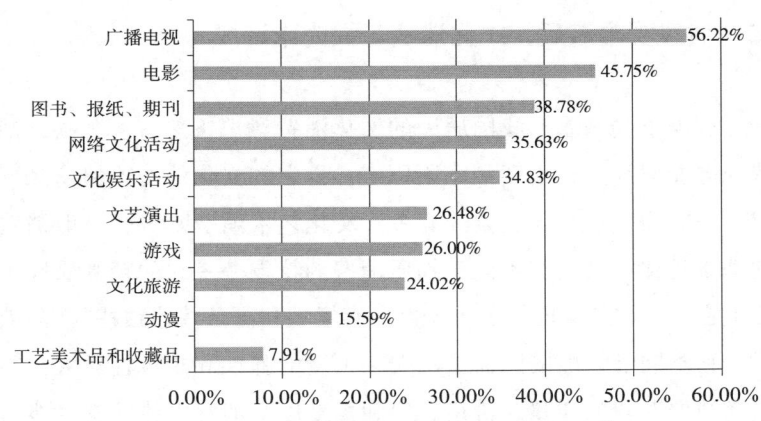

图 2-11　文化产品 / 服务受欢迎程度分析[①]

此外，我国文化消费区域分布不均，不同地区之间消费差距大，消费水平参次不齐。文化消费品市场的区域空间结构，是文化消费品生产、流通以及消费整体结构在地域分布上的表现形式。由于经济发展水平的不平衡，我国文化消费水平不仅呈现出由东向西梯度递减的态势，各地区的文化消费总量和结构也存在显著差异。东部沿海地区的文化消费无论在数量和质量上都遥遥领先，文化消费的总体水平处于"第一梯队"，文化消费的层次更高，消费选择也更加多样化，引导着全国文化消费的潮流和发展趋势；而湖南、湖北、四川、重庆等中西部地区文化消费发展较快，但教育和休闲娱乐消费的比重仍然较大，存在结构性缺陷；在新疆、西藏、甘肃、海南等边疆及西部落后地区，文化消费仍处于传统阶段，文化消费设施以及文化产品和服务种类都存在较大局限性。

---

① 数据来源：中国文化消费指数（2017）.

二、消费观念滞后,文化消费习惯尚未形成

从需求端来看,我国居民的文化消费意识仍然有所欠缺,消费观念相对滞后,消费频率不固定,稳定的文化消费习惯尚未形成。一方面,这与人文素养有关。文化艺术消费既符合一般消费的基本规律,又具有不同于物质消费的特点——它的精神属性决定了它是一种"有前提、有先修、有场域和需条件的独特"[①]的消费。它不同于一般的刚需型消费,消费的弹性和主观性较大,不仅受消费对象的质量、价格、便利程度以及消费主体的支付能力和闲暇时间等外在、客观条件的影响,还受到消费主体的文化素养、理解能力和审美偏好与心理特征内在、主观因素的制约。而消费主体的文化素养和审美能力建立在教育水平和社会文化环境的基础上。与西方发达国家相比,我国国民的整体文化素质仍然偏低,尤其是科学教育与人文教育的割裂、美学教育的缺位导致国民人文艺术素养普遍缺失。中国现行的教育制度存在工具化、功利化的倾向,片面重视科学文化知识的灌输而缺乏对学生人文精神和审美能力的培育,部分中小学校甚至取消了音乐课、美术课,严重制约了青少年想象力、创造力和对美的感知力和理解力的形成与发展,不利于文化消费习惯的养成。高雅艺术消费还局限于少数中产和新中产阶层、精英阶层,这不仅仅是因为高昂的价格,更是因为大众对艺术的欣赏和理解能力的欠缺。"看(听)不懂""太严肃""不喜欢艺术"成为大多数人对高雅艺术消费望而却步的原因。相比之下,人们更习惯和倾向于看电视、电影,

---

① 金元浦. 我国文化消费的现状与发展趋势 [J]. 中国国情国力,2016(12).

看短视频，玩手机游戏，娱乐消费和网络文化消费占据着文化消费的主流，文化消费习惯仍停留在以休闲娱乐型消费和通俗易懂的大众文化产品消费为主的初级阶段，其为当前我国文化消费层次偏低和结构不合理的重要原因。

另一方面，社会文化氛围的不足也限制了文化消费理念和消费习惯的形成。除了学校教育之外，文化消费理念和消费习惯的培育也离不开家庭教育的"耳濡目染"和社会文化氛围的熏陶。目前，除了少数文化艺术氛围较为浓厚、文化消费相对活跃的大中型城市，我国大多数城市在文化氛围的营造上是十分欠缺的。文化氛围不等于教育或学习的氛围，也不等于悠久的历史文化传统，除了该地区独有的人文底蕴和历史积淀之外，文化氛围还表现为文化资源的丰富性、文化艺术场馆的数量和类型、居民文化生活和休闲娱乐方式的多样性以及当地的整体文化活力和创意氛围等，包括公共艺术和街头艺术。佛罗里达认为，一个城市具有"创意时代的文化气息"，是其值得居住的重要信号[1]，而这种"文化气息"不仅取决于文化产品和文化设施等硬件条件，还取决于该城市对待文化创意的态度和其是否能营造美的、艺术的、激发人们参与和消费热情的环境和氛围。20 世纪 70 年代，美国政府为改善城市衰败的状况，把文化艺术作为城市复兴的发展策略，通过与私人投资者和艺术团体合作的形式，将文化设施与商业和办公设施混合布置，打破了艺术与商业、生活的界限，其中最为著名的包括纽约的林肯艺术中心、华盛顿的肯尼迪表演艺术中心以

---

[1] 〔美〕理查德·佛罗里达.创意阶层的崛起[M].司徒爱勤，译.北京：中信出版社，2010.

及洛杉矶音乐中心等,提升了城市形象,改善了生活方式,有力地促进了本地居民的文化消费。

三、供需失衡,文化产品有效供给不足

在全球经济形势变化和我国经济进入"新常态"、经济结构面临调整和转型升级的宏观背景之下,供需关系的结构性失衡也同样表现在文化市场中,文化产业供给侧结构性短缺与过剩并存。一方面,文化产品与服务的质量、价格、种类、结构、消费渠道以及便利性等方面与市场需求不匹配,与消费者的预期还有较大差距。尽管供给总量并不低,但有"高原"缺"高峰",原创性、高品质、高附加值的文化精品、文化品牌稀缺,产品的创意和科技含量偏低。《琅琊榜》《三生三世十里桃花》等影视剧的高收视率,故宫《清明上河图》展览的火爆,音乐剧《歌剧魅影》的高上座率等都反映出强烈的消费需求。可见,供需错配的问题不在于供给和需求数量的缺乏,而在于有数量缺质量,对市场需求的嗅觉不够灵敏,没有针对多元化、多层次的消费需求开发不同的文化产品和服务,导致供给与需求无法有效对接,海量的产品不能全部转化为有效的消费需求。

以影视行业为例,其原创能力不足,叙事重复,生产机械化,同质化严重,存在低俗、媚俗、过度娱乐化的倾向,同时盲目跟风,迷信IP,模仿与抄袭泛滥,忽视IP背后的文化内涵和价值观。在影视作品的题材和类型方面,魔幻、悬疑、宫斗、青春题材大行其道,缺乏具有深刻精神内涵和社会价值的新颖题材;历史题材居多,与现实生活密切相关者较少;引进和翻拍作品较多,原

创性、反映文化传统及民族特色的作品较少。此外,资源和要素配置效率偏低、生产和制作流程不完善、制度体系存在缺陷、从业人员良莠不齐,以及专业人才,尤其是创意人才和复合型运营管理人才匮乏,都限制了供给的水平和层次的提升。

另一方面,文化基础设施体系不完善,区域分布不均衡。文化场馆及配套设施是居民进行文化消费的硬件基础,对于文化消费活动的开展至关重要。尽管从整体来看,我国文化基础设施的普及率已经有了很大提升,但在农村及落后和偏远地区,仍然存在较为严重的基础设施配置不足、闲置率高的问题。有的地区基础设施供给已经落后于居民日益增长的文化消费需求,有的则是因为文化消费场所和类型单一,导致消费氛围不浓,制约了居民的文化消费意识和消费意愿,图书馆、博物馆、文化馆等场馆和设施长期闲置。此外,公共文化场馆和文化消费场所空间分布不合理,交通通达性差,也会限制市民的文化消费。根据中国艺术科技研究所的调查统计数据,消费者日均可支配时间为2—3小时,不论采用何种交通方式,消费者希望到达文化设施所需的时间限制在30分钟内,否则就很有可能放弃该项文化活动,而目前我国公共文化服务设施的覆盖密度,还远远满足不了消费者便捷到达的要求。[①]

四、文化产品价格与居民消费能力不匹配

价格是制约消费最为直接和重要的因素之一,现阶段文化产品和服务的价格水平高于居民的平均消费水平也在很大程度上抑

---

① 温源,刘伟. 消费心理,如何影响文化产业——从《中国居民文化消费基础性调研报告》看我国文化消费走向[N]. 光明日报,2015-02-05.

制约了文化消费。根据经济学的一般规律，在需求曲线上，商品的价格越高，消费者对于商品的需求量就越小，需求与价格呈负相关的关系。在这一基础上，由于文化消费并非生活必需消费，且消费的主观性较大，而呈现出较大的需求弹性、较高的价格敏感性，因而价格对文化消费的影响十分显著。而且文化产品的生产成本较高，定价也相对较高，尤其是高科技、高创意含量的文化产品和高端艺术消费。例如，一件单价200元以上的小型工艺品或文创产品，一场票价400元以上的演出，对于一个普通的工薪阶层和中低收入家庭来说已是一笔不小的开支，对于农民和无固定收入的人来说，经济压力则更大。而资源和要素配置不合理，加上"我国的文化市场尚处于培育期，部分文化项目缺乏规模消费人群，使基本支出成本难以摊薄"[1]，价格水平居高不下，进一步制约了文化消费增长。

当然，我国现阶段存在的巨大的文化消费缺口，并不单纯是因为文化产品的价格高，消费者购买力不足、产品价格与消费能力不匹配也是重要原因。居民的消费能力是由可支配收入的多少及稳定性、资产水平、社会保障制度以及消费环境和消费政策等多种因素所共同决定的。因此，尽管我国居民的收入水平不断提升，但消费增长速度与收入增长速度并不一致，而文化消费又因其特殊性更容易受到其他因素的制约。社会保障体系的不完善导致人们，尤其是低收入或收入不稳定的群体对未来预期不乐观，消费压力大从而缩减开支，尤其是非必要的休闲娱乐和精神性消

---

[1] 温源，刘伟. 消费心理，如何影响文化产业——从《中国居民文化消费基础性调研报告》看我国文化消费走向[N]. 光明日报，2015-02-05.

费；而优质的消费环境和积极的消费政策的缺乏也会抑制人们的消费意愿，导致消费率降低而储蓄率升高。对于低收入群体来说，基础性、保障性生活消费支出仍然占很大的比重，严重挤压了文化消费的空间；对于中高收入群体来说，尽管收入水平较高，但很大一部分用于固定生活成本、子女教育投入、偿还房贷和车贷等方面，剩余可自由支配的收入并不多，在很大程度上限制了居民的消费能力。再加上良好的文化消费意识和长期、持久的文化消费习惯尚未形成，居民的文化消费意愿本身就比较弱，而部分文化产品，尤其是高品质、高层次产品和服务以及新兴消费形态的价格水平远远高于他们的价格预期。

五、体制机制不完善，文化市场体系不健全

与发达国家文化消费基本由市场主导不同，我国现阶段文化消费的市场化程度不高，消费增长的自发性较弱，动力不足，主要依靠国家政策的强力推动。市场的发育是一个长期的过程，涉及很多具体机制甚至是技术性的设计。[1] 但我国的文化市场还很不成熟，一个"政府调节市场、市场调节企业、合乎市场经济规律和要求的宏观管理体制"[2] 尚未建立起来。从历史背景和发展进程来看，我国文化产业的发展和文化市场的形成有一定的特殊性，现代文化市场体系尚未全面建立，存在着体制机制方面的缺陷。"双轨制"的长期实行和计划经济体制遗留的影响导致了政府与市

---

[1] 张晓明.全面构建现代文化市场体系[M].北京：社会科学文献出版社，2014.
[2] 同上.

场界限不清、政企不分、价格扭曲、利益固化、市场条块分隔、市场主体及中介服务体系发育滞后等弊端。政府在文化产业发展的过程中发挥着重要的主导和推动作用，产业政策的干预性较强，产业发展与文化市场的发展规律相脱节。从数量和速度上来看，我国文化产业发展迅速，但在产业结构、资源和要素配置以及市场运行机制方面还有很多不足，许多基本制度尚未建立，产业发展的基础并不牢稳。在文化消费市场快速扩张的同时，企业短期行为严重，部分文化产品和服务粗制滥造，价格虚高，抑制了市场需求，尤其是中低收入居民的文化消费需求。

同时，我国的文化消费市场还存在着管理不善、低俗产品泛滥和侵权行为严重等问题。首先，文化立法体系不完善、行政监管不到位、文化市场机制缺陷以及知识产权保护意识缺失导致盗版产品泛滥。在生产端，由于内容产品的易复制性，盗版成本很低，尤其是互联网和移动互联网的普及，使复制和传播更加便利，盗版行为更加猖獗；在需求端，人们长期以来形成了获取免费资源或消费价格低廉且容易取得的盗版产品的习惯。尽管数字音乐、网络文学、网络视频等领域已经出现了付费消费形态，人们购买版权的意识在逐步增强，但就目前来看，稳定的付费习惯尚未形成。其次，相对于文化消费的快速发展，尤其是网络文化消费的爆发式增长和多元化的新消费形态的涌现，文化市场管理是滞后的，在新兴文化消费领域存在着许多立法空白和监管漏洞，管理手段的科学性与管理过程的规范性也有待提高。文化消费市场充斥着低俗文化产品，比如具有淫秽或暴力倾向的动漫、游戏和影视剧，过度娱乐化的网络娱乐产品等。例如，网络直播和短视频行业鱼龙混杂，乱象丛生，在市场规模急速扩张和商业价值激增的同时，违规违法现象层出不穷。对此政府紧急叫停，严厉查处并出台专项管理规定，反映出网络文化消费生态环境的混乱及管理形势的严峻。

六、城乡差距显著，农村文化消费发展滞缓

随着农村居民收入水平的提高，农村文化消费水平也在提升，但城乡文化消费差距的变化并不显著，农村居民与城镇居民无论在文化消费的总量还是结构方面仍有较大差距，农村文化消费潜力有待释放。2010年以来，城镇居民文化消费支出大体上保持着两位数的增长速度，但农村居民的文化消费需求明显不足，人均文化消费支出在消费总支出中所占比重仍然偏低。在城乡二元结构和巨大的农村人口基数之下，我国文化消费城乡分布不均的问题依然十分突出。

首先，农村居民的文化消费意愿相对较弱且波动较大。近年来，尽管农村家庭的年收入有所增加，但收入来源仍然不稳定，现阶段许多农村家庭的收入主要是外出务工人员的打工所得，留守的妇女和老人没有固定收入，经济压力较大。同时，虽然农村居民的消费结构发生了很大的变化，但物质消费，尤其是衣、食、住等基础性生存资料消费仍占很大比重，压缩了对文化产品及服务的投入。由于教育水平的限制，农村居民的消费观念相对落后，文化消费意识和消费习惯尚未形成，文化消费的内容和类型也有很大的局限性，以休闲娱乐型消费为主，对于知识性、精神性文化产品的消费需求和消费意愿不强烈。尤其在交通不便、信息不发达的地区，可供选择的文化产品的数量和类型更少，服务

渠道更有限，质量也更加粗糙，进一步抑制了农村居民的消费热情。尽管当前农村公共文化服务体系正在逐步完善，各种形式的"文化下乡"和文化惠民活动进行得如火如荼，但存在公共文化设施配置不合理，大量农家书屋、文化馆、文化站长期闲置的现象，真正贴近农村生活，能够适应农村居民文化消费需求和特点并为之所喜闻乐见的文化产品和服务严重匮乏，限制了农村文化消费的增长。

其次，农村留守人员的不良文化消费习惯突出，消费环境有待改善。据统计，2013年，我国农村的留守妇女、儿童、老人合计约1.5亿人，占农村总人口的20%以上。由于农村文化供给不足，文化产品、设施及活动相对匮乏，农村文化消费环境比较落后，加上农村居民受教育程度和文化素养偏低，更容易受到封建、迷信、低俗、过度娱乐等不良文化的侵袭，从而形成不良的文化消费习惯。尤其是农村留守人员，缺乏打发农闲时间、充实精神文化生活的恰当方式。未成年人学习压力大，缺少父母的陪伴与关爱，容易沉迷于网络和电子游戏；成年人则可能通过赌博和低俗娱乐活动来填补精神空虚，例如观看农村葬礼上的低俗表演等。这种畸形的消费文化反映出农村文化价值的失范与文化生态的失衡，给农村文化消费的发展带来了消极影响。

第三章　新型城镇化背景下的城乡文化消费诉求与建设路径

新型城镇化是我国推进现代化进程、全面建成小康社会的重要内容。城镇化建设强调以人为核心，以提高质量为导向，是实施乡村振兴战略和区域协调发展战略的有力支撑。文化消费作为居民消费的有机组成部分，是人们在提高物质文化生活水平的基础上，精神需求得以满足的体现，既强调人的自我发展和提升，更有利于实现人们对美好生活的追求。培育文化消费热点，增加文化消费总量，提高文化消费水平，对于扩大内需、转变经济增长方式、协调区域发展具有重要意义。

在新型城镇化建设过程中，以现代服务业为主要内容的文化产业的发展，既符合新型城镇化建设以人为本和质量导向的核心，二者的互动也将有助于缩小城乡文化消费差异，拓展城市发展空间，提升居民生活质量，实现可持续发展，是实现新型城镇化建设的重要驱动力。

随着中国经济改革开放40年的发展，我国经济水平不断跃升，居民的人均收入也逐步提升。我国居民文化消费的规模、结构均有质的提升，但城乡差异、地区差异和结构差异明显，成为扩大文化消费的顽疾。探究影响文化消费空间差异的主要因素，缩小文化消费的城乡和结构差异，对于推进新型城镇化建设、释放文化消费潜力具有重要意义。

第一节　区域文化消费分析

一、区域文化消费总体特征

总体而言，我国文化消费的区域发展水平与区域经济发展趋势协调一致，从东向西呈现出阶梯状的分布，东南沿海文化消费水平较高，中西部地区则相对较弱。据统计[①]，2017年，全国人均消费支出为25974元，最高的上海市人均消费39792元，最低的西藏自治区人均消费支出10320元，相差29472元，前者是后者的近3.9倍。同时，用于教育文化娱乐服务的消费支出最高的也是上海市。2016年上海市人均教育文化娱乐消费支出4174元，在全国居首位；而青海省人均教育文化娱乐消费支出仅为1568元，占消费支出的10.6%，比例不高，且绝对值远低于上海市。由此可以看出，文化消费既受一个地区经济发展水平的限制，也在某种程度上反映了该地区的社会发展状况。我国自西向东，各个省、市、自治区的文化消费结构存在着显著的差异，湖北、湖南、安徽、河北、内蒙古等各省区教育消费占的比重较大；甘肃、重庆、新疆、四川等西部省区文化娱乐消费占的比重较大；北京、上海、天津、浙江等省市文化耐用消费品消费占比较大；广东、福建、西藏、宁夏通信消费占比较大。北京、上海、广东、浙江等省市的文化消费结构较为均衡，而西藏、甘肃、福建、山东等省区的文化消费结构则存在着明显失衡的问题。由此可以看出，文化消

---

① 李剑欣，张占平. 中国文化消费区域差异研究[M]. 北京：社会科学出版社，2016：56.

费不仅仅取决于一个地区的经济发展状况，更多地与该地区的文化产品和服务供给、文化社会背景以及居民文化素质等息息相关。

（一）各区域文化消费支出占总收入比重较低

我国各区域的居民文化消费起点处于较低水平，文化消费的意识薄弱，文化消费占总收入的比重较低。2009年我国人均GDP已经达到5000美元，总体进入小康阶段，具备了拥有巨大文化消费潜力的能力，但是2012年我国各区域文化消费支出占家庭总收入的比重还不足5%，东北地区仅有3.5%。2017年我国人均教育文化娱乐消费支出占比11.4%，有极大提升，但仍与我国整体经济发展水平极为不符。与此同时，文化消费的总量呈现出明显的上升趋势，这主要是由于人们收入的大幅度提升引起的；而我国文化消费的水平和层次总体偏低，仍有着巨大的提升空间。

（二）文化消费空间分布呈现出自东向西递减的非均衡发展态势

近年来，各区域文化消费支出总量虽然均呈现出增长趋势，但文化消费支出最高的华东地区总量是最低的东北地区的近2倍。这一现象充分说明区域间文化消费支出分布不均衡的现象仍然存在，中西部地区和东北地区文化消费支出仍旧低于东部沿海经济发达地区。根据中国文化消费指数（2017）显示，北京、上海、浙江、广东、天津、江苏、山东的文化消费综合指数连续五年位居全国前十，且这7个省市均位于东部地区。在文化消费意愿、文化消费能力、文化消费水平、文化消费满意度指数全国前十名的省市中，东部地区均占了一半以上。相比中西部地区，东部地区居民收入、消费水平相对较高，更加注重生活质量和精神享受。文化消费品由东向西的"挤压式传递效应"将改变国内原有文化消费品的流向和地域分布。文化消费品市场的区域空间结构是文化消费品生产、流通以及消费整体结构在地域分布上的表现形式。

(三)西北地区居民收入低,但文化消费倾向较高

2012年西北地区居民的人均收入全国最低,仅为20589.57元,但文化消费支出占居民收入和消费性支出的比重均高于东北和西南地区,显示出了较强的文化消费倾向。比如陕西省,2012年陕西省居民的人均收入仅为22606.01元,在全国各省份中居第18位,但人均文化娱乐服务消费和文化娱乐用品的消费支出水平较高,在各省份中分别居第8位和第10位,且2008—2012年文化消费支出增长较快,居全国第4位,极具发展潜力。[①]但以文化消费支出占居民收入、消费性总支出的比重对各区域文化消费倾向进行衡量的结果显示,各区域的消费倾向基本与居民收入成正比,华东、东北和西南地区均呈现这一态势。

(四)区域文化消费增速有所放缓

2008—2012年,我国文化消费的支出年平均增长率为13.35%,但2012年我国文化消费年增长率为10.18%,低于近5年的平均增长率。[②]这就说明,虽然我国文化消费整体处于较为良好的增长态势,对于拉动国内需求,扩大国内消费规模具有积极影响作用,但这种文化消费的增长逐步放缓,东北地区增速最快,华南、华北、华东等地区明显后劲不足,消费热点后继乏力。

二、区域文化消费空间分布

2012年城镇居民人均文化消费的平均值为1836元,全国有上

[①] 中央文化企业国有资产监督管理领导小组办公室,中国社会科学院文化研究中心.中国文化消费报告(2014)[M].北京:社会科学文献出版社,2014:128.

[②] 同上书,2014:129.

海、北京、江苏、广东、浙江、福建、天津、陕西、内蒙古、安徽、辽宁11个省市区超过全国平均水平，大部分省市均处于东部沿海地区，而西藏、黑龙江、青海、新疆等西部欠发达地区以及东北地区的人均文化消费远远低于全国平均水平，文化消费支出存在明显差异。其中，人均文化消费支出较高的东部地区人均文化消费支出是西部地区的近两倍（见表3-1）。

表3-1 2012年城镇居民人均文化消费支出[①]

（单位：元）

排序	省份	均值	排序	省份	均值
1	上海市	3723.7	17	四川省	1587.4
2	北京市	3696	18	河南省	1525.3
3	江苏省	3077.8	19	宁夏回族自治区	1515.9
4	浙江省	2996.6	20	山西省	1506.2
5	广东省	2954.1	21	江西省	1487.3
6	天津市	2254.2	22	重庆市	1470.6
7	福建省	2104.8	23	云南省	1434.3
8	陕西省	2078.5	24	贵州省	1396
9	内蒙古自治区	1971.8	25	甘肃省	1388.2
10	安徽省	1932.7	26	海南省	1319.5
11	辽宁省	1843.9	27	新疆维吾尔自治区	1280.8
12	湖南省	1737.6	28	黑龙江省	1216.6
13	山东省	1655.9	29	河北省	1203.8
14	湖北省	1651.9	30	青海省	1097.2
15	吉林省	1642.7	31	西藏自治区	550.5
16	广西壮族自治区	1626.1	全国均值		1836.38

① 中央文化企业国有资产监督管理领导小组办公室，中国社会科学院文化研究中心．中国文化消费报告（2014）[M]．北京：社会科学文献出版社，2014：129.

居民消费结构升级是指伴随着经济发展，居民从较低生活质量标准的消费结构向较高生活质量标准消费结构演变的过程。供给结构决定居民消费结构的同时，居民消费结构对于供给结构同样有着引导作用，这个变动引导也是经济增长的重要因素。鉴于此，区域文化消费状况的不同与区域经济发展水平以及区域文化产品生产水平有着较大关联。

（一）东部沿海地区消费状况

我国东部沿海地区经济发展水平较其他区域而言，处于较高水平，享受型、发展型、服务性消费在居民的支出中比重逐渐增加，住房、医疗、保健、教育、文化、旅游、娱乐等个性化服务性消费支出也不断上升，该区域居民消费已经从万元能级发展至百万元能级，发展到以住房、汽车、旅游类为热点的享受型消费阶段，以信息技术革命为支撑的绿色、健康、市场新消费阶段。东部沿海地区文化消费与该区域整体消费状况成正比。

以上海市为例。近年来，随着上海经济社会的快速发展，特别是公共文化服务网络的日益完善、文化市场的活跃繁荣与文化产业的蓬勃兴起，可供上海市民消费的文化产品和文化服务更加多元多样，文化消费在市民日常消费中所占比重逐年提升。从市民文化消费支出看，2016年上海城市居民家庭人均可支配收入为54305元，年人均消费支出为37458元，其中教育文化娱乐服务支出4174元，占当年家庭人均消费性支出的11.1%。在4174元文化娱乐服务支出中，约63%用于消费文化产品和购买文化娱乐服务，如看电影、看演出、玩网络游戏等，约37%用于购买消费文化产品必需的物品。从文化设施及内容建设看，上海采取市里出一点、区县出一点和街镇出一点的办法，建成了一批环境、功能、保障一流，全国领先的四级公共文化网络，基本形成15分钟公共文化圈。至2015年，上海共有博物馆、美术馆、文化馆、公共图书馆238家，标准化社区文化活动中心667个，农村书屋1514家，村（居委）综合文化活动室及可容纳百人以上的文化广场不计其数。特别是世博会中国馆变身为中华艺术宫，城市未来馆变身为上海当代艺术博物馆，更为上海增添了两座世界级文化设施。2015年上海各级各类公共文化场所举办公益性文化活动近50万场，参与人次超过8000万。上海中心图书馆依托三级网络，以"一卡通"服务为手段，实现了通借通还书刊入藏量高达720.32万册。全市现有广电制作机构近800家，每天播出152套电视节目，其中数字高清节目18套。上海近年来制作的《达人秀》《梦之声》《舞林大会》等电视节目更是蜚声业界。徐汇区文化消费设施网络结构合理，功能健全，文化消费场所和设施数量排在全市前三，每千人拥有公共文化服务设施的面积达到全市的先进水平。徐汇区委、区政府高度重视公共文化服务和文化产业发展，在"十三五"规划中明确提出建设"文化徐汇"的要求。根据规划，到"十三五"期末，徐汇区还将新增13万平方米公共文化设施面积，公共文化年均配送量达到400万元，公共文化活动年均参与人次达到440万；"十三五"期末，徐汇文化创意产业增加值占全区生产总值的比重达到18%以上，文化及相关产业增加值占全区生产总值的比重达到14%以上。

随着上海城市居民消费结构的不断升级，文化消费已经成为其消费中重要的组成部分。上海市民接触较多的文化产品依次为手机、普通电视、电脑、数码相机、收音机等，这些产品的接触率都在 50% 以上。不同收入和不同教育水平人群都以"在家参与"作为首要选择的文化消费方式。上海城市居民在选择某种文化产品时看重的因素依次为：质量、产品实用性、产品价格、产品品牌、产品包装。对于与上海居民同等消费水平的区域而言，对包装程度明显低于对品牌的考虑。除此之外，售后服务、送货上门等也在参考范围之内。上海城市居民参加文化活动或者购买文化产品最重要的动力因素因此为：兴趣、为学习而参与活动或购买文化产品、培养和教育孩子、接受熏陶、消磨时间、社交、追求时尚、塑造形象，等等。上海城市居民认为自身进行更多文化消费的主要困难是平时工作太忙没有时间，也有一部分会考虑价格太高的因素；再者还有没能及时获取信息、满意的文化项目较少、交通不便、路途较远、没有兴趣等因素。

（二）中部地区消费状况

根据《中部崛起（2017）新经济发展报告》显示，中部六省GDP增速整体高于全国平均水平，创造全国21%的GDP，是我国的人口大区、经济腹地和重要市场。[①] 中部迅速崛起，高新产业的迅猛发展功不可没，由过去主要承接产业转移的局面，发展成为紧抓高精尖领域，以新产业、新业态、新商业模式为代表的新经济势头强劲，成为引领经济发展的新动能；传统产业搭上了新经济的快车，通过不断应用智能制造和互联网技术进行产业转型升级。鉴于此，我国中部地区文化消费近年来呈现为以科学技术为引领的数字娱乐创新型文化消费。

---

① 搜狐网. 2017中部崛起新经济发展报告出炉 [EB/OL]. (2017-10-30) [2018-06-25]. http://www.sohu.com/a/201167927_355695.

以长沙市为例。①2015年长沙经济总量为8510.13亿元，人均GDP为11.5443万元。2015年全市文化产业总产出约为2263亿元，增加值769亿元。2015年底城镇居民人均文化娱乐支出预估为2510元，占全部消费支出的15%左右，文化消费增长速度快于食品、交通、通信等类别。2015年，长沙市移动互联网产业实现倍增，总产值达300亿元，从业人员超过4万人。形成了移动游戏产业、移动生活产业、移动金融产业和移动电商产业四大集群。目前，全市共有国家级文化产业园区和基地11家，省级示范基地和重点园区13家，市级示范基地和重点园区14家。其中长沙天心文化产业园为中部五省唯一的国家级文化产业示范园区，中南国家数字出版基地为继上海、重庆和杭州之后的第四个国家级数字出版基地，长沙天心广告创意产业园为首批"国家广告产业园区"，已初步建成国家文化产业示范园、国家数字出版基地、国家广告创意产业园"两园一基地"格局。长沙市公共文化设施建设超前化、标准化。2015年，长沙建成了全国一流的集博物馆、图书馆、规划馆、音乐厅为一体的"三馆一厅"，滨江文化园占地196亩，建筑面积为10万平方米；世界一流的梅溪湖国际文化艺术中心即将建成开放；长沙实验剧场和长沙国王陵、铜官窑、炭河里三大国家考古遗址公园等重大文化设施相继建成。湖南省湘剧院、花鼓戏剧院、歌舞剧院三个专业院团和区县剧团每年送演出超过1200场，全市10个公共图书馆、文化馆、14个博物馆、纪念馆和180个乡镇（街道）文化站全部实现免费开放。

---

① 济宁市文广新局. 赴长沙学习考察文化产业情况的报告 [EB/OL]. (2017-05-18) [2018-06-25]. http://www.jnswhj.gov.cn/art/2017/5/18/art_6360_253723.html.

长沙市打造了一系列公共文化活动品牌。市级重点打造了"雅韵星城""好戏天天演 欢乐满星城""阳光娱乐 创业兴文""文化橘洲""舞动星城 歌涌湘江""千团汇演 百佳评选""外来务工人员精神新家园""候鸟俱乐部"等深受人民群众喜爱的公共文化活动品牌。各县（市）区重点打造"牵手芙蓉""欢乐天心""激情岳麓""湘江韵律""和谐雨花""相约斑马湖""五彩星沙""欢聚浏阳河""周末我登台"等品牌，90%以上社区（村）拥有自己的文化品牌，实现"一区县（市）一精品""一乡（街）一优品""一村（社区）一成品""一行业一特品"的目标。

  目前，长沙已经形成了集广播、电视、节目制作、播出、无线、有线、卫星等多种传输覆盖以及相关产业链的事业、产业格局。其广播电视产业发展在全国首屈一指，使长沙市居民对本地电视节目情有独钟；湖南广电集团策划的各类大型娱乐节目，都受到长沙市乃至全国人民的一致好评。长沙市居民每月用于文化产品和活动的支出中，一半以上的居民在"看电影"这一项上的支出几乎为零，可以说长沙高度发达的电视产业无形中给电影业发展带来了较为消极的冲击，乃至对整个中部地区都造成一定影响。长沙市的出版发行业相对于电视产业而言，也不会逊色太多。湖南自古就有"惟楚有才"的美名，朱熹在岳麓书院大摆讲坛，让湖湘大众尽享文化气息。娱乐业是长沙改革开放以来成长最为迅速的文化产业，也是长沙乃至整个中部地区文化消费最为显著的特征。长沙市歌厅产业近十年来一枝独秀，名扬全国，形成了一个充满活力的产业门类。长沙市居民对于休闲娱乐活动的偏好，给该类活动的发展创造了非常广阔的发展空间，与此同时，休闲娱乐业的迅速发展也给长沙市居民提供了丰富的选择机会。

（三）东北地区消费状况

我国东北地区在经济发展的整个进程中，投资、消费和出口对于经济增长的贡献度差异较大，主要集中于通过投资拉动经济增长。但是一直以来，东北地区受到我国整体宏观经济的影响以及地区思想观念发展较为落后等的影响，消费水平一直不高，对于经济发展的拉动效应也受到了很大程度的制约。[①]通过一组针对东北地区消费过度敏感性的分析得出，东北地区居民都具有较高的消费过度敏感性系数，而城镇居民消费的过度敏感性系数远远高于农村居民，这充分说明收入问题仍然是影响居民消费的主要因素。消费增速低于收入增速，导致居民面对消费过于谨慎。而针对文化消费而言，东北地区文化消费水平远低于全国平均水平，但近年来，东北地区部分城市针对文化消费的促进做出了一系列工作。

以长春市为例。[②]2015年全市共有文化（文物）事业机构216家，其中艺术表演团体3家，艺术表演场馆6家，公共图书馆12家，艺术馆、文化馆12家，文化站160家。全市有各类文化经营场所2663家，公共文化基础设施建筑面积达153418平方米。以"繁荣群众体育，建设幸福长春"为主题，开展全民健身活动近2000项次，参与人数达百万人次。全年成功承办瓦萨国际越野滑雪赛、国际雪联越野滑雪赛中国巡回赛、世界洛佩特越野滑雪巡回赛等国内外大型体育赛事十余项次。全市共举办规模以上会展活动122项，展览面积220万平方米，带动其他相关收入415亿元。

长春市具有独特而丰厚的文化内涵，电影文化、汽车文化、

---

① 张艾莲，刘柏. 东北地区消费过度敏感性分析[J]. 东北亚论坛，2013（2）：51—58.

② 搜狐网. 长春探索文化消费新模式[EB/OL].（2018-02-26）[2018-06-25]. https://www.sohu.com/a/224102927_115239.

记录日本侵华历史的警示文化和反映民族民俗演进历程的移民文化、萨满文化、黄龙府文化等交相辉映，异彩纷呈。独特的人文资源，丰厚的历史文化积淀，形成了具有鲜明长春特色的地域文化底蕴。近年来，长春市以创建国家公共文化服务体系示范区为契机，文化产业稳步发展，文化消费设施网络布局合理，功能完善，文化消费场所和设施数量排在全省首位，而每千人拥有公共文化服务设施的面积也达到全省先进水平。初步形成了由娱乐市场、演出市场、网络文化市场、电影市场、新闻出版等组成的文化市场体系，多方面、多层次满足群众精神文化需求。2017年，长春市从文化发展供给侧和需求侧两端发力，对全市各行业、各领域的市场资源进行了"从项目点到行业线再到区域面"的有效整合和可续组合，实施了文化艺术进殿堂举措，发放文惠券、文惠卡，先后开展570余场次惠民文化消费活动，引导资金直接拉动文化消费的比例为1∶6.5，文化消费潜力得到了有效释放。

第二节　区域文化消费类型分析

对于文化消费类型而言，按照文化产品生产类型进行分类，主要有以下几种。

一、利用物质文化遗产资源带动区域文化消费

我国历史文化资源遗产丰富，文物古迹众多。特别是古建筑群、古村落等遗址分布在全国的各个角落。依托这些资源，很多区域已

经将文化产业做到从无到有，从小到大，甚至是从大到强，并且产生了显著的社会效益和经济效益。中国众多的古建筑群落中最有影响力的有安徽的西递、宏村，江苏的同里，浙江的乌镇，山西的平遥古城，云南的丽江古城等。这些地方都是依托物质文化遗产资源发展文化产业的典型例证，为大众文化消费提供了丰富的选择。

以湖南凤凰古城为例。凤凰古城位于沱江之畔，风景秀丽，历史悠久，名胜古迹非常多。20世纪80年代的凤凰县还是一个以农业和国有工业为主的农业县，只有极少数的游客来此地旅游。渐渐地，乡土文学大师沈从文先生笔下的湘西小城为人们所了解，也有越来越多的人开始对其向往。

到了20世纪90年代，民营资本开始陆续介入我国的风景区旅游开发。这样的背景下，民营企业以8.33亿元获得了湖南湘西凤凰古城8个景区50年的经营权。[①]随后该公司成立了专门的旅游公司，在国内也引起了暂时的轰动。从此，湘西的这座古城就走上了一条依托文化资源，旅游开发、文化产品开发相结合的文化旅游产业发展道路。2010年，全县共实现收入25亿元人民币，接待游客580万人次。在"历史文化名城"光环的映照下，依托物质文化遗产的丰富资源，在当地政府的大力引导下，靠民营公司运作的凤凰小城逐渐成为大众进行文化消费的重要内容。

二、利用历史文化名人带动区域文化消费

最为典型的例子当属山东济宁。这里的文人墨客数不胜数，

---

① 张西林，黄莉苹，付蓉，王曼娜. 民营资本介入风景区后的经营管理研究[J]. 商业经济文荟，2006（4）.

被人们称为是东方文明、中华文明的重要发祥地之一,远古时期的"三皇五帝"在此留下活动踪迹,人类始祖伏羲、女娲、皇帝、少昊、少康均出生在济宁;春秋战国时期,被后世尊称为中国历史上五大圣人的"至圣孔子""亚圣孟子""复圣颜子""宗圣曾子""述圣子思子"都诞生在这里。李白、杜甫、曹操等文人墨客都在这里留下过足迹。而且,历朝皇帝也有在此驻足的痕迹。

如此之多的人文资源,充分地利用其影响力来发展文化产业也就成为当地政府的目标。为此,当地政府在全球范围内招标,为济宁做文化产业发展规划。在重重突围之后,中国传媒大学文化发展研究院获得了最终的胜利,帮助济宁市制定了详细的符合当地文化产业发展的实际规划,获得了当地政府和专家的一致认可。

对此,济宁政府和中国传媒大学共同制定了战略目标,通过大项目带动、大集团拉动、大集群拉动以及大营销四大发展战略,做好文化旅游业,壮大传媒娱乐产业,培育数字内容产业。要在未来一段时间内,打造"运河风光"旅游开发项目、"运河风情"水上实景演出项目、影视精品工程项目、东方圣城文化标志工程、孔子国际文化节、中华母亲苑工程等。通过一系列的人文资源来打造大型的实体景观发展文化产业。

三、利用非物质文化遗产带动区域文化消费

国家级非物质文化遗产名录,是经中华人民共和国国务院批准,由文化部确定并公布的非物质文化遗产名录。[①] 为使中国的非

---

① 文化部办公厅关于公示第五批国家级非物质文化遗产代表忄项目代表性传承人推荐名单的公告 [EB/OL]. (2017-12-29) [2018-06-25]. http://www.ihchina.cn/14/54116.html.

物质文化遗产保护工作规范化，国务院发布《关于加强文化遗产保护的通知》，并制定"国家＋省＋市＋县"共4级保护体系，要求各地方和各有关部门贯彻"保护为主、抢救第一、合理利用、传承发展"的工作方针，切实做好非物质文化遗产的保护、管理和合理利用工作。

我国的第一批国家级非物质文化遗产共有147项，之后国家又有后续的第二批、第三批出炉。如此之多的非物质文化遗产，如何利用其在保护中传承，在发挥其社会效益中获得经济效益成为现阶段各个地方非物质文化遗产持有部门的疑惑。随着国家大力提倡发展文化产业的东风的到来，越来越多的地方也开始转变观念，通过"保护＋开发"的模式将非物质遗产附着在物质产品上进行市场化运作。比如山东潍坊的风筝制作工艺，河北蔚县的剪纸工艺，浙江的泥金彩漆工艺、清刀木雕工艺等。

以河北蔚县剪纸工艺为例。[①]蔚县剪纸又叫窗花，是全国唯一一种以阴刻为主、阳刻为辅的点彩剪纸，相传已有两百多年历史。其内容以花鸟鱼虫、戏剧人物等为主，2006年入选首批国家级非物质文化遗产名录，2009年入选联合国教科文组织人类非物质文化遗产名录。目前，在"中国剪纸艺术之乡"蔚县，有16个乡镇的96个行政村分布着剪纸艺人，其中剪纸专业户达1100户，从业人员达3万多人，每年生产剪纸500多万套，产品畅销美国、东南亚等上百个国家和地区，年产值达2亿多元，占全县GDP的

---

① 百度百科. 蔚县剪纸[EB/OL]. (2012-12-20) [2018-12-26]. https://baike.baidu.com/item/%E8%94%9A%E5%8E%BF%E5%89%AA%E7%BA%B8/4399969?fr=aladdin&fromid=10727314&fromtitle=%E6%B2%B3%E5%8C%97%E8%94%9A%E5%8E%BF%E5%89%AA%E7%BA%B8.

4%。蔚县只是众多非物质文化遗产开发中的沧海一粟,未来将会有更多如此鲜活的例子出现在我们的视野中。

四、以工业基地转型带动区域文化消费

2008年3月17日,国家正式确定甘肃白银、河南焦作、江西萍乡、湖北大冶、吉林白山、云南个旧、辽宁阜新等12个城市为全国首批资源枯竭型城市。[①] 被国家确定为首批资源枯竭型城市后,如何通过国家扶持再造产业优势,全面解决经济、社会、生态、文化等方面的问题,将成为一个新的课题。这些城市只是已被确定为资源枯竭的城市,我国已有很多城市面临相似的情况。

在这样的情况下,很多地方开始将目光转向了文化产业。有很多工业基地开始利用基地中的资源进行文化产业的布局,从而获得新的增长点。河北唐山、新疆克拉玛依、广东中山等地区开始向"文化+工业+旅游"的模式发展。

在唐山市开滦国家矿山公园,唐山矿工业广场范围内坐落着中国北方近代工业博览园。该园分为矿业文化博览区、矿山遗迹及生产流程展示区、安全文化体验区、井下生产工艺探秘区四个部分,景区景观紧扣主题故事线。通过参观,笔者体验了安全文化体验区和井下生产工艺探秘区,通过与模拟的井下开矿、瓦斯爆炸、煤气泄漏、塌方、漏水等环节,以3D模拟影像来还原现场,让游客有种身临其境的感觉。通过这种方式来吸引大批游客,

---

① 新华社. 全国首批12个资源枯竭型城市聚集研讨可持续发展 [EB/OL]. (2018-09-19) [2018-12-25]. http://www.gov.cn/ztzl/2008-09/19/content_1100369.htm.

同时也可以让人们增长知识。唐山开滦国家矿山公园的模式值得工业基地未来转型时大力借鉴。

五、利用生态资源开发带动区域文化消费

环湿地、海边等地区充分利用当地特殊的地理条件大力发展养生、康体、文化创意产业。这样的发展方式也适合某些地区的文化产业发展路径，河北唐山的曹妃甸、浙江西溪湿地公园中的西溪创意产业园等都是以此为依托来发展文化产业的。

浙江西溪湿地文化产业园坐落在西溪国家湿地公园内部，这里生态资源丰富，自然景观质朴，文化积淀深厚，水资源丰富。当地政府通过在这里修筑精美的建筑群落，将产业园分为两大功能区块：西区为艺术村落区，主要是各类创意工作室、艺术创作和展示等；东区是创意产业区，主要是创意企业总部、大型创意产业机构和研发中心。希望能够在三年内成为以艺术创作为主体，集艺术展示、艺术交易和文化休闲为一体的 ART-Mall。

到目前为止，已经有数十个文化名人入驻西溪创意产业园，同时，多部电影都以此为背景来拍摄，为这里的旅游带来了积极的影响。通过以上这些动作，以纯天然的湿地为依托的自然资源在创意之手的指引下开始慢慢地实现社会效益和经济效益的共同发展。

六、利用民俗文化、创意农业带动区域文化消费

文化产业的发展除了利用上面提到的五种资源来打造文化产业外，依托于农业和创意的组合同样能够打造出别样的文化产

项目。在农村以农业为依托打造创意农业来发展文化产业成为很多地方的首选,这不仅仅能够获得传统意义上的作物丰收,还可以利用植物景观满足人们在精神方面的需求。发展创意农业的类型很多,主要有以下几种。

首先是传统意义上的农村体验式生活。也是人们俗称的"农家乐"。在这种类型中,依托农村得天独厚的自然环境,当地居民通过建立专门的农家平房、凉亭,打出"体验生活,享受绿色"的口号,使人们可以在这里享受比城市更慢节奏的生活,适合休养生息。很多地方还专门与当地游客建立长期的联系,并且为游客开辟了体验田。游客可以租用某一块地,当地居民帮忙种植某种植物。游客可以定期来体验生活,收获果实。

其次是集养生、度假休闲、体验、婚纱摄影等于一体的大型庄园。这样的创意与农业的嫁接一般都是由专门的公司开发,并且经过了良好的创意策划。这种例子在北京的某些县区特别突出,以东方普罗旺斯薰衣草庄园为例,目前开发的项目以农业文化创意产业为支撑,以蓝莓、草莓等特色果蔬种植为基础。生产上,以蓝莓、草莓为主栽品种,并配合其他特色果蔬种植,已发展成为当地的绿色地标;生态上,园区呈现的是原生态的田园景观,为崇尚自然、渴望田园生活的市民提供了一个休闲体验的空间。蓝调庄园集特色餐饮、主题温泉、加工体验、节庆活动等功能于一体。最终形成北京极具特色的乡村休闲庄园和北京农业休闲旅游示范基地。

再次,以"全产业链"的概念打造农业旅游观光和展览。中粮集团提出了"全产业链"的概念,即从田间到餐桌所涵盖的种植与采购、贸易/物流、食品原料/饲料原料及生化、分销/物流、品牌推广、食品销售等多个环节构成的完整的产业链系统。以这样的概念发展的企业一般都打造出了一个"绿色"的概念。例如河北秦皇岛的昌黎葡萄酒产业园,北京的张裕爱斐堡国际酒庄、波龙堡酒庄等。这些地方不仅是工业基地,而且还将其制酒的工艺及流程、存储酒窖、葡萄庄园、葡萄酒历史展厅、度假村等打造成吸引游客的亮点。人们到这些地方游玩,不仅可以看到原汁原味的葡萄酒制作工艺,而且能够品尝到数十年前的原酿珍藏系列。

七、以丰富的现代人文资源、高科技、新创意带动区域文化消费

除了依靠以上资源外,还有一种最为特殊的资源就是以高密集人群、人群的高素质氛围、高新技术等为依托发展文化产业,带动区域文化消费。这种以人文气息来发展文化产业的典范当属北京、上海、深圳等大城市的县、区,特别是北京市朝阳区,是所有文化产业在此领域的代表。

北京市朝阳区文化创意产业继续保持健康良好发展态势。[①] 2016年,全区规模以上文化创意企业实现收入3136亿元,同比增长12.9%。2017年1—6月,全区规模以上文化创意企业实现收入1414.7亿元,同比增长8.2%。占全市比重超过20%。截至2017年8月底,朝阳区文化创意产业企业82058家,2018年1—8月新增9811家。其中,新增注册资本金5000万元以上401家,1亿元以上120家。目前全区培育了160家上市文化创意企业(含新三板)。

---

① 朝阳文创实验区再升级7个文创园[N].新京报,2017-09-12(A07).

2018年1—7月，文化创意产业实现区级财政收入60.65亿元，同比增长7.9%。

第三节 区域文化消费影响因素

一、区域文化政策因素

文化政策是指国家、政党为特定的任务在文化方面规定的行动准则，是路线、方针的具体化。[①] 文化政策在很大程度上表明了政府对待某一文化产业或文化产品的积极或消极态度。一般而言，文化产业具有文化属性和商品属性。多数的文化产品是为大众进行文化消费而生产的产品，具有明显的"商品属性"。这就决定了它们是可以通过市场进行交换，并且获得经济效益，产生经济收入。

同时，文化产品还承载着社会价值诉求、教化理想、审美判断等精神内容，涉及国家的意识形态安全，因此文化产品还具有"意识形态属性"。文化产品的"意识形态属性"则决定了文化消费管理具有很强的政治性和政策性。因此，政府在管理文化消费产品时，必然会对其意识形态属性高度重视，会有步骤地规划文化消费市场的发展蓝图，引领文化消费的发展方向。

（一）区域文化政策是政府关注文化生产的重要内容

在我国，政策作为中国特色社会主义发展的重要指导，在社会经济发展中具有举足轻重的地位。在文化领域，政府也是扮演

[①] 聂小勇."文化政策"与"文化法律"概念的比较分析——兼论党和政府对文化宏观管理主要手段的异同[J].艺术评论，2012.

着裁判的角色,通过制定或提出鼓励文化产业和公共事业发展的相关制度或意见,引导某些产业向更快、更好的方向发展。

我国的文化政策是伴随着整个文化事业的发展而逐渐变化的,从1998年开始,文化政策逐渐进入活跃期,经过了近20年的发展,现阶段的文化政策更加灵活,对市场的引导性也越来越强。特别是党的十六大报告中明确了文化事业和文化产业的主体地位。党的十七大提出要迅速壮大我国文化产业发展,明确了文化产业在国民经济中的比例要迅速提高。党的十七届六中全会则以专题会议的形式研究了我国文化大发展、大繁荣的若干问题。

党的十七届六中全会后,国家提出了深化文化体制改革,推动社会主义文化大发展、大繁荣的相关内容,各省市自治区、各部门各单位都以各种方式贯彻学习精神。十八大以来,党中央对文化强国建设提出了更高的要求,将文化自信写入政府工作报告,体现了对文化发展的大力支持。各地区纷纷响应国家号召,制定了本地区的文化产业发展五年规划,并对每个阶段的目标提出了定量和定性的要求。在这样的背景下,各级部门对文化产业有了更加清晰的认识,各地的文化产业园区如雨后春笋,扶持文化企业的政策纷纷出台,形成了全国发展文化产业的大好形势,为文化消费提供了重要的政策支持。

(二)文化政策是文化资本的风向标

近年来,随着文化产业的崛起,从中央到地方政府都为文化产业的融资发挥了重要的作用。在过去的一段时间内,我国文化产业的发展对政府的依赖性较强,也从政府层面获得了较多的资本支持和鼓励。十八大以后,民营资本已经陆续登场,慢慢在文化市场中占据了主宰地位,各地政府也开始多方面地拓宽文化产业的融资渠道，研究适应本地区的文化政策，通过多种渠道和手段鼓励民资资本以独资或合资、参股、特许经营等方式进入文化领域。正是得益于民间资本的大力进入，民间的文化产业发展才如火如荼。

例如，越来越多的资本开始看好文化产业这一领域，资本市场的热钱逐渐涌入文化市场，特别是以万达集团、恒大集团等传统房地产企业进军文化旅游业为代表的资本开始角逐，体现了市场对文化产业的期望。例如，早在 2009 年 6 月，上海便成立了全国首家文化产权交易所。2009 年 11 月，深圳也成立了文化产权交易所，目的是要打造全球的文化产权交易平台。数据显示，2012 年到 2016 年，我国文化产业基金支数和募集规模呈现总体上涨趋势，文化产业投资基金总规模已破千亿元。[①] 大量文化产业基金的成立吸引了大量的社会资本进入，为文化产业的发展提供了足量的资本支持（见图 3-1）。

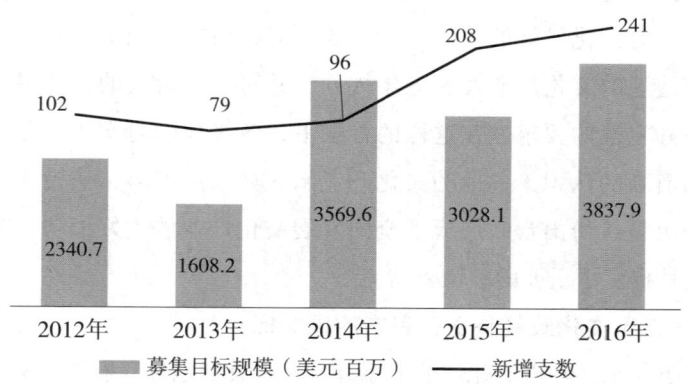

图 3-1　2012—2016 年文化产业基金支数及募集规模变化情况图[②]

[①] 成琪. 政府牵头文化产业投资基金纷纷成立 四大问题突出 [EB/OL]. (2017-10-13) [2018-08-09]. https://www.sohu.com/a/197921570_160257.
[②] 同上.

(三)文化政策加速了区域文化市场的形成

区域文化产业政策为该区域的文化产业从业者提供了重要指南,不仅仅表明了当地政府发展文化产业的决心和信心,更是在一定程度上加速了该区域文化市场的形成。

文化企业具有轻资产的特点,不会像其他具有实体资产的企业一样能够迅速扩张,它们需要通过多年的人才和智力资源的积累才能达到企业实力的增强。然而,区域的文化政策的制定,可以利用政策的资源配置功能,吸引市场的众多资源集聚,从而达到使企业迅速转型升级的作用。例如,文化企业在政策因素的影响下可以在资本市场上通过并购或联合的方式,将优质资源进行吸收,从而提升文化企业在市场的产业集中度,扩大领军企业的集中度,增强企业的品牌知名度和影响力。[①] 同时,在政策的鼓励下,文化企业还可以通过股权转让、资产剥离等方式,以获得资金融通,从而实现文化资源的战略性配置。同时,将部分闲置资产分离出来,提高企业资产质量和资本运作效率,最终带动文化企业整体发展,推动文化产业结构的优化升级。

(四)文化政策为文化消费者营造良好的消费氛围

政府出台文化产业的政策,不仅仅能够助推文化企业的发展,还为消费者营造了良好的文化消费氛围。众所周知,近些年大众的消费水平逐渐提高,从温饱到小康的过程中出现了人民群众对更高美好生活的需求。

党的十九大以来,国家提出了文化自信,表明了党和国家对满足文化需求的信心。纵观我国文化产业的各个领域,电影票房逐渐增加,更有甚者,一部电影竟然获得数十亿元的票房。

---

① 王爽,刘赫.刍议资本市场对文化产业发展的作用[J].时代金融,2012(33).

电视剧产品逐渐增加，已经成为全球最大的电视剧生产国。动画产量逐年翻倍，远远超过世界第二大动画生产国日本。越来越多的人开始走出国门，去领略世界各地的文化遗产，感受不同民族的风土人情。这些都表明，我国已经逐渐成为文化大国，民众对文化产品的需求带动了各个市场的崛起，大众进行文化消费正在成为日常生活中必不可少的重要内容，文化消费的氛围逐渐在形成。

二、区域经济因素

根据发达国家的经验，当一国或地区的人均 GDP 在 1000 美元以内时，人们的主要需求还是基本的物质需求。当人均 GDP 达到 1000—3000 美元时，人们的需求便进入了物质消费和精神文化消费双重需求并重的阶段，并且更加注重精神需求。早在 2006 年，我国的人均 GDP 就已经进入 2000 美元阶段。2017 年，统计局报告称中国人均 GDP 达 8836 美元，人民群众已经具备了相当程度的消费能力，为文化消费提供了巨大的经济基础。

（一）基本生活需求是一切消费的基础

根据马斯洛需求层次理论可知，人们将需求分为五种，像阶梯一样逐级递升，分别为生理上的需求，安全上的需求，情感和归属的需求，尊重的需求，自我实现的需求。正是在这样的规律下，人们的生活在解决了温饱的情况下才会向更高的需求进行递进式的发展。

在一般情况下，马斯洛需求层次理论对现实生活具有指导意义。在我国，东、中、西经济发展不平衡不充分的现象一直存在，其不仅仅影响着不同区域居民的经济生活水平，同时还对不同区域的文化消费有着重要的影响。众所周知，东部沿海城市是改革开放最早受益的一批城市，经过40年的发展，在经济上取得了丰硕的成果。中部的一些城市紧跟其后，秉承改革开放的理念，也逐渐积累了足够的财富，这些区域的居民基本已经达到小康水平。但是，一些中西部城市相对东部的城市而言，经济发展水平较弱，居民的生活水平距离小康水平还有些距离，有的甚至处在贫困线以下。例如，在东部沿海的深圳，居民的人均 GDP 达到 2.71 万美元，远超全国的人均收入。而处于西部的一些小县城或者山区，人均 GDP 远远低于国内人均水平，甚至在贫困线以下。两个地域的居民有着截然不同的消费能力和消费需求，后者或许连看电视、听广播这种最基本的公共文化服务都难以获取。

（二）区域经济发展和居民的收入水平是文化消费多样性选择的重要内容

一个区域经济发展的好坏直接决定了该地区文化消费的水平和文化产品多样性的选择。发展水平较好的区域，居民的收入较高，可获取文化产品的能力越强，对文化产品的选择越多。反之，则越少。

例如，北京的文化产品丰富，公共文化服务设施齐全，24小时书店、国家图书馆、故宫博物院以及电影院、剧院等内容丰富，设施齐全，居民可以随时查找自己喜欢的文化消费产品进行消费。然而，中西部的一些经济相对较落后的城市，其公共文化设施不够齐全，文化产品也不够丰富，严重制约了居民的文化消费。

所以，区域经济的发展水平决定了该区域文化产品的多样性和公共文化服务的多样化。同时，居民收入水平决定了个人自主选择消费文化产品的多样性。

（三）区域经济发展和居民的收入水平是实现跨区域和跨民族文化消费的重要基础

进入 21 世纪，中国成为世界第二大经济体，越来越多的人走出国门，体验世界不同的风土人情。经济水平不仅仅为大众提供了跨文化和跨区域进行文化消费的能力，也对中国人的审美水平有了很大的提升，越来越多的中国人走出国门到世界各国体验丰富多彩的民族文化。在区域经济发展和居民收入水平提升的情况下，世界性的文化消费成为现实。

三、区域教育发展水平差异

教育水平决定着一个地区居民文化素质的高低，居民的文化素质是衡量当地文化消费的重要因素。因为，不同文化素质的人在进行文化消费时，能体现不同的消费倾向和层次。研究表明，文化素养高的人群更倾向于消费高雅的文化内容，文化素质低的人更喜欢通俗的文化产品。

文化消费能力是消费行为的重要因素，其不仅仅受到收入水平、文化产品质量、文化基础设施等要素的影响，同时还与消费者个人的文化素质、闲暇时间、文化产品价格等因素相关联。

一般意义上来说，文化消费能力与消费者的经济实力相关，主要与消费者的文化素质、欣赏水平、闲暇时间等因素成正比。文化消费能力在一定程度上会限定一定地域文化产业发展的规模和利润的获取，即文化消费能力的提高能够拉动文化消费需求增加，促进文化产业发展。

随着中国义务教育的普及，大众逐渐成为有知识、有文化的广大群体，在这样的基础之上，解决了基本的温饱问题之后，便对文化产生了广泛的需求。但是，现阶段数量有限的文化艺术创造无法满足大众日益增长的文化消费需求。现代科技传媒技术的快速发展，使文化产品的工业化复制和全球传播成为可能。同时，在政策制度护航下，文化市场的供需双方建立了沟通和联系的渠道，在文化市场中供需双方一方面通过市场化运作获取经济效益，另一方面也承担着相应的文化传播任务。

如表3-2所示，受教育程度与人均可支配收入呈正向相关，同样，消费方面支出的费用越高，文化消费也相应越高。这也说明了经济生活水平的高低直接影响着文化消费的水平，变相来看，文化消费对于文化产业的拉动作用也极为明显。

表3-2 2011年不同受教育程度的城镇居民文化消费状况

受教育程度	可支配收入（元/人）	消费支出（元/人）	文化消费（元/人）	文化消费占消费支出的比重（%）	文化娱乐服务占文化消费的比重（%）
初中以下	16980	11510	650	5.6	57.4
高中或中专	20797	14515	1008	6.9	58.6
大学专科	25641	18229	1497	8.2	59.9
大学本科	30496	21293	1882	8.8	60.8
研究生	42096	29096	2690	9.2	59.7

资料来源：根据2011年城镇住户调查资料计算得出。

当今社会，人们的物质性文化生活水平逐渐提高，居民的消费需求呈现出全方位、多层次、深度化的发展态势；消费领域不断扩大，消费内容日渐丰富，消费质量呈现不断提升的态势。一方面，现代网络技术，尤其是三网融合技术的发展，为居民的文化消费提供了越来越多的技术性支撑，如3D、4D、5D、全息投影等。信息技术的发展不仅对文化产业发展形成拉动作用，也催生出新型的文化产业业态，促使开发商和运营商为给文化消费者提供新的感官体验而不断创新文化产业业态。另一方面，文化水平的差异对于文化素质的培养影响巨大。随着消费者文化素质、欣赏水平的提高，每个人文化消费的支出有着巨大的差别。由此看来，消费者文化素养以及欣赏水平的培养能够直接拉动文化消费升级，也能够间接地推动文化产业的发展。

四、区域文化产业及公共文化服务的发展水平决定文化消费水平

文化产业与公共文化服务相辅相成，构成该区域居民进行文化消费的针对性内容。

公共文化服务是指以政府为主导的公共部门所提供的公益性的能够满足公共文化需求的内容。通过搭建基础性的服务设施与平台，提供公共文化的服务以及产品，构建完善的公共文化服务体系，保障国民基本文化权益，广泛享有文化成果，实现利用公共文化服务的提供普惠大众，满足社会精神文化需求。

文化产业作为意识形态的重要体现，兼具社会属性与经济属性，具有营利性、排他性与经济效益优先等特点。它可以通过提供文化产品和服务的生产、流通、消费，一方面满足人民精神文化需求，另一方面获得经济效益。

一个区域的文化产业发展水平决定了该区域能够为民众提供的文化产品的多少和质量的高低。一个区域公共文化服务水平较高，便能够提升当地民众的文化审美，营造良好的文化消费氛围。

公共文化服务不仅仅是当地政府为大众提供的免费的文化消费服务，更重要的是其能够培育文化土壤和消费人群，鼓励大众不断地参与文化活动，从而让大众将文化消费培养成生活中必不可缺的习惯，提升文化产品的社会价值。

与此同时，文化产业发展越好，对公共文化服务的提升也会起到非常重要的带动作用。[①] 文化产品越丰富，类别越清晰，品种越来越多样化，可直接决定这个区域文化消费可以呈现出的性质以及消费方式、水平，同时可以为公共文化服务提供的支撑性内容就会越多，也越能带动公共文化服务的提升。社会提供的文化产品越丰富，人民大众的文化消费水平才能越高。

一个区域的文化产业和公共文化服务水平达到一定程度时，便会形成政府提供的普及大众的文化产品和社会提供的体现个人消费需求的文化产品并存的局面，不同层面的社会人群根据个人的受教育水平、收入水平以及喜好去消费不同的文化产品，逐渐让文化消费成为大众生活中不可或缺的"必需品"。

第四节　新型城镇化背景下的城乡文化建设路径

一、新型城镇化的内涵

"新型城镇化"是相对于"城镇化"而言的，主要是在城镇化实现的过程中其内涵、目标以及方式和内容方面有所差别。所谓

[①] 李剑欣，张占平. 中国文化消费区域差异研究 [M]. 北京：中国社会科学出版社，2016.

新型城镇化，是以民生、可持续发展和质量为内涵，以追求平等、幸福、转型、绿色、健康和集约为核心目标，以求实现地域的和谐一体、产业化升级、低碳转型、生态文明以及集约高效、制度改革和体制创新为重点内容的崭新的城镇化过程。[①]

总体上而言，新型城镇化主要有以下三个方面。

第一，重在城乡统筹方面。过去，城镇化主要是追求城市的扩张，政策方面向城市倾斜，在农村方面考虑较少，以至于出现了部分省市地区为了城市发展前景，不惜破坏农村的耕地和环境，导致了城市的过度扩张和乡村的衰败。新型城镇化在这些方面更加注意，充分体现了党中央提出的"五位一体"的发展理念，更加注重城乡统筹，更加注重城乡要素的合理分配，更加注重环境和人文的重塑，力求形成以工促农、以城带乡、工农互惠、城乡一体的新型工农、城乡关系。

第二，着眼于为农民服务，积极搭建起城乡一体化的公共文化服务体系。新型城镇化主要是改变固有的为了城镇化而城镇化的思维，强化和落实区域政府在公共文化服务方面的责任和主体地位，建立起涵盖农村的公共文化服务体系，着力提升城镇化过程中农村农民的生活品质。

第三，突出以人为本。新型城镇化最主要的是解决"人"的问题，要让城市里的人和乡村里的人都过得更好，不仅仅为大家创造良好的生活环境，更重要的是让大家活得更有尊严。最终实现城市里有生态，乡村里有乡愁。以人为本，更重要的是实现"人的无差别发展"，实现城市财政支出和公共产品提供对所有居民无差别、全覆盖。

---

① 卜希霆，齐骥. 新型城镇化的文化路径 [J]. 现代传播，2013（7）.

二、新型城镇化过程中城乡发展现状

2016年，我国城镇人口已经超过7.9亿，城镇化率达到57.35%，上升较快。政府在新型城镇化进程中扮演着非常重要的角色，出台的一系列优惠政策对于新型城镇化发展起到一定程度的助推作用，但与此同时，发展中的矛盾与问题也逐渐凸显出来。主要有以下几个方面。

（一）乡村正在加速消失

在过去的近40年里，我国人口增长迅速，城市区域建设面积增加了近4倍。在2005年到2009年的4年间，就有越来越多的乡村被城市占领，全国乡村以平均每年减少7000多个村委会的速度消失着，按照这个比例来看，平均每天就有将近20个乡村消失。现阶段，乡村的很多劳动力外出打工，人口外溢的效应非常明显，这些人在推动社会经济发展的同时，也造成了农业经济劳动力短缺的现象，一系列连锁反应接踵而至。

（二）城市发展摊大饼现象严重

城镇化发展的速度之快让人难以想象，越来越多的人从农村转移到城市，而城市发展的急速扩张也就毋庸置疑，城市资源的承载能力和环境的容纳力，都受到了严峻的挑战。北京人口截至2018年已经突破2300万，交通极度拥堵、环境污染、水资源匮乏等"大城市病"的问题，让北京不堪重负。越来越多的人开始加入"蓝天保卫战"中，政府不得不出台越来越多的政策限制人口、车辆的增长，确保城市有可持续发展的潜力。

北京或许只是城镇化发展过程中摊大饼发展的案例之一，上海、广州、深圳等城市也出现了不同程度的无边界发展现象，其在二、三线城市更是普遍。

（三）城乡收入差距增大，社会矛盾突出

改革开放40年，中国已经成为世界第二大经济体，居民的生活水平在良好的经济发展状况下变得越来越好。但是，地区之间、城乡之间的收入差距在逐步增大，社会矛盾也在凸显。

第一，区域差距明显。改革开放初期，由于东部沿海具有开放性，且经济发展基础良好，城乡居民的收入远高于中西部地区，整体迅速发展起来。中西部地区经济活跃度较低，产业发展后劲儿不足，乡村空心化严重。

第二，城乡居民收入日渐拉大。纵观乡村世界，除了面朝黄土背朝天的农作物种植，几乎没有其他的产业可开发，辛苦一年来种植的作物除去各种成本，剩余的价值很少。越来越多的乡村群众走进城市，利用农闲时节打工赚钱。但是，农民工在城市中却遭遇尴尬的境遇，在收入、消费及社会保障方面无法真正融入城市。这让越来越多的城市人和乡村人界限明显，既得利益者和未得利益者有了矛盾和冲突，"仇富"的社会现象越发普遍。

（四）民族文化面临丧失的危机

由于工业化和城市化步伐的加快，生产、生活方式的改变，都市外来文化的冲击等，当前少数民族村落的民族民间文化面临的冲击、失传甚至消亡的危机已触目惊心。随着青年人迁出，民族凝聚力逐渐涣散，民族文化保护、传承的主体人群正逐渐流失。

三、新型城镇化背景下乡村文化建设的困境

在新型城镇化背景下，越来越多的人群离开乡村，走进城镇，

乡村面临着空心化和老龄化，留下来的村民面临着无文化生活的窘迫。深入乡村，走进社会的最基层，是搞好文化消费调查研究的重要环节。两年前，中国传媒大学文化发展研究院确定了乡村经济文化的调查样本和实践基地——河北保定易县的新东古县村，经过两年的跟踪调研，我们对于这个乡村的发展状况有了基本的认识。

深入乡村，走进社会的最基层，是搞好文化产业调查研究的重要环节。新东古县村有140户，约530人。1958年易水湖开发成为移民村，百姓多年来一直靠吃国家返销粮生活，改革开放后，村子开始转型。目前，新东古县村面临着土地面积制约（人均三分地）和土地贫瘠的双重压力，农业发展面临瓶颈。毗邻本村的易水湖作为国家二级水源地，由于对外承包而基本无法带动村子经济的发展。这个村庄主要的经济来源是务农、外出打工两个渠道。在中国，类似境况的村落成千上万。以新东古县村作为样本，透视、解剖在中国仍具代表性的乡村社会，如果能为此类乡村的发展探索出一些有益经验，我想这样的田野调查就是有意义的。笔者归纳起来主要有以下几个方面。

（一）乡村基础设施制约着当地居民的文化消费需求

随着中国经济的快速发展，社会主义文化的产品内容和形式不断涌现，特别是互联网的普及，让农村跨过了有线网络阶段，直接走入无限互联的时代。即使这些给乡村文化带来了巨大的冲击，也改变不了乡村中传统的文化消费结构和形式，大家对文化建设的需求更加高涨，对文化设施的建设有了更迫切的需求。

通过调查发现，在新东古县村，基本的公共文化设施较少，只有一个文化书屋，且基本没有人去阅读。大约有70%的村民认为自己乡村的文化建设非常有必要,但是他们对于文化建设的期待并非是像文化书屋这种"摆设",而是真正能够帮助农民获取信息、了解外界新事物、获得文化娱乐等的文化设施,目前的乡村文化建设并不能够使村民的文化消费需求完全满足。

(二)乡村教育严重缺失,严重制约村民的整体文化素质

在新东古县村,许多家庭的青壮年外出打工,留下妇女儿童,空巢成为普遍现象。乡村教育缺失成为亟待解决的社会问题。村里孩子上学的人数少,因此村里小学被撤销,孩子们去很远的地方上小学、中学,义务教育的完整性和连贯性都无法保证,九年制义务教育国策在实施过程中大打折扣。孩子们跟随母亲或者老人生活,家庭关爱部分缺失,家庭教育更难以指望。当城市的孩子能接受完整的义务教育,同时还能拥有优越的非学历教育和素质教育时,乡村的教育体系还未健全。试想,这样一群缺失父母关爱,又没有完整教育资源保障,在偏僻乡村生长的孩子,其成人之后是否具备足够的文化素养?是否能适应时代和社会的发展?当他们成为国家、社会的中坚力量后,对中国社会意味着什么?乡村教育不应成为乡村建设的短板和软肋,因为孩子才是乡村未来的希望。

我们对于教育的关注不应该仅停留在教育投入占 GDP 的比重是多少,还应该更深入地关注中国当下的教育体系是否适应中国的发展,现有教育体系下培养的接班人是否足以支撑"中国梦"的实现,以及如何改善现有教育资源投入的不平衡,尤其是乡村教育的缺失。

(三)乡村公共文化服务缺失

在初冬寒冷的新东古县村,一些农家妇女在自家门前摆出音响,跳着城里风靡的广场舞。寂静的山村里出现这样的场面,让人不得不叹服,广场舞的魅力无人可挡。起初跳舞的只有三五个人,我们的加入让气氛顿时变得热烈起来。留守在家的妇女们对文化活动有着深切的渴望,村里就从乡里给她们请来了舞蹈老师。妇女们学习的热情非常高涨。村里没有合适的场地,她们就在自家房前跳。而村里的农家书屋却关着门上着锁,无人问津。农家书屋受冷落,问题还是在于其所提供的书没有满足村民的需求。广播电视村村通解决了村民看电视听广播的需求,但村民对节目也有更高的要求。在乡村的经济发展中,村民们在物质生活上越来越富裕,他们对精神文化生活也越来越渴望。但是,乡村的文化消费仍在"沉睡"。要改变这一状况,乡村的公共文化服务需要落地,需要切合实际,需要创造更多贴合乡村、受村民欢迎的文化产品和文化服务形式。

四、新型城镇化背景下的城乡文化发展诉求

新型城镇化要求的不仅是乡村居民走进城市,更重要的是乡村风俗和文化的保护与开发,乡村居民文化素质的提升与文化消费水平的提高。文化是千百年以来推动中国可持续发展的不竭动力,更是现在以及未来发展的灵魂,也是推动乡村重新振兴的精神力量。

(一)传承千百年文化传统

千百年来,中国这片土地上有着太多美丽动人的故事和传说,有的以文字的形式被写到了书本上,有的以雕刻的形式刻在石碑上,但更多的是以口口相传的形式代代流传。在新型城镇化背景

下,乡村面临着搬迁或者推倒就地重建的问题,一些具有代表性的古村落也在这样的过程中消失,一些石碑也被彻底地埋藏在地下。更有甚者,随着一些文化传承人年龄的增大,其手艺渐渐失传。

乡村发展面临着将自古流传下来的民族传统文化遗产传承的任务。政府在注重硬件建设的过程中关注文化建设或许是现阶段乡村最重要的文化诉求。

(二)提升乡村文化审美水平

笔者在调研山东某新型城镇的过程中发现,有大批的村庄被就地拆除,取而代之的是高高的楼房,村民被安排迁入了这些新居。一排排的楼房漂亮又美观,但是再看看楼道里,仍旧有人养着鸡、鸭、鹅,楼的下面是很多村民用支起来的木柴火炉在烧水,浓浓的黑烟在整个楼间弥漫。

乡村就地城镇化或许是很多地方的选择之一,这不仅能够让许多村庄合并成社区,更能够节省出很多的土地,用于其他产业的发展。然而,村民虽然在硬件上步入了城镇化,但他们的文化审美、行为习惯都还远远落后于新型城镇化对城乡居民的要求。

(三)发展乡村产业

如何利用乡村优势发展本地产业成为现阶段乡村城镇化面临的重要课题。资源作为一个地区最重要的发展起源,有些乡村便可借此紧抓机遇,利用山水田园等自然风光以及流传至今的民俗文化,打造具有本地特色的文化乡村旅游产业,为乡村的发展提供一条可行之路的同时,也为本地居民的文化消费提升空间。

第五节　新型城镇化过程中的乡村文化建设路径

一、以多种形式加强乡村文化教育，提升广大居民的文化意识

现阶段，广大乡村的居民受教育水平较低，文化素养相对于城市而言有很大的差距。在现行教育水平下，如何提升居民的文化素质，进而运用到乡村文化的提升中，这是现阶段重要的课题，也是解决乡村文化建设的重要探索。在这方面，已经有一些地区进行了很好的实践，其利用当地特色资源，充分挖掘创意内涵，不仅让当地居民的文化素质有了提升，而且还形成了强烈的文化共识。

我国台湾地区著名的桃米村是非常好的案例，它让我们看到了现行教育体制下，还有另类的文化融入式教育的熏陶方法。桃米村本来就是一个自然和生态俱佳的美丽山村，距离日月潭只有几千米远，在没有进行文化建设之前，它与世界上其他的普通村落一样，乡村青年大量外流，整个村落都是老人和小孩，受教育水平较低。

后来，非政府组织（NGO）"新故乡文教基金会"进驻该村，基金会希望与桃米村深入合作，从而达到乡村振兴。他们首先致力于当地村民思想观念的改变，通过教育村民，从而改变他们的观念，最后带领大家进行实践，达到预期的目标。基金会通过招聘志愿者驻村与村民沟通交流，邀请大学教授晚上为村民讲授创意文化方面的课程，课程涉及不同类型的科目，让这些从未受过教育或者脱离学校很多年的村民重新找回了学习的状态，在旅游

解说、民俗的管理与经营、植物的栽培等方面有了新的认识。这些以学习为出发点的新兴社群，形成村落内部社会新的动力来源，让他们可以彼此分享资源，互助合作。经过多日的教授和交流，更多的村民在思想上进行了解放，大家看到了生态环境和创意设计不仅能够让家园变得美丽，而且还能创造经济效益。

二、加强乡村文化认知，传承乡村文脉

进入21世纪以来，乡村经济建设乏力，人才流失，对文化建设重视度不够，传统文化逐渐消失，乡村的文化认知度逐渐下降，越来越多的人缺乏文化归属感，乡村文化的共同体观念淡薄。因此，加强乡村文化认知，传承乡村文脉是重要的路径之一。

例如，坐落在武陵山北麓的彭家寨，古称"凉亭桥"，隶属于湖北省恩施土家族苗族自治州宣恩县。彭家寨在新型城镇化的过程中首先整体规划，进而分步骤地进行文化传承工程，不仅延续了土家文化的外在建筑，更继承了土家文化的精神内涵。

彭家寨主要有土家歌和手工艺等形式的非物质文化遗产。村落为了保护这些珍贵的传统文化风俗，组建了专业的演出团，定期组织民间艺人和土家族的培训班互相学习切磋，达到了传承文化的作用。同时，当地政府为传承民族文化提供了各种各样宽松的环境。比如，彭家寨充分利用民族特有的西兰卡普、土家刺绣等编织技术，将民族文化资源转化为产业资源，获得了丰富的经济利润。通过这种保护性开发和开发性的保护，土家族的文字通过不同形式传承了下来，许多具有民间特色的文艺表演形式如草把龙、三棒鼓、花锣鼓等也开始逐渐复苏。

三、营造生态宜居美好环境

广大乡村与城市最大的差别之一就是其环境卫生相对较差,直接影响了村民的生活质量。因此,进行乡村治理的重要内容就是改善乡村的生态和生活卫生环境,把农村建设得比城市更美好、更宜居。

例如,河南省信阳市的郝堂村作为新型城镇背景下乡村振兴的典型案例,为乡村建设提供了可借鉴的经验。郝堂村在进行新农村建设之前,像豫南的很多村庄一样,全村各个地方垃圾成堆,河里沟里垃圾遍布,一到夏天蚊子苍蝇满天飞,这种脏、乱、差的环境在广大乡村地区比比皆是。在郝堂村启动"郝堂·茶人家"项目建设之后,郝堂村的志愿者和村干部开始着手解决环境问题,主要从以下几个方面进行。

第一,解放思想,加强教育。郝堂村的干部和志愿者挨家挨户地宣传垃圾分类方法,并且鼓励小学生先做表率,以此来影响家长,解决部分群众对垃圾分类抵触的情绪。

第二,完善基础设施,增加垃圾存储设备。郝堂村通过集中购置垃圾桶,为每户发放了简易的垃圾存储设备。同时,修建了垃圾回收池,让生活垃圾有地方回收。

第三,进行厕所革命。郝堂村在全村进行"厕所革命",改变曾经的露天厕所,为村民设计了漂亮和舒适的厕所,培育村民好的生活方式和行为习惯。

第四,保护古建筑和设施。郝堂村对全村的古井和古树以及古建筑进行修复和保护,增加全村人的文化认同感。

第五,建设水生态涵养设施。为了改良水和土壤,郝堂村建设了2000多亩的紫云英，不仅可以为土地解毒，而且还能够修复土壤，为开展有机农业做准备。

现在的郝堂村不仅成为"河南省可持续发展实验区"，而且被住建部列入全国第一批12个"美丽宜居村庄示范"名单。

四、建设村史馆，让根文化回归

要留得住乡愁，必定要有能够让居民记忆的东西。在这方面，城市有城市的规划馆，而农村更应该有自己的村史馆，让祖祖辈辈都能够有记忆，有归属感。日本的合掌村非常值得我们学习和借鉴。

日本岐阜县合掌村素有"森林与溪流之国"美称，这里的房屋大约有300多年的历史，建筑风格很有特色。古代村民为了防止积雪压塌房屋，于是将屋顶都设计成60°左右的急斜面，形状犹如双手合掌，村落也因此而得名。

合掌村在文化遗产的保护和传承方面做得非常好，被称为日本的美丽乡村。这里沿袭着传统村落最古老的合作方式，村里谁盖房或有重大的事情，全村的人都会来一起帮忙。在1995年召开的世界教科文组织第19届会议上，这里被评为"世界文化遗产"。在这样的背景下，当地为合掌村建立了村史馆，力图留住乡村的文化和记忆，邀请了世界著名的设计公司进行了顶层设计和规划，特别是针对空闲的屋子进行了景观设计，从院落的布局到室内的展示，都着力还原古老农业生产和生活的内容，使其成为具有特色的民间民俗博物馆。同时，对整个村落进行了整体的设计，以期让其成为一个大型的历史博物馆。设计者为合掌村每座房屋前后都栽种了不同类型的植物，将其装饰得十分美丽。同时，房屋的建筑与日本的园林设计相结合，整个村庄就像是一个精心设计的花园，瀑布、水车、小溪、汀步、竹林、景石、花坛、座椅等穿插在其中。

五、创意点亮乡村，助力产业发展

乡村在建设过程中往往缺失产业的支撑，而使村庄的经济比较落后。意识到此问题后，有很多村庄已经用实践证明，用创意是可以让美丽乡村与创意产业结合并取得可观的经济效益的。

例如，我国台湾地区的溪头妖怪村就借助"妖怪"这一传说发展了文化创意产业，而且取得了一定的效果。在传统意义上，妖怪被认为是不好的象征。但是，利用这个词语却能够吸引大众，特别是年轻人的注意。

妖怪村通过创意化的设计，对其进行了"KUSO（有'恶搞'之意）搞怪萌"的个性化的定位。在进行定位的基础上，村落将妖怪文化和形象进行了深入挖掘，并将其运用到传统的特色小吃、文化礼品的经营与开发上。

1. 创意小吃产业

妖怪村在开发创意小吃的过程中，特别注意用料。将村头有名的草本植物咬人猫和玉米、三文鱼等食物相结合，获得了大众的喜爱。同时，设计师特别注重造型的设计，推出了橙色和黑色各半的妖怪冰激凌。还涉及了妖怪系列产品等内容。

2. 伴手礼产品

文化伴手礼同样具有妖怪文化韵味，如妖怪雨伞、神木桶奶酥饼等。

3. 文化旅馆产业

KUSO 文化旅馆更是妖怪村里最重要的产业,其直接用"枯麻馆"与"八豆馆"(枯麻和八豆在当地传说中分别是一只黑熊和一只云豹)来进行命名。旅馆内的床、电视机、杯子、墙壁、浴室全由枯麻、八豆或萌化的妖怪形象构筑,体现着浓厚的 KUSO 定位。

第四章　文化消费主体及影响消费因素研究

第一节　文化消费的年龄差异

一般来说，各个消费群体之间的消费价值观念、消费方式、消费喜好及消费行为均存在较大差异。尤其是消费群体的消费行为对这个群体中的任何一个个体来说，都发挥着或多好少的影响与制约作用。消费群体的划分方式有很多种，以年龄作为指标对消费者群体进行分类，文化消费对象大致可以分为0—14岁的少年儿童群体，15—34岁的青年群体，35—60岁的中年群体和60岁以上的老年群体。[①]需要说明的是，由于国家发展情况、社会因素、学科研究背景、文化圈等的不同，少年儿童群体、青年群体、中年群体及老年群体的界定是随着经济和社会文化环境不断变化的。本书对年龄群体的界定是结合中国

---

① 分类依据：根据中国国家统计局标准，15—34岁年龄的群体界定为青年群体；根据中华人民共和国政府对老年人的规定，老年人指的是60周岁以上的人群（《中华人民共和国老年人权益保障法》第二条规定："本法所称老年人是指60周岁以上的公民"）。

实情，依据中国国家统计局标准及中华人民共和国政府相关规定而做出的分类。为了更好地描述四类群体具体的文化消费特征，本节将更侧重于"60后""70后""80后""90后"群体之间消费差异的比较。

一、少年儿童群体文化消费特征

少年儿童消费者群体是指年龄处于0—14岁的消费者组成的群体。我国儿童和青少年人口众多，特别是受全面放开二胎政策的影响，少年儿童文化消费近年迎来爆发式增长，儿童文化产业迅速发展。在我国的家庭消费支出中，儿童消费占了很大一部分，尤其是"80后""90后"父母，在孩子身上的投入越来越多。尽管在衣物、餐饮等基本生活必需品上的消费比重有所下降，但是在儿童培训、儿童休闲等文化消费方面投入的比重有所上升。从幼儿早教产品、陪伴型机器人、玩具和互动娱乐产品、儿童读物（绘本）、儿童戏剧，到儿童乐园、儿童职业体验、少儿艺术教育，无论是文化产品还是文化服务，其种类和形态都越来越丰富，并逐渐发展成为文化消费市场的重要组成部分。

（一）消费观念与消费心理

1. 从依赖消费走向独立消费

学龄前，儿童的消费需求主要集中于生理方面的需求，很大程度上依赖于父母。随着外界环境因素的不断变化及年龄的不断增长，他们的需求也完成了从本能性需求到社会性需求的转变。这时的儿童基本上是文化产品的消费者，如益智类玩具、迪士尼服装、早教图书、学龄前动画DVD等，都是由父母为其直接购买,他们很少充当购买者;学龄期儿童消费群体的购买意识逐渐增强,表现出一些影响父母购买决策的行为,甚至他们自己也极可能发生直接购买行为,例如购买书皮、作业本、拼图等简单的文化产品。相对于学龄前阶段来说,这个阶段的购买行为正在由完全依赖型向半依赖型转化;少年期儿童的自尊心和被尊重意识逐渐增强,他们更加倾向于独立性消费,企图摆脱父母干涉,发生独立决策及购买行为。

2. 从模仿消费走向个性消费

天真活泼、充满好奇是所有少年儿童的天性,也正是由于这种天性的存在,他们的消费观念及消费心理极易受到眼花缭乱的广告营销以及周边同龄人的影响,表现出模仿性消费心理。但这种心理并不是一成不变的,随着他们生理与心理的成熟和生活阅历的加深,少年儿童的兴趣爱好逐渐产生,消费幻想相对减少,消费意识更加强烈,消费经验越加丰富,消费动机与现实条件也有了一定的吻合性,目标也逐渐明确,尤其表现在他们对文化产品有了一定的初步判断、分析与决策的能力。在少年儿童性格形成的关键阶段,个性化消费追求与倾向越加明显。

3. 从不稳定消费走向较稳定消费

心理学家曾将少年儿童的消费心理归结为攀比心理、从众心理、盲目心理、喜新厌旧心理和易受刺激心理 5 种。仔细研究不难发现,情绪化消费是这类群体消费区别于其他年龄阶段群体消费的显著特点,主要表现在他们对某些文化产品的态度常常处于感情支配下,时而喜欢,时而不喜欢,且这种易变化的消费心理在学龄前儿童中表现得更为明显。从学龄前到幼儿期,再到少年期,随着少年儿童与学校、社会、集体接触机会的不断增多,他们的情绪控制力也得到了一定的锻炼,消费情绪也逐渐从不稳定走向较为稳定。

(二)消费行为与消费方式

"游戏控""潮范儿""二次元"等一系列标签代表了少年儿童这一群体所崇尚的消费文化,体现了该群体的偏好特征。在文化消费的内容方面,他们更关注时尚、个性、富有创意的文化产品和高品质的文化服务。同时,他们也更乐于接受新的消费场景;在文化消费的业态方面,他们是动漫和游戏产品的主流消费群体,也是数字创意产业、电子竞技产业、互动娱乐产业及其他文化产业新兴业态发展的重要推动力量;在文化消费的载体方面,网络和新媒体是少年儿童进行文化消费、参与文化生活的主要平台。未来,随着消费能力的不断增强,"00后"将逐渐成为推动新业态发展和消费方式不断更新升级的主力军。

1. 价格意识不强,消费行为易冲动

少年儿童的文化消费资金一般来源于父母和亲戚朋友,由于不作为资金的承担者,他们普遍缺乏一定的价格意识,这主要表现在其对特定文化产品的定价漠不关心也一无所知。通常情况下,产品的外观和功能是他们决定购买某类文化产品的主要影响因素,而价格因素的影响力显得微乎其微。根据一项关于儿童购买电视机所关心因素的调查显示,当儿童被问及,"如果你准备购买一台新的电视机,你最关心的因素是什么?"仅有30%的儿童表示期望了解价格,而大部分的儿童还是认为功能是他们首先要了解的重要因素。随着中国社会物质生活条件的逐步丰裕,当代许多少年儿童不必为生活必需品而担心,同时也造成他们不可能产生较强烈的价格意识。

2. 自控能力差，消费行为易受外界影响

少年儿童的心智不成熟，缺乏主见，因此他们自主选择文化产品的可能性较低。大多数消费观念和消费动机都是在参照他人的消费行为、模仿他人的消费方式的基础上产生的，这在很大程度上是由他们好奇心旺盛、模仿能力强造成的。心理学家研究表明：家长、教师、同学、朋友及广告商是儿童文化消费的主要影响者。首先，家长是儿童文化消费最早也是最主要的影响者。幼儿时期，家长对儿童开始有了早期教育，儿童有意识或无意识地观察家长的消费实践，从而潜移默化地学习到一些简单的消费行为。其次，同学和朋友是除父母外儿童生活中主要接触的人群，是一种重要的人际关系。同学和朋友不但对儿童的性格、人格产生重要影响，也同样影响着他们的消费认知和消费情绪。再次，广告商出于营利目的，他们针对儿童所展开的宣传极具针对性，无论是声音画面还是人物形象，都选取儿童所熟知和喜欢的，无不强烈地吸引着儿童，刺激着他们的消费欲望。

3. 好奇心强，消费行为易受感情动机影响

冲动性消费、情绪化消费和不稳定性消费是少年儿童文化消费的主要表现形式。追求特立独行、好胜心强、胜负欲旺是儿童产生消费行为的主要成因。例如铅笔上悬挂的吊坠，裤子上的夸张装饰，零食里赠送的小卡片，玩具外表的喷漆图案，都可能激发儿童强烈的兴趣爱好和消费欲望。也正因为如此，不同于一般类文化产品，针对儿童开发的文化产品通常都有着奇特精美的外观造型和丰富多彩的功能样式，极大地迎合着他们好奇、好胜、好新的心理特点。

4. 消费偏好明显，娱乐文化产品消费比重大

"游戏控""潮范儿""二次元"等一系列标签代表了少年儿童这一群体所崇尚的消费文化，这是由他们的生理特点和心理特点所决定的。爱玩是所有孩子的天性，这符合他们本身的身心发展规律。纵观市场，儿童游戏、儿童玩具、儿童服装、儿童读物、儿童手表、儿童游乐场等一直都是市场上炙手可热的"爆品"，相对于儿童生活必需品，它们在娱乐文化产品中所占的消费比重明显遥遥领先。娱乐消费俨然变成了商家的"必争之地"，创造出经久不衰的消费市场。

5. 消费方式新颖，手机支付成为主流

移动互联网的普及在给儿童生活和教育带来便利、快捷的同时，也在深刻地影响着他们的社会认知态度和社会交往方式。根据社会科学文献出版社出版的《中国移动互联网发展报告（2016）》[①]显示：2015年在对我国10个省市和地区的少年儿童使用手机状况的调查显示，少年儿童手机拥有率超过60%。参与调查的少年儿童平均一个月在手机和上网方面的花费约为74.22元，而他们每周的零花钱约为41.51元。以此推算，少年儿童在手机和上网方面的支出约占月均总体支出的44.70%。与此同时，少年儿童因移动支付所造成的社会热点话题层出不穷。例如，上海的13岁小女孩在两个月内通过《全民K歌》APP打赏一男主播25万元；浙江丽水的一个孩子让主播为其代玩游戏，一个月内花掉3万多元等。由此可见，针对少年儿童的移动支付教育刻不容缓。

---

① 人民网研究院.少年儿童近6成拥有手机手机消费接近零花钱的45% [EB/OL]. (2016-07-04) [2018-05-15].http://it.people.com.cn/n1/2016/0704/c1009-28523072.html.

6. 文化消费类型多元，市场潜力大

根据国际儿童产业的分类标准，儿童消费类型主要包括以下五类。[①] 一是呈现实物形态的文化教育产品；二是呈现虚拟形态的文化服务和娱乐服务；三是文化性和娱乐性的设施或材料；四是文化性和娱乐性的活动；五是针对儿童开发的信息和网络技术。

第一，以儿童图书为例。童书市场的迅猛增长已是多年来的一个常态。根据北京开卷信息技术有限公司发布的《2017年中国图书零售市场报告》显示，"2017年中国图书零售市场总规模达803.2亿元，童书门类占图书零售市场的码洋比达24.64%，贡献高达1/3的销售额"。[②] 第二，以儿童电视节目为例。无论是幼儿期还是少年期的儿童都容易被电视吸引，它同样是孩子们重要的启蒙教师。以中央电视台少儿频道为龙头，金鹰卡通、北京卡酷动画卫视等地方频道都登上了少儿节目这个平台，较具代表性的少儿节目有《大风车》《智慧树》《芝麻开门》《饭没了秀》以及近几年大热的《爸爸去哪儿》《一年级》《中国新声代》《放开我北鼻》等。第三，以儿童游乐园和儿童玩具为例。近些年来，室内儿童乐园发展尤为迅速。走进大大小小的商场或购物中心，总能看到或大或小的儿童乐园活动区，汇集淘气堡、电动玩具、儿童驾校、奇幻森林、酷炫飞车、惊险斗牛等游乐项目。室内儿童主题乐园一方面能吸引年轻父母带孩子逛商场，让他们增加到商场的次数和驻留时间；另一方面，带孩子玩累后，他们多留在商场吃饭，还可以促进餐饮店铺等的消费。第四，以动漫产品为例。动漫产

---

① 郭蕊.中西儿童文化产业对比[EB/OL].(2011-11-09)[2018-05-15]. https://wenku.baidu.com/view/5262a5096c85ec3a87c2c552.html.

② 2017中国的图书零售市场[N].人民日报海外版，2018-01-26.

业是文化产业的重要行业之一,它的主要消费对象也是少年儿童,而由此开发出来的动漫衍生品有着非常巨大的市场容量。国产动漫《大闹天宫》《喜羊羊和灰太狼》《熊出没》以及英国动画片《小猪佩奇》等的卡通形象以及衍生品受到了孩子们的喜欢,在市场上的表现力值得关注。

二、青年群体文化消费特征

青年消费者群体是指年龄处于 15—34 岁之间的消费者组成的群体,以"80后""90后"为主要代表。处于少年向中年过渡的关键阶段,青年消费者群体已经具备了较强的自主意识和独立购买的能力,且人口众多,成为整个文化消费市场中的中坚力量。主要表现在他们对文化产品的消费能力强,消费比重大,消费贡献突出。

(一)消费观念与消费心理

1. 追求个性,表现时尚

青年群体作为消费群体的主力军,是商家企业的主要争夺目标之一。思维活跃、表现自我、争强好胜、标新立异、追求新鲜刺激是青年消费者的典型心理特征。处于这一阶段的消费者,其消费动机已不仅仅停留在对物质生活的满足上,更多地在于对精神生活的追求;不仅仅停留在对实用性的满足上,更多地在于对个性自我的表达。因此,在文化产品的消费心理上,他们越加追求新颖时尚;在文化产品的消费观念上,他们期望自己走在潮流前沿,引领当下消费动向;在文化产品的购买选择上,他们越加追求差异化产品和个性化定制服务,以在活动中充分表现不一样的自我。因此，青年消费者群体通常是商家企业推出新产品或服务的尝试者和推广者。

2. 追求实用，表现成熟

相对于少年儿童消费者群体来说，青年消费者随着其生活阅历的加深，文化水准的提升，支付和购买能力的增强，文化消费倾向也逐渐变得稳定和成熟。这主要表现在他们不单单追求产品或服务的时尚新颖，其实用性和经济性同样成为他们在购买一件文化产品时重要的考量因素。因此，在实际的消费实践中，青年消费者群体很少发生冲动性消费和盲目性消费，他们往往会利用手机、电脑等工具广泛搜集信息并进行充分的比对，力求文化产品和服务的货真价实和物美价廉。

3. 注重情感，冲动性强

尽管相较于少年儿童群体来说，这一群体的心智发展已较为成熟。但实际上，他们的思想、阅历、个性并没有达到彻底的成熟，热情爽朗，冲动性强，情绪波动较大。总体上来说，青年消费者群体的冲动性消费概率明显多于计划性消费，文化产品的款式、颜色、流行元素等直观外表是他们产生消费动机的第一影响因素。与此同时，他们的喜新厌旧心理反映在实际消费活动中表现为对某些文化产品时而喜欢，时而厌恶，并极可能将其长期闲置，造成资金和资源的浪费，这也是冲动购买的一种表现。

4. 超前消费，"月光族"普遍

追求名牌和高品质生活，以纯粹的休闲享乐为目的，使用分期付款或预支等形式购买当前收入水平和收入能力无法满足的所需文化产品或文化服务，这就是所谓"超前消费"。这一消费现象在青年群体中体现得最为突出。在"好面子""摆阔气""讲排场"

等炫耀性心理的驱使下,购买高档产品成为青年消费者群体表现成功、声望与尊贵的象征。一方面,这是由青年群体争强好胜的心理所决定的;另一方面,这是由于家长对子女过分宠溺,在资金上极度纵容造成的。然而,这种炫耀性消费和超前消费并不是值得提倡的消费文化。

(二)消费行为与消费方式

青年消费者群体多数采取部分自付、部分依靠家庭经济的方式从事文化消费活动。非理性消费、过度娱乐化消费、盲目西方化消费是目前青年消费者群体文化消费行为的主要特征,移动支付是青年消费者群体进行文化消费的主要消费方式。

1. 非理性的网络文化消费

在"情绪价值"优于"机能价值"的时代,对于绝大部分青年消费者群体来说,价格绝不是衡量文化产品的首要条件及唯一标准。根据中国互联网信息中心的一项调查显示,青年消费者群体进行网络文化消费主要分为直接和间接两种。直接消费表现为以网上购物的形式进行的网络文化消费,间接消费表现为为满足某种精神文化需求而购买相关设备。然而,无论是直接网络文化消费还是间接网络文化消费,青年消费者群体都存在着非理性消费的趋向。在直接消费上,为追求某些新颖的服饰、产品和艺术作品,青年消费者经常忽视个人实际的收入水平,在无现金流通的互联网虚拟环境中,采取"借贷""透支"等方式进行购买。"蚂蚁花呗""京东白条"等互联网信贷产品正是由于积极迎合了青年消费者心理而受到市场的极大欢迎;在间接消费上,青年消费者群体的非理性消费行为主要表现为对电子产品更新换代的热烈追捧上,不惜高价购买最新款娱乐电子设备。

2. 文化消费盲目西化

全球化包括富有潜意识形态的文化全球化。[①] 随着通信贸易服务的不断发达，青年消费者群体已不再满足于消费本国文化产品，而逐渐青睐西方发达国家的文化内容。崇洋媚外、跟风潮流造成了他们文化消费的盲目西化。在服饰美化上，"韩流""日流"等文化盛行，越来越多的青年消费者群体热衷于追求韩国、日本、欧洲等国家和地区年轻人的服饰打扮，模仿其穿衣风格，购买同款化妆品，而本国美妆和服饰品牌却遭遇"寒流"；在言语培训上，越来越多的青年人逐渐加大了对英语、日语、意大利语、德语等的重视，却对本国语言、古诗词及传统文化逐渐忽视；在艺术作品上，他们更喜欢观看美国好莱坞大片，却对中国武术、中国舞蹈、中国戏曲等优秀艺术门类一无所知；在餐饮习惯上，他们追求富有异国情调的如红酒、意大利面、牛排、日料、韩餐等饮食文化产品，而逐渐遗忘本国特色饮食文化。

3. 娱乐性文化消费突出

除了以学习知识、锻炼技能为目的而进行的文化消费外，青年消费者群体同样追求以娱乐消遣为目的的精神文化需求，且相较于前者，热情活泼、富有幻想的青年人倾向于投入更多时间和精力到多元化、通俗化、愉悦化的娱乐性消费中，主要表现在他们对动漫游戏、影视作品、电子娱乐等文化产品的消费热情较高，并已成为其主流和核心的消费群体。正如《人民日报》一篇文章所描述的，"精神生活正被现实社会喧嚣浮泛的消费刺激摧毁。阅读被视听替代，经典被流行覆盖，审美被娱乐冲淡，思考被狂欢

[①] 张晓立. 美国文化变迁探索[M]. 北京：光明日报出版社，2010：187—213.

置换"①。当下，休闲娱乐消费对于青年消费者群体来说，是压力释放和消遣娱乐的重要手段，是一种难得的精神食粮，而那些致力于培养艺术情操、提升文化素养、帮助学习文化知识的一般类产品已不再是他们热衷的消费对象。

4. 移动支付成为主流

微信支付、支付宝扫码、人脸识别，出门不带钱包正在成为当代青年消费者群体的生活常态。国际上将出生在1982—2000年的一代人称为"千禧一代"，而中国的"千禧一代"几乎和互联网、计算机等技术的出现时期完全吻合，俨然已成为当下经济发展的主力军。根据2017年1月4日支付宝发布的《2016年中国人全民账单》显示，"80后"和"90后"已经成为消费的主流力量，已有4.5亿实名用户使用支付宝，71%的支付笔数发生在移动端。其中，"80后"人均支付金额超过12万元，"90后"使用移动支付的人群比例高达91%。②由此可见，20—35岁的青年消费者群体对当今的移动支付贡献着极大热情，已成为该支付类型的消费主流，并很可能影响中国未来十年的经济格局。

三、中年群体文化消费特征

中年消费者群体是指年龄处于35—60岁的消费者组成的群体，以"60后""70后"为主要代表。进入这一年龄阶段的人群，生活和工作都趋于稳定。与青年消费者群体最大的不同是，他们

---

① 吴文科.为文化娱乐三辩[N].人民日报，2010-10-14(24).
② 支付宝发布2016中国全民账单90后成移动支付主流人群[N].北京青年报，2017-01-05.

在实际的消费实践中更加注重文化产品的实用性和价格因素，冲动消费和非理性消费行为较少，大多数属于保守性、稳定性消费，因此在消费活动中主要充当"决策人"的角色。一方面，中年消费者群体是家庭中最具话语权的一代，将直接掌控家庭文化消费的判断、决策与支出；另一方面，他们也同时掌控着下一代年轻子女及上一代老年人的文化消费决策和购买权利。

（一）消费观念与消费心理

出于全体家庭成员的需要，中年消费者群体的消费倾向较为务实，其消费对象既包括日常生活中的家庭用品、饮食等，又包括满足个人、子女及父母生活的必需品，例如服饰、文具、老年代步车等。总体来说，他们对文化产品的性能价值需求远远大于情感价值需求。

1. 理智性强，冲动性小

中年消费者心智成熟，生活阅历广泛，消费经验丰富。与此同时，他们往往肩负着更大的责任，面临的问题也更加复杂：需要考虑家庭关系的维系，肩负起家庭长远发展的责任，满足家庭日趋复杂的需求，解决子女结婚生子的人生大事，考虑父母的养老及身后之事，压力的增大迫使他们必须储备一定的资金以备不时之需。如此一来，他们更加注重文化产品和服务效用与价格的统一，很少出现情绪化消费，基本上受理智的支配。从消费欲望的产生，到消费动机的形成，再到消费行为的进行，往往都经过了他们反复的分析、对比与判断，理智性强。

2. 计划性强，盲目性小

中年消费者群体正处于青年和老年之间的关键阶段，是家庭成员中经济的最主要承担者。虽然大部分中年人都掌握着家中的

"财政大权",但由于肩负着赡老育幼的重任,他们大多数都奉行着"量入为出"的原则,实施计划性消费,即根据家庭的实际收入状况和支出比例,在进行购车、购房等重大决策前,制订近期的开支计划和即将实施的购买计划。长久以来,中年消费者群体也就习惯了精打细算的生活,养成了勤俭持家的消费习惯,很少出现即兴消费和突击性消费现象。

3. 注重传统,创新性小

处于"四十而不惑""五十而知天命"的重要成熟阶段,中年消费者群体身上不再有诸如追求个性、特立独行、情绪冲动等代表青年消费者群体消费特征的标签。这主要表现在他们对文化产品和服务的选择不再追求个性化,反而力求大众化,以和周边同龄人保持一致,从而免受异样的眼光。例如,在选择服装时,中年人宁愿牺牲一部分自己的爱好倾向,购买一些符合同龄人大众审美的服饰产品,也不愿意因为追求时髦,而让周围人感到自己的不稳重。与此同时,作为家庭中子女们的榜样,他们以身作则,在文化产品的消费上追求传统文化元素,以充分体现自身涵养。

(二)消费行为与消费方式

中年消费者的消费行为以理智动机为指导,即从所处社会地位和家庭实际情况出发进行消费,比较注意计划开支,讲求经济实用、质优价廉,能更多地考虑家中其他人的需要。中年男性愿意把较多的收入用于自己的事业与爱好的需要方面,中年女性在穿着上不想有过多的花费,而总想将结余存入银行。在具体消费行为与消费方式上,可以总结为以下四点。

1. 购买动机上,注重附加值

对于高收入的中年消费者群体来说,产品的实用性已不再是他们的唯一追求，诸如能否彰显身份地位、个人审美等产品背后的附加值才是他们在购买动机产生时主要考虑的因素。以手机为例。对于部分支付能力相对有限的中年群体来说，基本通信功能是否具备，产品耐用与否，价格是否合理，是其购买时手机需要考虑的因素。然后，中年群体中的高收入人群在购买手机时则多会选择"苹果""三星"等价格相对昂贵的产品，以此作为他们身份和地位的代表。这种注重产品附加值的现象不仅体现在购买电子产品上，中年消费者群体在购买其他文化产品时，其也同样发生。

2. 地点选择上，在乎购买成本

中年消费者群体在产生购买行为时大多会考虑购买地点，因为地点与成本息息相关，不同地区的超市产品价格及类型大不相同，甚至同一地区的超市及便利店之间也存在较大差异。先前消费经验、消费习惯、消费能力、家庭及个人消费倾向、消费产品类型等因素都会影响中年人进行消费地点的选择与判断。因此在购买一般类产品时，中年消费者为追求便利习惯于"舍远求近"，比如小区门口的便利店如果可以满足需求，哪怕其产品价格高于大型超市，产品种类相对匮乏，但是为了节省交通成本和时间成本，他们还是会选择在便利店完成消费。

3. 购买目标上，价格至上

高收入中年消费者群体较关注产品的附加值，而对于收入处于中低水平的中年消费者来说，价格才是他们需要考虑的重要因素。在发生实际消费行为前，他们首先就要考量产品的价格与其功能、质量和品牌等是否匹配；其次才关心产品背后的诸如售后、运输、服务、保修等因素。在他们看来，只有物美价廉才能称得上是好产品、好服务，力求以最低的价格购入最好的文化商品。

因此，一旦商家进行产品促销活动，收入处于中低水平的中年群体将是其消费的主力军，为了满足内心的"求廉"心理，他们无论家中是否需要都会购买，以备不时之需。当天猫"618"和"双十一"来临之时，他们更是展现出强大的购买能力。

4. 购买方式上，网购为主

根据一项全球性的互联网调查结果显示，在所有的人群中，最倾向于发生网购行为的是中年消费者群体。分析认为，中年人的收入普遍较高，工作又比较忙碌，因此更容易通过网购的方式购买所需商品。实际上在全球所有国家和地区中，35—44岁的网民发生网购行为的概率都远远高于16—24岁和55—64岁的网民。从职业结构来看，35—44岁的网民绝大部分是文化知识水平较高的白领阶层和家庭主妇；白领阶层在消费方式上追求快捷方便，家庭主妇在消费动机上追求"物美价廉"，网上购物的方便性与快捷性恰好迎合了他们的消费需求。

四、老年群体文化消费特征

老年消费者群体是指年龄在60周岁以上的消费者组成的群体。根据国家统计局相关的数据显示，"2016年，我国60周岁及以上人口数量有2.3亿，占总人口的16.7%。预测到2030年，中国60岁及以上的老年人数量将达到3.7亿，占总人口约25.5%"。到2050年，老年人口数量将达4.8亿，占总人口的34.1%。[①] 面对人口数量逐年增大的老年群体，有专家学者估计，老年文化消费

---

① 2017中国老年消费习惯白皮书 [EB/OL]. (2018-01-23) [2018-05-15]. https://www.sohu.com/a/218458994_194423.

将成为未来几年消费的巨大蓝海。

（一）消费观念与消费心理

按照国际惯例，当一个国家或地区 60 周岁以上的人口数量占总人口的比例达到 10% 时，是步入老龄化社会的标志。从目前我国老龄人口数量来看，我国已步入中度老龄化社会。随着中国老龄化人口数量的不断增长，健康与康养产业迸发出巨大的需求潜力。

1. 求实性

由于南北地区的地域差异和城市、农村之间的贫富差距，老年人的生活习惯和消费方式各不相同。然而求实心态却普遍符合大部分老年消费者的消费心理。老年消费者群体往往注重产品的经济适用性、物美价廉性、方便操作性、健康有利性、质量可靠性和安全舒适性，而对产品的款式、颜色等外观无过多苛刻要求。求实性表现在实际的消费实践中，一方面是对产品售后服务的关注，能够方便快捷地解决使用过程中的问题才能缓解消费的后顾之忧；另一方面是对价格的关注，物美价廉且功能强大是他们的首选。

2. 习惯性

步入老年阶段的消费群体，他们的学习能力和适应新事物的能力都在逐渐衰退，习惯于延续几十年的稳定消费爱好与消费习惯，其生理和心理基础在于怀旧。主要表现在他们一旦信赖某种品牌、产品或服务，就很可能建立长期的忠诚度。因此，国内老字号品牌与商店的主要消费人群都为老年人，而这些老字号产品无论是口味、功能，还是款式、包装都很少发生改变，目的也是迎合老年人对这种传统产品的情有独钟。在实际生活中，有很多老年人不顾腿脚不便和路途遥远，都要克服困难赶往自己所熟悉和信赖的商店购买所需的产品。由此可见,这种在长期的消费活动中形成的消费态度、消费倾向和消费习惯一旦形成,很难轻易被改变。

3. 方便性

由于老年人的精力和体力随着年龄的增长都在下降,因此他们的消费心理完全不同于其他年龄段的消费群体,这种特殊性体现在衣、食、住、行的方方面面。在服饰上,老年消费者群体更加喜爱宽松、舒适、大方且易穿脱的服饰;在饮食上,他们更加喜欢粥类、豆类、奶类等清淡、营养价值高且制作方便简单的食品;在日用品上,他们需要一些像助听器、花镜、温度计、拐杖等小型且方便的商品;在出行上,为避免路途的奔波,他们会表现出和中年人一样的"舍远求近"来满足消费需求。

4. 自我性与利他性

通常情况,老年消费者群体的消费观念分为自我性消费和利他性消费两大类。利他性消费主要发生在老年人子女独立性较弱的家庭中,老年人不得不拿出自己的积蓄以保证和满足子女们的正常生活需求;自我性消费主要发生在老年人子女独立性较强的家庭中,老年人不再对子女承担经济义务,而可以使用资金实现自己的消费欲望。老年消费者群体的自我性消费主要表现又分为以下两类:一是情趣性消费,例如经常购买报纸及老年杂志,积极参与社会活动;二是保健性消费,例如购买保健产品、保健器械等对自身健康有利的产品或服务。

(二)消费行为与消费方式

据有关专家和学者预计,"银发经济"将是中国未来几年经济增长的重要引擎。随着"有钱又有闲"的老年人数量增多,他们俨然成为所有群体中拥有财富最高的一类。富裕人群步入老龄化阶段是我国老龄产业的最大红利，老龄产业的"黄金时代"指日可待。根据相关数据显示，目前我国老年相关产业规模已经超过2.8万亿元，预计在2021年其总体市场规模将达到5.7万亿元。[①]

1. 消费产品价格，追求物美价廉

老年消费者群体是中国经济腾飞的历史见证者，年龄较大的老人都经历过吃糠咽菜的苦涩，是从饥寒交迫的苦难年代走过来的。因此，他们在现时生活中的购买和使用行为都表现得极为节俭，充分发扬勤俭节约这一中华民族的传统美德。在饮食上，他们讲究要粗茶淡饭，不追求铺张浪费；在服饰上，他们讲究要"新三年，旧三年，缝缝补补又三年"，购买新衣服时追求质量上乘和物美价廉。他们不但在自己的消费行为中注重价格因素，也通常会要求自己的子女在消费时注重产品和服务的价格，倡导他们择廉选购。

2. 消费产品类别，呈现老龄化特征

随着生理功能的逐渐衰退，老年人对老年类产品的需求大大增加，主要包括以下几类：一是保健类食品和用品。当受到周边人推荐某种对健康有利的保健食品和用品时，他们会不惜代价进行购买。正是因为老年消费者群体对健康的追求和消费需求的存在，不少黑心商家趁机而入，保健品市场一片混乱，虚假诱骗现象时有发生。二是功能性产品或器械。花镜、助听器、血压计、体温计等小巧而实用的器械都是老年消费者群体在日常生活中的必需品；三是爱好类产品或服务。随着需求结构的变化，他们在

[①] 萧筱. 银发经济市场报告：2021年产业规模可达5.7万亿，将成为消费升级的新蓝海[EB/OL]. (2019-05-30) [2019-07-03]. https://www.iimedia.cn/c460/64611.html.

穿着和使用上不再追求奢侈品消费，但对于满足兴趣和嗜好的产品和服务，其消费支出比例明显增加。例如老年旅游、老年合唱队、老年广场舞等。

3. 消费产品动机，补偿性消费

当个人或家庭条件较为优越时，为了弥补旧时岁月里某些方面的遗憾和不足而产生的消费行为，称为补偿性消费，这是一种纯粹的心理性消费。老年消费者群体生活在当今时代，不必再为生计奔波，也不必再为抚养子女而备感压力。因此，他们会试图利用自己多余的积蓄实现过去因金钱限制而无法完成的愿望，这是对旧时岁月的追忆，也是对内心不平衡的一种修饰。老年人热衷于美容美发、注重穿着打扮、进行健身娱乐、购买营养食品、进行旅游观光等行为，很大程度上都是源于这种补偿性消费动机。

4. 消费产品方式，多元化呈现

在消费地点选择上，商场和便利店是老年消费者群体进行消费的主要场所。商场的环境和服务存在较大优势，自动扶梯、空调设施、舒适的休息座椅、周到的工作服务、热情的导购咨询等都十分适合体力和精力相对有限的老年人在此消费，且消费的产品质量和售后服务能够得到一定的保障。而便利店由于一般与家相距较近，也受到老年群体的欢迎。在消费方式的选择上，随着国内经济的快速发展，老年人的消费观念也正在潜移默化地发生改变。除了传统的"面对面"消费外，他们对新颖的消费方式也有了一定的接纳能力，电视直销和电话购物已经成为部分老年消费者群体所选择的消费方式。

5. 消费陪伴对象，同龄人为主

平日里年轻人往往忙于工作和子女的抚养，无法长时间地陪伴老人，而大多数老年人却都害怕孤独与寂寞，因此在进行购物时习惯于和老伴或同龄人结伴而行。一方面，由于年龄相仿，他们之间有更多共同话题，在进行产品或服务的挑选时，能够彼此为对方提供参考建议或出谋划策；另一方面是由于审美爱好的一致性。一般说来，年轻人与老年人的审美存在一定的"鸿沟"。老年人往往有着相似的审美倾向和兴趣爱好，很容易一拍即合产生共鸣，从而迸发消费动机，刺激一定的消费行为。

第二节 文化消费的性别差异

性别是消费者形成自我概念的一个相当重要的组成部分，人们往往遵从他们的文化对于某一性别应该如何行为的期望。男女天然的性别属性决定了两者在文化消费偏好上的显著差异，不同性别的人在消费观念与消费心理、消费行为与消费方式等方面存在着明显的不同。简言之，性别的差异决定了男女在社会学、心理学以及思维模式等多方面的不同。总的来说，女性因其"感性"的性别特征比男性从事文化消费活动的消费黏性更强。不同性别的人在认知、思维等方面的不同，表现在对文化产品的认知和需要上也不同，进而在文化消费上也存在差异。

一、男性群体文化消费特征

男性群体相较女性群体更加理性，其一般处于消费被动状态，即在产生需求时才进行消费，男性群体更多地是将消费当作一种手段，一件必须完成的工作。男性在进行消费时决策和购买行为迅速、果断，消费目的明确，消费动机一旦形成，马上就能促成消费行为。在文化消费方面，男性群体富有购买力，注重文化消费品质，重视产品的整体效果，对产品结构与功能的了解优于女性。与此同时，虽然男性在文化消费频率方面低于女性，但男性群体对于新文化产品及服务的接受更为积极主动，男性群体的文化消费观念正在发生改变。文化消费领域的扩张，文化消费方式的创新，使男性的文化消费成为一个潜力巨大的市场。

（一）消费观念与消费心理

随着社会经济的发展，男性对于美感及生活品质的要求越来越高，男性群体的需求层次随之提高，对文化消费的重视程度不断提升，新一代男性消费者的消费观念与消费心理正在发生改变。

1. 理性消费占主导，感情色彩较淡薄

男性在处理问题时善于控制自己的情绪，能够较冷静地权衡各种利弊，以大局出发，慎重做出决定。一般来说，男性消费者的理性消费远超情绪性消费，计划性消费远超冲动性消费。男性较之于女性，一般具有更强的自尊心和独立性，这一特征直接影响着男性群体在消费过程中的心理活动。为树立自身独立自主的形象，男性消费者在消费活动中，迅速确定自己的消费动机及产生购买行为，即使面临多种其他因素的干扰，也能够果断应对，迅速做出决策。在消费社会崛起的今天，男性的社会角色越来越多元化，与此同时，男性的多重社会角色又与女性的不同，具有某种叠加性和重合性，因而男性在消费过程中受到的干扰因素更少，这使男性的消费动机更加简单与直接。男性消费者情感色彩较淡薄，情绪波动较小。在消费活动中，男性群体心境的变化一般不如女性强烈，不太容易产生联想、幻想等行为，他们往往多着眼于现实。

2. 关注商品的功能和实用性

男性消费群体的消费行为更多倾向于理性消费，受到商品外观、消费环境及同伴的影响较小，男性消费群体在消费过程中更加注重商品的整体质量和使用效果，较少关注细节等内容。男性消费者在消费上追求方便快捷，较少花费大量时间和精力在信息搜寻与产品比价上，只要需求产生，他们往往愿意付出更多的金钱去获得产品或服务，受各种促销手段影响较小。在没有特别的情感因素的驱动时，他们往往更关注商品功能与实用性。

3. 重视身份象征与自我表达

男性群体重视消费的文化内涵，追求消费背后的身份象征。男性对于消费要求自己不仅要知其然，即为什么要消费，更要知其所以然，即消费到底能够带来什么实际的效用。因而男性消费群体对于产品的功能以及与之相匹配的价值内涵与文化更加在意，换言之，附着在品牌和产品上的价值更能打动男性消费者。男性群体在理性消费的同时也倾向于进行炫耀性消费。男性常常将消费当作是自己经济实力和身份地位的象征，这种表达能够给予其自身一种成就感与满足感。因此，对于男性来说，他们往往更加在乎消费活动中自身"势力"表达的机会和感受，而不是消费动机本身或消费结果。

（二）消费行为与消费方式

按照社会角色理论的观点，男女在消费行为中的差异主要受到其对自身角色感知的影响，女性喜欢获得他人的认同，男性则更主观、独立和以自我为中心，因而男性群体在消费活动中一般都具有较强的理智和自信。调查指出，在消费行为与消费方式上，男性与女性之间存在着明显的差异。男性消费往往更注重实用性与便利性，女性消费则更注重在整个过程中的消费体验；男性在消费频次上不如女性，但消费黏性强于女性；男性倾向于网络消费，且偏好超前消费。

1. 目的明确，决策果断、迅速

男性消费者在消费时往往具有明确的目标，能够果断做出决策，将消费愿望立即转化为行动。男性消费者在消费时更加理智与自信，在消费决策上敢于冒险，富有主见，消费的独立性更强。一般来说，男性消费者习惯直接前往产品所在的特定位置，不愿花费大量的时间与精力寻找；他们有着明确的购买需要，其购物行为多数是为了解决问题，追求效率。相较于女性群体在消费过程中会尽可能在不同种类的商品中精挑细选，万众选一，男性消费者们总是力求在最短的时间内买到自己最需要的东西。

2. 消费频次低，消费忠诚度高

男性消费者一般都有清楚的消费目标，对欲望的控制力较强，相比易于情绪化消费与冲动消费的女性而言，男性消费者在消费频次上明显低于女性。受被动的消费动机的影响，男性消费者多在必要需求产生时才会进行消费，且为节省各项成本，男性消费者很少花费时间与精力在产品的筛选与比价上，因而其消费忠诚度较高。换言之，男性消费者对品牌的认知度整体上明显高于女性。男性一旦关注一个品牌，其对该品牌产品持续购买的年限和忠诚度远超于女性。

3. 网络消费占比大，倾向于超前消费

随着经济实力的不断攀升、社交面的不断扩展，男性的价

值观也不断被重新定义，男性对赋予自身个性价值的敏感度不断增加，消费需求蠢蠢欲动。电子商务的高效率和便捷性唤起了男性的消费欲望，信息消费时代进一步推动了男性消费。在现实消费环境下，男性受传统消费思维的影响或羞于讨价还价和探讨产品细节，网络消费的隐秘性减少了男性消费者在这方面的顾虑。网络消费环境的自由性、匿名性培养了男性消费者新的消费行为，越来越多的男性消费群体在网络消费过程中呈现出更耐心、更关注细节、对价格更敏感的特点，更加注重购物的主观感受。网络消费金融的异军突起进一步助长了男性消费。与女性相比，男性更爱超前消费。根据互联网金融头部企业借贷宝 2017 年发布的《双十一消费借贷大数据》报告显示，在消费借贷中，男性占比高达 65%，女性仅为 35%。[1] 卡卡贷发布的超前消费人群大数据显示，男性超前消费比例高达 72.8%。[2] 网络消费可以分期支付的特点降低了消费门槛，很大程度上刺激了消费需求。男性之所以更加倾向于选择网络借贷等互联网金融手段，一方面在于网络借贷消费的高效性与便捷性能够及时解决资金需求；另一方面，男性比女性更胆大，更容易接受借款消费的理念。在网络消费金融的刺激下，男性越来越多地使用消费金融产品以满足自己对高质量物质和生活的追求，尤其对于经济实力还比较薄弱的年轻男性，便捷的网络金融为其超前消费创造了条件。

---

[1] 朱斌. "他经济"真的就不如"她经济"？——被忽视的男性消费 [EB/OL]. (2017-12-13) [2018-04-11]. http://www.p5w.net/weyt/201712/t20171212_2043092.htm.

[2] 卡卡贷发布超前消费人群大数据，揭秘"剁手党"特征 [EB/OL]. (2017-02-09) [2018-04-11]. http://www.xinhuanet.com/itown/2017-02/09/c_136044068.htm.

二、女性群体文化消费特征

随着社会的发展,女性无论是在社会还是在家庭,地位都有显著的提高,并受到各阶层的重视。现在,女性已经成为消费市场上的主力军,而且正在日益成为影响中国消费市场消费观念的生力军。大消费时代,随着女性精致度、生命力和行动力的显著提升,女性消费形态将面临全新的转型升级,生存型消费以外的享受型、发展型、个性化消费,也将迎来更广阔的发展空间。随着互联网的发展,我国女性文化消费市场迅速进入繁荣期,女性在电影、旅游、健身、阅读、摄影等文化产业领域的消费呈现出明显的增长,以女性文化消费为引领的新消费力量正在形成。

(一)消费观念与消费心理

女性的性别特征和经济地位使她们表现出了与男性不同的消费观念与消费心理。女性越来越注重精神消费。在工作之余,很多女性会报名参加舞蹈、音乐、瑜伽健身等兴趣班,越来越多的女性会选择电影、展览、现场演出等文化娱乐方式来充实自己的生活。当代女性的社会地位和经济地位不断提升,女性社交圈已从家庭逐渐向外延伸,女性在社会交往上表现出与外界沟通与交流的需求和渴望。体现在消费上,便是女性对于消费的自我意识逐渐增强,强调消费体验,消费愿望强烈,消费动机丰富。

1. 情绪化消费明显,强调消费体验

首先,相较于男性消费由理性消费占据主导地位,女性消费更多地属于情绪化消费。女性常被称为是天生的情感动物,在消费活动中往往带有强烈的情感,情绪化倾向明显。女性消费群体的个人主观色彩强烈,关心产品所包含的情感意义且愿意花费时

间在产品之间的比价上,甚至有时会脱离商品的工具价值或使用价值。其次,相较于男性消费者更注重实用性与便利性,女性消费者则更注重在整个过程中的消费体验。女性在消费中更在意商品的外观,追求消费的视觉享受与心理冲击,强调消费的体验感受。女性对于消费享受的关心,促使她们在消费中表现得较男性更加开放与进取,消费愿望更加强烈。在文化消费领域,女性对于文化产品的选择具有重视娱乐消费性目的高于信息咨询目的,情感交流多于理性思维的倾向。

2. 追求个性,注重商品符号价值

女性天生更善于表达并乐于传播,特别是在互联网时代下,自我表达的自由性与信息传播的方便性,极大地释放了女性追求自我的需求,并体现了女性消费碎片化和注重参与感等特点。女性在过去的消费活动中更多地是扮演着接受者的角色,如看电影、听音乐等,是作为完全的消费者。随着唱吧、直播等社交媒体软件的兴起,如今的女性消费者在文化消费上已逐渐转变身份为参与者与内容生产者。在社交新媒体时代,女性消费者更倾向于利用网络,根据自我的兴趣爱好、身份地位和自我标签等来选择自己的社交圈,从而形成社群。在社群圈层中,女性往往比男性扮演着更为积极的角色。目前,随着居民物质生活水平的提高,人们对于精神需求的追求更为强烈,文化娱乐逐渐成为一种消费强需求。对女性消费者而言,天性情感更为敏感细腻的她们更渴望通过文化的富足来体现其个性、情感和社会归属感。有调查显示,目前电视剧女性受众比例已超过60%,且这一数字仍在增长。热播的电视剧《北京女子图鉴》《三生三世十里桃花》《欢乐颂》等都是以女性视角出发,其主要观众和粉丝也为女性。目前,女性观众越来越成为内容产业关注的对象，女性越来越成为众多行业的主力消费人群。中国电视剧、电影行业近年来也逐渐向女性市场靠近，生产了一大批"大女主"或以女性消费者为目标受众的剧目。

女性消费者心思细腻，追求个性，在消费过程中，往往更加关心产品的具体利益与价值，通常会花费更多的时间在产品细节的比较上，更倾向于购买具有某种情感属性的产品。现代社会女性追求不同，其更愿意尝试不同的生活方式，因而在消费上更加注重个性化特征。女性消费者的消费动机往往是在情感因素的驱动下产生的，产品外观、材质色彩、品牌寓意等带来联想、幻想，抑或是消费的环境气氛造成的感觉等都是影响其消费的因素。女性消费者相较于男性消费者，由于受到更加多元的诱导因素的影响，因而更容易产生冲动型消费行为。

3. 消费愿望强烈，消费动机丰富

现代消费语境下，女性的消费需求旺盛，消费愿望与消费动机相较于男性更加丰富多彩且积极主动。在我国，有人将女性消费者市场需求日益膨胀的 21 世纪称为"她世纪"。女性消费者受圈层的影响较大，都希望自己是最有价值、最明智的消费者，希望别人仿效自己，希望成为圈层中的意见领袖角色，消费愿望强烈。

在施行冲动消费或情绪化消费的人群中，女性占绝大多数。女性的消费欲望受直观感觉的影响大，消费行为更容易受到价格、商品外观、广告宣传、促销活动、环境、服务等因素的影响。女性的消费愿望强烈，消费动机丰富多彩。比如求实动机，女性消费者注重产品的细节设计，讲求性价比；求美动机，女性天生爱美，在文化消费过程中，女性消费者强调文化产品或服务的欣赏价值和艺术价值，特别重视产品对人体的美化作用，对环境的装饰作用，对身份的表现作用，以及对人的精神生活的陶冶作用，追求产品美感带来的心理享受；除此之外，女性消费者的消费动机还包括求名动机、求廉动机等。

（二）消费行为与消费方式

男女平等的社会环境越来越好，职业女性比例大幅上升，女性在经济上越发独立自主，女性消费者的消费行为与消费方式也随之改变。在互联网时代里，女性消费者的特征被进一步放大，自由即时的消费环境极大地释放了女性的消费需求。女性在消费行为与消费方式上的具体表现为消费目标模糊，消费决策缓慢；消费频率高，场景触发式消费占比大；注重消费体验，消费行为较集中，倾向于从众消费。

1. 消费目标较模糊，决策缓慢

首先，女性在消费上具有一定的盲目性，多数女性消费者在产生消费行为之前并没有明确的消费计划，消费目标较模糊。换言之，女性消费者的消费行为充满了不确定性，这种不确定性具体表现在两个方面：第一，女性消费者对于自己是否会产生消费行为存在很大的不确定性，许多女性消费者的消费行为都是临时起意，并没有明确的预先计划性；第二，女性消费者在商品选择上存在不确定性，大多数女性消费者在购买商品时容易受到主观意愿以及客观环境的影响，触发情绪化或冲动性消费行为。另外，女性对商品的细节设计、价格、评价等的敏感度较高，愿意花费较多时间在商品比价环节，因而女性消费者在消费决策方面不如男性消费者果断、迅速。

2. 消费频率高，场景触发式消费占比大

女性消费者的消费需求旺盛、消费动机多元等因素促使其消费行为发生频率较高。计划性消费在女性消费行为中占比较小，情绪化消费、冲动性消费相对明显，女性消费者经常会受到广告、打折、促销等因素的影响而产生消费行为。与此同时，女性消费者也会较多地受到消费环境的影响。消费环境优质，服务周到，以及消费体验感受良好，同样也会触发女性消费者的消费行为，即产生一种场景触发消费行为。在庞大的粉丝经济背后，女性粉丝消费者占据了主导地位。女性群体因在消费过程中多以感性思维为主导，注重消费场景的代入感，因而女性也更容易产生所谓场景触发性消费行为。在很多追星场景中，女性粉丝认为即便自己不能成为场景主角，也希望能拥有偶像同款或相关的物品，从而完成另一种层面的"变身"和"代入"。在文化消费重视营造体验的背景下，女性消费者更加倾向于这类场景触发式消费。

3. 消费行为较集中，倾向于从众消费

相对于男性消费者更情愿独立完成消费行为的特征，女性因受同伴影响较大，消费行为呈现出一种集中化的倾向。由于女性与男性相比更加感性，主观意识次之，所以在进行消费活动时，女性通常表现出明显的跟风消费的倾向，具有更强的从众心理。女性消费者似乎有一种天生的倾向性，她们非常喜欢关注圈层内意见领袖的创意和想法，并且天生热爱分享和推荐，所以往往会产生较强的传播效果。网红经济、直播行业背后衍生的产业链都是基于此，在今天看来，同人文化已经成为女性消费者市场的一种重要推动力。具体来说，女性消费者在结伴购物时，通常情况下会受到同伴的看法、建议等的影响，进而左右其最终的消费决

策。在网络购物中,女性消费者受网络店铺交易情况以及他人对商品评价的影响较大,往往评价越高的商品被购买的概率就越大。

第三节 居民文化消费的影响因素

影响居民文化消费的因素众多,具体可分为个体因素与社会因素两大类。影响居民文化消费的个体因素主要包括可支配收入、受教育程度、职业及生活方式,社会因素主要包括家庭环境、社会环境、社会阶层及参考群体。

一、影响居民文化消费的个体因素

(一)可支配收入

可支配收入是居民文化消费的基础,可支配收入水平对居民的任何消费行为都会产生直接的影响。一般而言,居民用于文化消费的支出会随着收入的增加而上升。凯恩斯宏观经济学理论提出,可支配收入是影响居民消费最直接和最重要的因素,可支配收入越高,居民能够选择的最优消费组合越多。文化消费是消费支出的一部分,可支配收入同样也是影响居民文化消费的最直接因素之一。具体来说,消费者的收入水平比较高且稳定时,其消费信心增加,文化消费比例增多,愿意支付一些比较高投入的文化消费项目,如海外旅游、观看现场演出等。如果消费者的收入水平较低或者收入情况不稳定时,其消费心理会受到抑制,对商品的性价比要求较高,文化消费欲望较低,将会选择花费较低的文化消费项目。

(二) 受教育程度

居民的文化消费水平与其自身的受教育程度有关。文化背景不同，消费者的需求及购买习惯便不同。一般来说，消费者的文化程度越高，对商品格调的要求就更为讲究。这是因为受教育程度是影响居民精神追求的重要因素之一，受教育程度越高的居民对精神文化层次的要求可能就越高，对文化产品和服务的需求量可能就越大，反映到消费层面，即对于文化消费的期待会越高。一般认为，居民所受教育程度越高，对未来收入的预期越乐观，具体表现便为对文化消费的支出更多，在文化实践中投入的时间更长。相比一般性消费，文化消费具有更加明显的抽象性和排他性，文化消费需要居民有一定的物质基础和较高的文化理解能力作为前提，从而才能保证文化消费的实际效用。受教育程度在一定程度上决定着居民的文化素养，而文化素养是影响居民消费文学、艺术、教育培训等文化产品及服务意愿的主要因素之一。文化消费对于消费者自身素养具有一定的要求，在欣赏艺术作品时，文化素养较高的消费者往往能够更好地理解作品，从而获得更为丰富的文化体验，因此一般而言，受教育程度越高的居民，其文化消费的意愿可能就越强烈。此外，受教育程度还在一定程度上影响着居民的文化消费观念。受教育程度越高的居民，对生活品质的要求相对较高，而文化消费恰恰是体现个人生活品位和身份地位的重要内容，因而其文化消费观念往往更加开放。

(三) 职业

职业是研究一个人所属社会阶层的最基本、最重要的线索。职业在一定程度上反映着一个人的专业特长与知识水平，根据人们所从事的职业基本可以大体确定其生活方式和消费倾向。居民职业的不同，在一定程度上象征着其知识水平、工作条件、生活方式等方面的不同，体现在文化消费上，即对文化产品及服务的需求上往往存在着较大的差异。现代社会职业分工日渐细化，职业对居民生活的影响日益加深，职业本身的特征直接影响着人们在文化消费上的偏好，具体表现在对文化产品与文化服务的选择意向上。例如，蓝领群体的工作偏向于劳动密集型，工作强度较大。在闲暇时间里，蓝领工人进行文化消费的目的更多地是恢复体力和精神享受，因而其在进行文化消费选择时更加偏重于消费的娱乐性，电影、电视剧、网络游戏等娱乐服务往往更加受到这部分职业人员的青睐；白领群体的工作则更加偏向于知识密集型，他们在进行文化消费选择时则更加愿意兼顾知识"充电"需求，故而学术性图书、报刊和技术培训、网络信息等知识服务在其文化消费总需求中占有相当的比重。

（四）生活方式

生活方式是一个人生活的活动方式，指在文化、价值观、个性特征、社会阶层和参考群体等诸多因素的综合作用和影响下，人所表现出来的各种行为、兴趣和看法。生活方式的不同，使得人们在文化消费上的选择也不同。文化消费的主要群体一般收入和学历较高，年龄层次较低，这类人群对生活品质和精神满足有较高追求，日常生活中长期形成的消费习惯和生活理念一旦确立，短期内不会发生显著变化，并能够由此延伸出较强的消费路径依赖，指导其他消费。随着文化产业的发展，文化产品与服务已经渗透到人们生活的方方面面，文化消费甚至已经成为现代都市人的一种生活方式。

二、影响居民文化消费的社会因素

（一）家庭环境

家庭是对消费者的文化消费心理影响最为直接的社会因素。家庭是指建立在婚姻关系、血缘关系或收养关系基础上，由夫妻和一定范围的亲属结合而成的亲密合作、共同生活的人类社会生活的基本单位。家庭是与消费者关系最为密切的初级群体，人们的价值观、审美观等都离不开家庭因素的影响。此外，家庭环境对人们的消费偏好和习惯的形成也具有一定的影响，居民的消费内容、消费意向会随着家庭的规模、类型及所处生命周期的不同而出现变化。

家庭生命周期是一个家庭在其整个发展过程中所经历的阶段。当消费者处于单身状态时，消费一般是以自我为中心，不过多考虑家人的情况，比较舍得投入以发展自己的爱好，这些爱好一般都是一些文化消费项目，像看电影、听演唱会、看体育比赛等，所以青少年一直是各种文化消费项目的忠实消费者，是文化经营者的重要营销目标人群。

当消费者处于已婚无子女时期，通常经济独立且没有负担，所以可以持久地参加文化消费活动，并且能够支付一些需要较高投入的文化消费项目的费用。这部分人群在这一阶段的文化消费主要是以"二人世界"为中心，追求浪漫温馨，不是特别在意开销，外出旅游、周末K歌、看电影等均在常规日程安排内。当消费者处于已婚有孩子的阶段时，心理转变很大，不再只为个人考虑，家庭支出往往围绕着孩子的需要来安排，文化消费主要是围绕着孩子来进行，在孩子成长、教育方面的投资比重加大，让孩子上各种辅导班及艺术特长班，在各种玩具、学具、图书、电子产品等商品上的投入很高。此外，还需要在家庭规划中增加带孩子去游乐场、公园、科普展，看话剧、参观博物馆、观光旅游等一系列开阔孩子视野、帮助孩子健康成长的文化消费活动。另外，这部分人群在这个阶段还要承担孝敬父母的义务，以及与朋友同事往来等人情支出。大多数这个阶段的中国家长的个人文化消费处于被压缩状态。

当消费者的子女独立，其自己逐渐步入老年，这个时候中国家庭消费分化比较大。一部分家庭收入下降，购买力也随之下降，文化消费活动不多。而一部分有稳定的退休金、养老金支持的家庭，这时候没有经济负担，原来压抑的文化消费心理得到释放，甚至滋生出一种补偿消费心理，在文化消费项目上支出增多，很多老年家庭都有养花养鱼、休养度假、购买书画作品、收藏古玩等文化消费。

（二）社会环境

社会环境是指人类生存及活动范围内的社会物质、精神条件的总和。广义的社会环境包括整个社会经济文化体系，是社会政治环境、经济环境、法治环境、科技环境、文化环境等宏观因素的总和；狭义的社会环境仅指人类生活的直接环境，如家庭、劳动组织、学习条件和其他集体性社团等。文化消费者是具体生活于现实生活中的人。人和其他动物的根本区别在于人具有社会属性，这种社会属性主要存在于人的劳动、生活等社会关系中，人不可避免地要与周围的人、事、物发生各种各样的关系。因此，文化消费者的消费行为不可避免地受到社会环境和各种群体关系的制约和影响。随着社会环境的改变，消费心理也必然会发生变化，与其他环境相比，社会环境对消费者的影响更为直接，内容更为广泛。

经济发展不平衡导致不同地区的生活环境不同，不同的生活环境会导致消费者消费心理的不同。大城市文化消费心理更为开放，能够接受更加多元的文化消费模式。落后城市及农村地区的文化消费心理尚处于保守状态。我国文化消费需求增长迅速，但我国文化产业发展明显滞后。一方面，国家经济发展与基本民生增进、文化消费需求增长之间存在着明显的差距，文化消费供给与居民文化消费需求没有充分匹配；另一方面，城乡文化消费需求的增长严重不均衡，2016年，城镇居民人均文化娱乐消费支出1269元，农村居民人均文化娱乐消费支出252元，二者之间的倍数为5.04。[①]

（三）社会阶层及参考群体

不同的社会阶层有着不同的文化消费心理。社会阶层是由具有相同或者相似社会地位的社会成员组成的相对持久的群体，它们是按等级排列的，每一阶层成员具有类似的人生价值观、兴趣爱好和行为方式。每一个体都会在相应的社会群体中占据一定的位置，社会地位的差别使社会成员分成高低有序的层次或层级，造成了人们在文化认同上的差异。社会阶层的不同会导致文化认同的差异，不同社会阶层的文化消费心理也不同。当然，由于社会和人都是在不断发展的，阶层也有一定的多维性和动态性，不是固化的，当社会阶层发生变化时，文化消费心理也必将发生相

---

① 郭全中. 新时代文化主要矛盾及其表现 [EB/OL]. (2017-11-06) [2018-05-13]. http://www.sohu.com/a/202718515_152615.

应的变化。

参照群体是指一种实际存在或想象存在的，能够为个体判断事物提供依据或作为楷模的群体，它通常会对个体观念态度或信仰的形成产生重要影响。换言之，参照群体就是指那些可以对人们的看法和行为方式产生直接或间接影响的群体。参照群体一般可以分为个人期望归属的向往群体和个人拒绝接受的疏远群体。文化消费语境下的参照群体主要是指个人期望归属的向往群体。现实生活中，对消费者影响较大的参照群体有亲朋好友、单位同事、社会团体等，其他的消费者较少接触但对之羡慕并愿意模仿的社会群体也能发挥一定的参照作用。参照群体对个人的影响主要在于个体会以参照群体的标准、目标和规范作为自己的行动指南，从而将自身行为与参照群体进行对照，当自身行为与参照群体标准或规范不符或相悖时，个体往往就会倾向于改变自己的行为，以谋求与参照群体形成某种程度的一致。

根据消费者与参照群体之间关系的密切程度，可以将参考群体分为三类：第一类是如家庭成员、亲戚朋友等对个体影响最大的群体；第二类是如个人所参加的职业单位、宗教组织等对个体影响较次一级的群体；第三类是如社会名流、文体明星等个体无法直接接触但对个体影响却很显著的群体。各种参照群体通常会对消费者产生示范或诱导作用，此外，参照群体还时常会形成群体压力，以驱使个体改变其行为，从而与群体趋向一致。消费者往往会有意识或不自觉地模仿、追随参照群体的消费方式，以指导自己的消费选择。粉丝经济的形成离不开粉丝圈层文化，在粉丝圈层里，参照群体对于粉丝的影响极大，粉丝的大部分消费决策是随整个圈层内参照群体的变化而变化的。

三、居民文化消费的动机及制约因素

居民文化消费因个人人格特质、习惯、偏好及环境的影响,会产生极大的差异。消费者的消费行为是受动机支配的,动机来源于需求,需求的多样化决定了动机的多样性。居民的文化消费需求不同,文化消费动机就大不相同,与此同时,居民的文化消费还受到不同制约因素的影响。

(一)文化产品或服务的质量

文化产品或服务质量的好坏对居民的消费意愿的强弱存在着举足轻重的影响。文化产品或服务的质量好,居民的消费体验好,其消费意愿相对就高。文化产品或服务的质量一方面对居民文化消费的意愿存在着直接或间接的影响;另一方面,文化或服务的质量还会对居民的消费体验形成影响,进而影响其下一次消费。政府修建的文化图书馆、博物馆等基础设施对于培育人们的文化消费习惯具有重要意义,其服务质量在很大程度上影响着居民使用此类文化基础设施的意愿。

(二)文化产品或服务的价格

文化产业或服务的价格因素是影响人们消费的直接因素。一般而言,当文化产品或服务价格升高时,文化产品或服务的消费量会相对下降。文化消费满足的是人们较高层次的精神需求,在人们支付能力有限,需要缩减消费时,首先放弃或者降低的往往是文化消费;或者当文化产品或消费价格变高时,人们通常会选择其他类似的文化消费方式来满足需求。总体而言,目前我国的文化产品或服务更多地还是以高收入群体为受众,面向低收入群体的文化产品或服务则较少。与高收入者相比,低收入者对文化消费增长的潜在贡献更大。据对北京市场的一项随机调查显示，就文化演出而言，能够接受 100 元以下票价的人占到 72%，能够接受 100 元至 400 元票价的人占 24%，选择 400 元以上票价的人只占 4%。而北京大部分演出场所的票价，少则一两百元，多则一两千元，整体票价水平高于大部分普通民众的心理预期。①

（三）支付能力

支付能力是影响居民文化消费不可忽视的因素。消费须在有积蓄的情况下才可以进行。文化消费不同于一般性物质消费，文化产品或服务不是必需品，当居民积蓄不足，支付能力下降时，首先节制的就是文化消费。根据国际经验，当人均 GDP 超过 3000 美元时，文化消费会快速增长；接近或超过 5000 美元时，文化消费则会出现"井喷"。居民的支付能力越强，选择文化消费的可能性越大。此外，文化消费活动还会受到市场经济和价值规律双重作用的影响。

（四）闲暇时间

闲暇时间是个人用来享受、娱乐、发展个性的时间。文化消费行为是否产生的一个重要因素在于居民是否拥有足够的闲暇时间。文化消费是需要付出时间的，闲暇时间是文化消费产生的前提条件，闲暇时间与文化产品消费为彼此的互补品。社会学家一般把个人时间分为生活必需时间、工作时间和自由时间三部分。闲暇时间一般是指从一日 24 小时的绝对限制中扣除生活必需时间和工作时间后剩余的自由时间。若没有闲暇时间，即使居民的收

---

① 什么因素制约了中国文化消费增长 [EB/OL]. (2009-07-06) [2018-05-17]. http://www.chinanews.com/cul/news/2009/07-06/1762131.shtml.

入水平提高，其文化消费也不会有大幅度提高。只有在保证足够的闲暇时间的前提下，人们才能有机会开展文化活动，参与文化创新，实现文化消费。闲暇时间的消费体现了社会经济发展的程度，闲暇时间的文化消费反映着国民的生活水平和生活质量。闲暇时间的文化消费主要涵盖了旅游、娱乐、健身、文化、咨询等众多行业。

（五）文化素养及审美能力

文化消费的主体是人，个人的兴趣爱好、审美能力以及文化素养等和文化消费水平与结构存在必然的联系，文化素养及审美能力的高低直接影响着居民的文化消费水平。文化消费一方面需要依靠政府或文化企业提供文化产品或服务以营造文化消费环境；另一方面，人们作为文化消费的一个环节，必须调动自身已有的知识背景、人生阅历等参与到文化消费过程中，从而实现对知识、美感的获取。在其他条件相同的情况下，消费主体的文化素养及审美能力越高，文化消费的数量和对文化产品或服务质量的要求越高。

（六）消费习惯及偏好

消费习惯是指消费主体在长期消费实践中形成的对一定消费对象具有的稳定偏好的心理表现，是消费者在日常消费生活中久积形成的某种较为定型化的消费行为模式。消费个体文化背景、消费经验和理解能力的不同，决定着其消费习惯的不同。消费偏好是指消费者对特定的商品、商店或商标产生的特殊信任，具体表现为对某种产品或品牌的重复、习惯性的消费。文化消费偏好具有多样性的特点，这种偏好多样性一方面使不同文化群体对文化消费的认同产生差异，导致需求多样化；另一方面，现实生活中人们的文化偏好是处于动态变化中的，无论是人自身还是环境的变化都可以改变人的偏好，从而形成文化消费偏好的多样性。

（七）消费便利程度

文化消费的便利程度也是居民文化消费的重要影响因素。在居民日均闲暇时间有限的情况下，文化消费便利程度越大，居民文化消费的积极性越高。以文化消费设施及场所的远近而言，居民社区周边的文化消费场所环境、配套设施等直接影响着居民的文化消费意愿，多数居民在选择文化消费类型时会采取就近原则。近些年来，互联网的发展改变了居民文化消费的习惯，正逐渐深入人们文化娱乐生活的方方面面，成为居民文化消费的重要途径。究其原因，即在于互联网所提供的便利的文化消费环境，人们可以足不出户进行网络信息浏览、观看影视作品、听音乐、玩游戏等。互联网文化消费是居民当下的社会文化生活的重要组成部分，成为居民文化生活的一种新的消费习惯。

第五章 互联网时代的文化消费

第一节 互联网背景下的消费变革

科技的变革对消费的影响伴随着人类发展进程。从第一次技术革命到第三次技术革命,人们的生活逐渐从"蒸汽时代"进入"电气时代",再跨入到"信息时代",不断被颠覆和重新定义。如今,人工智能、虚拟现实、清洁能源、量子信息技术、虚拟现实和生物技术又将带来新的革命性的变化。每一次科技的进步,都催生出新的生产方式,在提升具体产业生产率,实现要素的优化配置。同时,在量的方面,激发、释放和扩展了新的需求,增加了消费的范围和广度;在质的方面,提升了需求的层次,通过不断满足新需求,推动消费升级。

从1969年阿帕网的诞生到20世纪80年代,电子邮件、TCP/IP协议(传输控制协议/网际协议)的网际互联以及域名系统(DNS)创造的网络商业化,再到20世纪90年代万维网(World Wide Web)的发布带来的网络大众化,至21世纪社交网络、移动网络的推广与普及,以及当下我国要在5—10年内建成全球最大的IPv6商用网络……互联网短短几十年的发展,在世界范围内掀起了一场前所未有的科技与社会变革。它催生了新产业、社区和各类信息,"使人们在全球范围内互相联系与合作,真正让世界变成了地球村,让国际社会越来越成为你中有我、我中有你的命运共同体"①;它改变了世界政治局势,引起人们对审查制度、知识产权及设施管理的关注;同时,随着全球互联网用户和流量规模持续扩张,以互联网技术为核心,以智能化、数字化为标志的新一轮科技革命,已成为全球经济增长的主要驱动力。可以说,互联网是人类文明迄今为止所见证的发展最快、竞争最激烈、创新最活跃、参与最普遍、渗透最广泛、影响最深远的技术产业领域。②

在中国,互联网发展大致经历了三种形态:第一种形态是信息与社交媒介。相对于旧媒介如电报、固定电话、电视而言,这种互联网新媒介是以个人电脑、智能手机及其他电子通信设备为硬件载体,以网络浏览器、电子邮件、网页新闻等信息获取窗口,QQ、微信等即时通信工具,主题论坛、微博等社交工具为软件载体的崭新媒介形态。这种互联网形态,完全颠覆了人们信息生产、获取、传播的方式,缩减信息不对称,转变与轮换着参与者身份,并不断突破着信息传播时间与空间的限制,使信息在参与者中实现即时、全域、千兆级高速或爆发式流通,并形成众多信息交流社群。可以说媒介形态是互联网的基础与最主要形态。互联网的第二种形态是虚拟空间与平台,也称为网络空间或网络平台。它是相对于现实世界与空间的,由网络交易、关系、思想本身构成

---

① 晓凡.中国不可错失互联网机遇(社论)[EB/OL]. (2014-11-24) [2018-05-12].http://www.cnr.cn/gundong/201411/t20141124_516857374.shtml.

② 中国信息通讯院.互联网发展趋势报告 [EB/OL]. (2017-12) [2018-05-12]. http://www.docin.com/p-2060312149.html.

特殊空间。该空间的正常运行离不开高效的数字化处理与运算能力和数据通信配置,它保证了在该空间生产生活的人们,突破物理或实物世界限制,形成虚拟化、数字化的生产生活方式。网络游戏是该互联网形态发展最早也是最为典型的表现方式。网络游戏空间有自身的世界观与运行规则,玩家在该空间中的生活是以虚拟的货币及数字娱乐为基础展开的。网络购物是该互联网形态的进一步拓展。电子商务创造了一种区别于物理交换或直接物理接触的交易空间。该空间突破了传统交易的时空限制,只需网络、信息端口与交易意愿,即可随时随地开展交易。企业虚拟化使人们便捷地接触到全球各大品牌企业与产品服务,在线支付又为交易顺利进行提供了信用及便利保障,进一步推动了人们在此虚拟空间的生活。而诸如网络游戏与网络购物等消费互联网空间顺理成章地成为互联网大众化、全民化的主要方式。互联网的第三种形态是虚拟经济形态。该形态脱胎于消费互联网的个人虚拟化与企业初步虚拟化,是互联网与实体经济各垂直产业领域的深度整合,也是人们常说的"互联网+"。通过互联网及成果实现对企业生产、交易、融资,物流仓储各环节运行效率的提升,以及全价值链式商业模式的推广,实现互联网对产业的赋能。同时以大数据价值经济与平台经济为基本属性,推动社会资源的共享与开放性流动,进而实现传统企业与传统产业转型升级。互联网的此种形态也可称为产业互联网,是目前互联网发展的主要方向,也是推动中国经济发展、推动社会工业化向信息化转变的重要引擎,尤其是互联网思维将信息流作为继商品流、货币流后新的社会生产力,对生产重塑、消费升级、地区均衡与持续发展产生前所未有的影响。

互联网的不同发展阶段与发展形态是相互关联与相互依存的。但不论其形态如何变化，数字化信息与虚拟化服务基础，去中心化的技术结构与关系网络，无边界即时获得的高效自主通信，以及由此衍生的虚拟连接、社交体验、自由开放、平等共享、即时更新的互联网思想，使当代消费者的消费方式、消费诉求与消费理念发生了特殊的变革。

一、数字化消费方式

截至2017年12月，我国网民规模达7.72亿，普及率达到55.8%，超过全球平均水平4.1个百分点。其中手机网民占97.5%，即7.53亿人。移动互联网接入流量达246亿GB，比上年增长162.7%。固定互联网宽带接入用户达34854万户；移动宽带用户为113152万户，比上年增加19077万户。①庞大的网民规模和与日俱增的互联网普及率，塑造了中国庞大的网络消费者群体和数字化消费方式。

首先，消费对象的数字化使内容消费成为主流。互联网消费平台使实物商品与服务流变成数字化的文字、图片或视频等信息流。信息消费代替货品消费，成为数字化消费的主要特征。信息内容的传播广度与流通性，以及信息内容的趣味性、知识性、体验性、可靠性是促成消费行为的重要因素。而内容适于分享与传播，为消费前与消费后产品和服务得以更有效地享用加持。鉴于

---

① 中国互联网络信息中心.第41次《中国互联网络发展状况统计报告》[EB/OL].(2018-01-31) [2018-04-15].http://www.cac.gov.cn/2018/01/31/c_1122346138.htm.

此，商品与服务的生产者也转化为信息内容生产者，电商巨头们均在自己的产品中加大了内容板块。以淘宝为例，图文帖子、淘直播的浏览量（PV）以及引导的商品行情的独立访客（UV）均呈上升趋势，由内容实现支付转化的效果显著。以科技创新类公众号为例，由技术原理科普、设计理念描述、实用产品测评与分享组成内容的深度公众号，其相关产品消费转化率高于同类型的普通销售平台。尤其需要关注的是，在信息内容消费培养下的数字消费者能够通过多种途径，迅速而主动地获取各类产品信息、客户评价，同时对内容信息与观点具有较高的辨识度与独立的批判意识，其进一步推动了消费对象数字化的品质。

其次，消费主体的在线化使消费个性得以彰显。消费主体一般同时拥有现实消费的社会身份，以及网络消费的个人身份。互联网对生活的长期渗透，尤其是对"95后"网生代生活的大面积渗透，使人们更加注重互联网生活中的身份与个性。互联网数字化、虚拟化的特征，帮助人们实现身份重塑。而消费则成为个性表达与身份塑造的重要手段。这两种需求的本质都在于对"真正的自我"[1]的追问与反思。在此精神需求的强力驱动下，消费者通过多种途径，开展找寻、回归和重塑自我的行动。一些人通过消费实现生活全方位的个性化定制，标签与签名成为与存在同样重要的要素；一些人通过消费奢侈品，抗拒变化与风险，追求永恒与绝对唯一；一些人则乐于迎接改变，用重塑内在（如获得新认知的知识付费与旅游消费，训练新技能的教育培训付费等）与重塑外表（如运

---

[1] 刘洪玉.第四消费时代，"商业、社交"成为趋势 [EB/OL]. (2015-05-30) [2018-05-18].http://blog.sina.com.cn/s/blog_9f06d70b0102vnrv.html.

动健身等体育消费，美容美发造型等时尚消费等）的方式实现自我定位；还有一些人则倾向于塑造百变自我。实现既能适应潮流，不落伍不隔绝，又能有独立个性，不盲从不庸俗。以逐渐兴起的定制消费为例，"90后"强调个人专属与自我表达，因此对于消费强调个人标签。除了对手机壳、马克杯、T恤等平价小物件进行定制消费，对大品牌的专属定制消费需求也越来越旺盛，口红品牌圣罗兰（YSL）推出定制服务后，"90后"立刻成为圣罗兰主要消费群体。同时，"90后"也是践行"小而美"消费观念的主力军，这源于"90后"对自我形象的投入与关注。"80后"强调效率与品质，因此对于消费强调独特的小众品质。在繁重的工作压力下，他们选择旅游作为自我放松和追求品质生活的主要消费方式，并选择定制旅游消费作为区分身份与品位的重要手段。近年来，原本一些小众的目的地如尼泊尔、塞班、斯里兰卡等成为定制化旅游消费的目标城市。同时，对"黑科技"智能潮流的追捧，成为"80后"独特的身份标签。不得不说，由于互联网消弭信息不对称并带来信息爆炸，消解主体现实身份形成平等开放的空间，消费前所未有地成为个人表达、发声与身份重塑的重要方式。

再次，消费过程的大数据化进一步提升了消费体验。数字化消费得以顺利进行，离不开数字化生态支持系统的发展。云计算帮助企业打造互联网服务平台，使消费者可以在互联网门户进行交易。云计算数据处理能力的不断提升，使消费者订单支付更快，交易创建更为迅速。同时，云计算助力传统企业实现业务的高效协同管理与全球化拓展，加速产品创新与服务便捷度的提升。人工智能对海量消费数据的分析及系统的投放，使极为细分的个性消费成为可能。同时，由第三方支付、金融、服务平台带来的数字化信用服务,一方面促成了中国的新发明,即在线支付;另一方面激活了以信用为基础的共享消费模式,引导产生众多理性消费形态。2017年移动支付交易达375.5亿笔,金额202.9万亿元。移动支付全面渗透老百姓的日常生活,商场、餐馆、街边小店都支持手机扫码支付,支付宝和微信支付正加速向东南亚、日本、韩国以及中国香港、中国台湾等20多个国家和地区拓展。[①]此外,人工智能渗透的智慧物流服务,极大地提升了消费的体验,使"当日达"成为消费新标杆。以2017年天猫"双十一"狂欢节为例,为应对当日庞大的消费数据信息,人工智能仓储机器人单日发货100万件,机器智能推荐系统当天为用户生成超过567亿个不同的专属货架。可以说,消费生态的数字化,成为当代消费变革最主要的推动力。总之,数字化消费方式全方位地改变了人与物交互的关系。

二、社交性消费诉求

社交需求是人归属需求、尊重需求以及自我实现需求的一个综合性体现,是人的社会属性的外在表达。消费本身是人与人建立关系的过程,是满足人社交需求的重要方式。便利店、菜市场、超市、购物中心,抑或是电影院、咖啡厅、图书馆、艺术馆,甚至是异国他乡的车站等,各种消费环境的出现,不仅满足了消费者相关的物质精神需要,更是顺应和激发人拓展和建立良好人际

---

① 国家发展和改革委员会. 2017年中国居民消费发展报告 [EB/OL]. (2018-4-24) [2018-5-18].http://www.ndrc.gov.cn/fzggz/hgjj/201804/t20180424_883191.html.

关系的重要渠道。众多线下消费场所构成了人们的社交场域，成为人们交流信息、沟通感情、展示自我同时追求群体认同与归属的方式。互联网将线下的消费场所搬到线上消费平台，并在流量与细分消费中，构成了辐射线上与线下的社交场域。同时，由互联网社交媒介，如体现直接人际关系的主要媒介是微博、微信，代表间接人际关系的媒介是淘宝和支付宝，带来的信息消费重新激发了人的主动性与创造性，使人与人之间逐步恢复到部族社会细致洞察、感性交流、重视人性与自由的状态。力图包容和成就千人千面的人的个性，并建立起更为多元的人的社会。由此带来了 UGC 即"用户生产内容"的爆发，以及由用户生产催生的 PGC 即"专业生产内容"模式的确立。而多元网络媒介如微博、微信等静态综合社交平台与抖音、快手等动态短视频社交平台，成为内容吸纳与传播的生态容器，进一步促使社交成为消费需求。

  首先，社交化使消费者与商家之间缔结伙伴关系。传统商家提供的商品和服务价值，是依托单向度的大众传播链与分销/零售流通链抵达消费者的。传播与交易只有在终端零售发生交集。但是互联网背景下，商家（个人、企业或品牌）与消费者之间形成了交互链条，即商家和顾客形成了互动与合作的过程。"企业（品牌）交互的对象是特定的目标人群，双方交互的形态以反馈式、循环式为主；交互的目的和内容是使顾客对产品（服务）以及品牌的价值、特性产生认知，使交易达成（销售实现），以及构建双方长期合作的伙伴关系。"[①]

---

  ① 施炜.互联网时代的连接模式[EB/OL].(2017-07-16)[2018-05-18].http://baijiahao.baidu.com/s?id=1572146312268919&wfr=spider&for=pc.

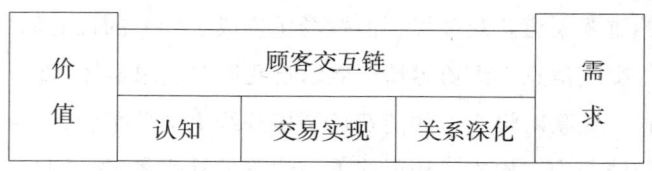

图 5-1　顾客交互关系

以风靡一时的小米手机为例。一方面，在产品发布之前，通过互联网/移动互联网的微博、微信制造话题，听取顾客意见，与顾客互动讨论，使顾客大范围获得产品认知。随后发起乔布斯式的大型新品发布会，创造粉丝社交场景，并以产品测试与市场评价为内容，组织互联网线上会员社群活动与优惠特权，实现深度认知与交易转化。同时，小米不断扩展线下零售体验店，将整套互联网虚拟概念转化为实实在在可触摸、可体验的产品生态场景，品宣与销售则穿插其中，线上与线下互相引导流量。在点对点关系深化方面，小米则从产品用户与会员中，挑选"米粉"开展深度访问、需求跟踪与关系维护，活动开展的方式如新品体验、线下互动等多种多样，既能深入粉丝生活，了解其真实需求，也能由此深入社群，实现社群与终端实体、社群与线上网络的多向交叉社交服务。商家正式通过与消费者以社交促成交易，以交易促进关系，再以关系缔结新的社交，最终形成长期的伙伴关系。

其次，社交化增加了消费者与其他消费者之间的关系层。社交信息是影响消费决策的重要条件。麦肯锡数据显示，半数以上的网购消费者表示会向社交媒体寻求产品信息及消费建议。[①] 这与传统消费"口碑"导向是一致的。社交媒体的观点及判断直接影

---

① 麦肯锡. 2016 中国数字消费者 O2O 调查报告 [EB/OL]. (2016-04-19) [2018-05-18]. http://www.useit.com.cn/thread-11931-1-1.html.

响着消费者的购买决定,并以平台的信赖形象,成功扮演了新消费中权威与经验代言人的角色,使消费者自发地在其创造的平台上直接消费,进而形成了平台型社群经济。近年来,在微信等社交媒体上进行消费成为继电商平台购物后的主要趋势,并被称为社交电商。"社交电商是基于人际关系网络,利用社交网站、社交媒介和网络媒介等互联网社交工具,通过社交互动、用户自生内容等方式来辅助或促成商品的销售和购买行为,并将关注、分享、讨论、沟通和互动等社交化的元素应用于电子商务交易的过程。"[1] 社交电商的兴起一方面来自移动互联网的发展,一些闲置的社会资源通过移动互联网碎片化分享,完成了资源激活与赋值,由此诞生的共享经济不断发酵。另一方面,移动终端的崛起令消费者的购买行为和购买习惯也发生变化,消费者逐渐形成扁平化与碎片化的购买习惯与场景化的消费潮流。社交电商通过在移动终端创造多种多样的购物场景,形成各类社群互动的流量入口与持续性流量沉淀。又通过长期的口碑积累,将社群流量逐步转化为重复购买行为,形成电商消费流量。连接社群、口碑、消费的社交电商商业逻辑的背后,是顺应消费者社交化的消费需求,以及人们渴望通过消费增加和拓展人际关系的夙愿。以最近再次兴起的拼团第三方社交电商平台拼多多为例。用户可在家人朋友或信任圈子内发起拼团,一同以低价购买优质商品。截至目前,成立刚满两年,拼多多平台的付费用户数已经突破3亿。可以说,拼多多抓住的是消费过程尤其是网络消费过程中,人与机器冰冷交互的缺陷,将传统结伴逛街购物的社交消费方式网化。用户在"逛"

---

[1] 蒋隽怡. 社交电子商务商业模式的研究 [D]. 上海:上海交通大学,2013.

拼多多时，如果看到心仪的商品，便可即时分享至各种互联网社群中，邀请亲朋好友浏览、收藏或购买。这种过程本身就可以创造社交沟通话题。同时，消费者之间的互动使消费不再是一个人的事，而是有了搭伙砍价的快感，品评互鉴的意趣，交流欣赏的人情味。消费者着实通过消费增强了线上与线下其他消费者之间的人际关系层。当然，互联网信息分享的便捷与即时也产生了大量信息垃圾，在沟通情感的同时，很多人也会被过度的社交消费信息打扰，消费反而给社交带来困扰。这也对消费者素质提出了更高的要求。

最后，社交化消费是联通线上线下人际关系的纽带。线上商家通过"双十一""520""618"、白色情人节等造节运动掀起的消费狂欢，使线下社交越加成为消费目的，消费成为联系人、物、场的纽带，也成为人际关系建立的基础。需要注意的是，互联网背景下消费者线下集聚消费的行为意愿，多数是由于线上集聚需求的触发和延展。部分原因是线上消费的便捷性使消费的目的性更强，而在消费的满足感达成后，需要线下社交进行持续发酵。以此社交需求为导向的线下活动，逐渐成为消费集聚的主题。这一方面创造了线下社交的触发点，另一方面催生了可能的无目的消费，并在此过程中优化线上与线下的人际关系网。以我国的消费现象为例，一线城市的消费者倾向于将消费成果，通过微博、朋友圈发文、晒图或短视频发布的网络信息交互方式，实现购物满足感的延伸。这主要是受大城市线下集聚消费的诸多不便的制约。[1]但在三四线城市及农村地区，线下消费的便利性明显，消

---

① 施炜. 互联网时代的连接模式 [EB/OL]. (2017-07-16) [2018-05-18]. http://baijiahao.baidu.com/s?id=1572146312268919&wfr=spider&for=pc.

费的目的性相对大城市消费者较弱，因此，生活在这些区域的消费者，则多通过线下集聚购物及消费活动过程实现满足感的延展。他们的线下活动更为活跃，例如实体购物，以及在集聚活动中向他人进行消费展示与成就分享。但无论如何，社交诉求引起的消费行为、消费获得感打通了线上线下人际网络。

三、服务型消费理念

当前，中国城镇居民的服务消费支出约占总消费支出的40%，农村居民服务型消费支出约为30%。预计城镇居民消费服务型以1.5%—2%的年增速增加。到2020年，中国城镇居民的服务消费支出将会达到50%左右。换句话说，服务型消费将成为中国总体消费、最终消费的半壁江山。[①] 可见人们对美好生活的追求的一个重要表现是健康、医疗、文化、旅游、教育等方面的服务型消费全面快速增长，以及服务型消费理念养成。

服务型消费理念的最重要表现是乐活型消费增长趋势越发明显。从文化娱乐消费来看，短视频内容消费以"浅显、快速、频繁"适应了年轻人碎片化的阅览习惯，以注意力经济获得消费追捧。同时，以演唱会、话剧、音乐会、体育赛事为代表的现场娱乐成为消费者线下娱乐的选择，而跨城观演成为主导。截至2017年8月，43%的演唱会票房来自跨城观众。中国三大主题乐园巨头集团华侨城、华强方特及长隆集团游客总数保持

---

① 迟福林. 服务型消费将成为中国总体消费的半壁江山 [EB/OL]. (2018-04-18) [2018-05-18]. http://op. inews. qq. com/m/20180408A1MH7H00?refer=100000355&chl_code=finance&h=0.

20%以上的较高增速，超过同期旅游总人数增速。从旅游消费来看，2017年旅游用户渗透率同比增长12.5%，旅游成为除鞋、包、服饰和家居家装之外线上人均消费最高的品类。与旅游，尤其是自助游的相关服务消费增长尤为显著。以租车包车业务为例，2017年的用户数增长29%。同时，个性化旅游需求带动了相关类型服务模式的产生。民宿服务消费、定制旅游消费成为服务型消费理念下的消费选择。从运动消费来看，KEEP、跃动、咕咚运动等服务性APP成为运动消费与社交的主要平台。同时，以城市马拉松赛事引发的运动服务，进一步激发了运动消费的热情。

服务型消费理念的另一个重要表现是共享消费的发酵。在这样的消费理念下，人们开始追求同他人建立联系这一行为本身所带来的快乐感。共享消费使人走出私有生活的领域，以理性消费与人性服务作为消费出发点。从共享出行来看，共享单车、共享汽车不仅解决了出行通达性的问题，而且有效地缓解了早晚高峰的交通压力，极大地提升了资源利用率；从共享办公来看，信息技术服务是使用共享办公最多的行业，而通过增值软性服务，强调社群属性，致力于企业间联动的多元服务，成为共享办公的发展趋势。而共享服装、共享雨伞、共享车位、共享充电宝等新兴的细分消费领域，不仅方便和优化了居民生活细节，也使共享服务的观念不断深入人心，使"该买则买，能租则租"的理性消费理念逐步形成。

服务型消费理念同样影响着供给端。以联通线上线下的全渠道消费体验为特点的新零售，通过线下场景体验与线上数据挖掘完美融合，以整体性服务方案贯穿整个消费过程。例如，亚马逊依据图书销售的海量数据来挑选实体店销售的图书，每一种图书都提供一张卡片，其中包含读者对该书的网络打分与精彩书评。读者可利用手机中的亚马逊软件自行扫描查看价格。网易云音乐则以开设主题酒店的方式用音乐为线下场景赋能。根据不同的音乐风格，如爵士、古典、电子、乡村给人带来的不同情感体验，设计不同主题的楼层与房型。配套的所有酒店设施也是根据各个主题精选搭配。无形的音乐化身有形的消费物，与音乐一起陪伴热爱音乐的人们，成为线下服务型消费升级的典例。可以说，当代消费中服务价值与体验价值成为消费需求满足的必备要素。

第二节　互联网对文化消费的影响

互联网带来的数字化、社交化、服务型的消费变革在文化消费方面体现得极为深刻。数字化带动了文化内容生产与传播方式的变革，进一步引发消费习惯与渠道的丰富，激发了更多个性化文化需求与社群的喷涌；社交化消费进一步加速大众文化的传播速度，并孕育和滋养出更多亚文化，使文化呈现百花齐放的多元态势，并带动了阶段性与现象级的消费热点；文化消费本身具有的精神性、知识性、娱乐性特征，在服务性消费诉求大增的互联网时代，发展出知识付费、体验价值等新的消费观念，进一步彰显了互联网背景下文化消费的独特之处。总之，互联网重塑了文化消费内容与方式，创新了消费载体与渠道，并更新和深化了消费者的文化观念。

一、重塑消费习惯与消费方式

中国互联网络信息中心发布的第 41 次《中国互联网络发展状况统计报告》显示，截至 2017 年 12 月，我国网民规模达到 7.72 亿，互联网普及率为 55.8%；手机网民规模达 7.53 亿，网民中使用手机上网的比例达 97.5%。[①] 网民中的游戏直播用户规模增速达 53.1%，真人秀直播用户规模增速达 51.9%，游戏与 IP 产业链上其他环节的联动日益加深；网络视频用户规模达 5.65 亿，用户付费、衍生产品迅速发展，视频网站盈利模式多元化。根据 2017 年整年的统计数据，我国网民在移动端 APP 花费的时间为平均 4.2 小时/天，其中，移动网民在社交应用平台的时间为 2.5 小时以上，浏览新闻信息的时间超过 12 分钟，在网络视频消费的时长为 30 分钟。移动互联网的便捷性与碎片化使用方式，使其成为数字内容服务争相抢占的滩头。社交应用平台、信息内容服务终端、文化娱乐等泛娱乐平台成为消费者移动端必备内容。近年来，随着 4G 的稳定高效运行，无线网络（Wi-Fi）与数据流量的使用成本趋近免费，强力点燃了消费者消费网络数字服务的热情。以网络视频与直播为例，这种一度被认为"烧钱烧流量"的娱乐消费，在一年左右的时间内，成为消费者新宠。截至 2017 年，我国网络直播用户达 4.22 亿，占到网民总数的半数；各大企业先后推出符合自身定位的直播频道，新闻类、社交类、零售类、文娱类网络直播成为内容生产与文化建构的新领域。多达千余家的网络视频与直播平台

[①] 中国互联网络信息中心. 第 41 次《中国互联网络发展状况统计报告》[EB/OL]. (2018-01-31) [2018-04-15]. http://www.cac.gov.cn/2018-01/31/c_1122346138.htm.

服务企业，创下多达 300 亿元的营业收入。可以说，数字化的强势发展改变了文化消费的方式和习惯。

首先，数字文化消费成为文化消费的主流。以数字化内容制作方式与传播手段为核心的电竞游戏、网络文学、数字图书、网络综艺呈现井喷式消费增长。游戏消费方面，2017 年我国游戏市场的年度总营业收入达 2036.1 亿元，同比增长 23.0%。其中，移动游戏市场营业收入达到 1161.2 亿元，占据总体 57.0% 的份额，并继续保持扩大态势。2017 年，我国顺势成为全球最大的移动游戏市场。呈现爆发增长的移动电竞市场规模达 140 亿元，几乎是排名第二的美国市场的两倍，形成了压倒性优势，助力我国在全球移动游戏市场站位。网络文学消费方面，2017 年网络文学用户规模达到 3.53 亿，占网民总体的 46.9%，平均每 4 个网民中就有 1 个是网络文学的用户。其中移动端网络文学用户规模为 3.27 亿，比 2016 年底增加了 2291 万，是移动网民总数的 45.1%。由网络文学 IP 改编而成的影视剧累计达到 272 部，占比 8.3%。网络播放量最高的 10 部影视作品中主要来自网络文学改编的包括《楚乔传》《三生三世十里桃花》《择天记》《欢乐颂 2》和《孤芳不自赏》。动漫方面，网络漫画阅读 APP 成为新的消费方式。网络漫画阅读应用以即时更新、碎片阅读、题材多样、存储便捷、方便切换连载等特点，在巩固既有社群的基础上，通过移动端入口有效扩大增量。"有妖气漫画""布卡漫画""快看漫画"应用的成功开发，极大地丰富了用户的精神消费内容。数据显示，88.5% 的用户选择"阅读漫画内容"，动漫 APP 旨在构建一个多元并存的平台。从故事情节构建，故事类型选取，到人物角色塑造，动漫设计、创意、效果、理念，世界观与价值观，共同形成动漫资源的多样集聚，成为数字文化消费的新方式。可见,当下数字消费极大地推动了数字文化消费的发展。

其次,数字文化消费满足并激发了更多个性化诉求。数字文化消费不仅在体量上实现井喷式增长,更在内容方面获得了个性化的释放。以网络综艺为例,2017 年新上线网综节目 197 档,其中,网络综艺排名前十的节目播放量达 231 亿次,头部网络综艺在类型上呈现真人秀、脱口秀、纪实类全覆盖,题材方面百花齐放,满足用户的不同需求。亲子、音乐类题材为第一梯队,各占 30%,娱乐题材占 20% 居次,明星与青少题材各占 10%。而在出现的排名前十爆款中,音乐偶像养成节目《明日之子》创下 41.5 亿播放量。同样在腾讯视频独播的网络综艺脱口秀类《吐槽大会》《脱口秀大会》以及亲子类节目《放开我北鼻 2》以多变的内容风格与精致的受众社群细分,巩固了腾讯作为网络综艺霸主的地位。排名第二的是爱奇艺的《中国有嘻哈》,共斩获 28.6 亿播放量。在内容拓展方面,芒果 TV 的大型真人秀推理节目《明星大侦探 2》将烧脑推理、知识演绎、娱乐表演结合,并将文化内容与元素整合至节目中,获得了第三位 20.6 亿播放量的好成绩。网络综艺倾向于用新颖的方式反映小众文化,用调侃的方式剖析社会热点,以此来贴近年轻受众的文化消费个性化需求,同时视频网站爆发的多样的自制内容,适应了移动端碎片化、即时性的消费习惯。值得注意的是,网络文化消费的一个重要特征就是消费者同时也可以是内容的生产者。网络平台上出现了越来越多的用户生产内容,网络用户在浏览网上内容的同时,也可以将自己原创的内容通过网络平台进行展示或者提供给其他用户,网络的交互作用得以充分体现。互联网数字化的传播方式,满足了消费者个性的表达。例如，网络直播的出现让"草根"成为"主角"，重新定义消费与被消费的关系。以直播旅游为例，主播消费者不仅通过直播将自身的消费场景与乐趣分享给观众，更成为旅游地的文化传播者，激发更多的个性化消费。2016年5月，王祖蓝、李亚男夫妇在马尔代夫直播集体婚礼，90万网友在线观看；同年6月，"网红"齐聚上海，直播迪士尼开园，此举更是将直播旅游推向高潮。各大线上旅行社随之纷纷打造直播旅游平台，为售卖其旅游产品奠定基础，进一步激发了实际消费者个性化展示需求与潜在消费机会。

再次，数字化终端载体丰富与创新了消费渠道。互联网的发展，尤其是移动互联网的迅速普及为数字文化消费异军突起奠定了基础。互联网平台具备资讯发布、动态展示、在线营销、线上交易等功能，尤其是线上支付、线下消费的形式便利了商家和消费者，实现了线上线下一体化。消费者可以通过手机APP、公众号等多种渠道购买图书、电影票、演出票等，而企业则可以通过大数据和云计算对消费者需求进行精准定位，文化消费领域呈现出极强的"互联网+"趋向。消费结构不断升级。资讯发布、购票、补贴、积分等都可以在线上平台进行，而实际消费则往往发生在线下，通过线上辐射线下，形成文化消费资讯流通、资源获取、企业展示与传播平台，从而形成广泛、良好的社会文化互动。以芜湖市为例，其线上文化消费模式可以辐射市区近200万人口、40万个家庭，市民除了利用手机、电脑以外，还可以通过数字电视大屏等多种交互方式参与文化消费活动，形成了"政府专项+多屏互动+电商平台+文化消费"一体化长效运营模式。电视端、电脑端、手机端等都可以使用线上文化消费平台，提高了市民接触和使用平台的频率。而线上模式中的数字文化现实展示、手机实时兑现支付等功能的深度开发,适应当下线上文化消费趋势。杭州市在线上利用国家文化消费服务平台,发挥资源优化与信息甄选的文化消费优势,同时在线下建立和完善了文化类消费信用体系,通过市民卡优惠、信用卡积分、打折等方式探索文化消费新模式。其以"文化共享"为主题,联合杭州文广集团,推出了"五个一":一个微信服务号、一张文化通卡、一份电子文化消费指南、一个文化消费节和一份文化消费大数据;还与《杭州日报》合作,推出月度纸质版的《杭州文化消费指南》,以实现文化消费宣传渠道的多端融合。

二、创新消费热点与消费文化

文化的本质在于内容,价值在于意义。互联网背景下,文化内容与意义均转化为信息与标签,成为社交要素与社群基础。具有相同文化认知与理念的人们,通过消费得以将其所代表的文化进行彰显与巩固,进一步形成个体差异化表达和群体归属性强调,并通过互联网等传播渠道传播和扩散,形成群体效应。可以说,社交既是文化消费的重要诱因,也是文化消费持续发酵的主要方向。由此催生了众多文化消费现象与消费热点。

(一)众多亚文化消费的极致狂欢

互联网影响下生活方式的改变,成为"宅文化""丧文化"诞生的摇篮。"宅文化"是指对动画、漫画、游戏(ACG)等文化产品和服务极尽痴迷的社群所形成的亚文化生活方式。随着数字网络的发展,ACG等原本数字内容范围不断扩大,网生方式已然普遍。"宅文化"演化为因痴迷于某种数字内容，热衷待在家里的"宅"的亚文化现象。显然，这是目前在"90后""00后"群体中颇为流行的新型社会关系。与传统社会关系构建相比，"宅文化"不受血缘、地缘因素限制，表现出高度的自由度与个人化。这种文化本身是对传统群体组织结构与关系网的颠覆。"宅文化"一方面催生出一些在家中上班，在家中兼职，或者在家中从事商务工作的群体；另一方面带动了网上娱乐、网上银行、网上购物、网上交易、网上订餐的"网活"消费方式。"御宅族"们无须迈出家门，就能兼顾生活、娱乐和工作，并专注于自己的兴趣爱好，逐渐成为"宅经济"助力军。与"宅文化"的个人化相比，"丧文化"则是互联网时代的群体发声。"丧文化"是指一些"90后"的年轻人面对现实，因迷茫与颓废而丧失目标和企盼，从而漫无目的地踽踽前行与生活。"丧文化"最初通过表情包的方式实现集体发声与病毒式传播蔓延。在社交信息中加入表达"丧"情绪的表情包成为该文化社群的标志。诸如懒蛋蛋、马男波杰克、悲伤蛙Pepe、有四肢的咸鱼等表情包在多条传播渠道与国内外各大社交平台迅速蹿红。"丧文化"以表情包的方式迅速切入年轻人与网生代生活，成为亚文化的语言表达工具，这是文化借互联网与数字社交媒介传播的典例。而自始至终伴随"丧文化"与表情包的是商业消费的内在逻辑。2017年4月，网易新闻和饿了么联手推出一间只营业4天的快闪店——"丧茶"。"丧茶"原本只是网络上的一个段子，是某网友因为"喜茶"火爆而以玩笑的方式写的小文，却没想到受到不少人注意。"丧文化"内容加以商业化发酵。"丧茶"的文案负能量满满："你的人生就是个乌龙玛奇朵""你不是一无所有你还有病啊乌龙茶""碌碌无为红茶，依旧单身绿茶"，这样的商业文化在信息共享时代毋庸置疑地成为话题热点与圈子标志，随之而来的"丧茶"爆款消费不过是观点与想法的行动佐证。持续的"丧文化"消费随着文化产品的丰富而蔓延。随着奥斯卡获奖影片《海边的曼彻斯特》上映，"丧文化"以鲜活完整的剧情与典型的形象呈现在人们面前：颓废的基调，丧气的男主，无力的话语。正如台词所讲："不是所有人都能和过去和解，人生苦长，走不出来就是走不出来，我们每个人都是无能为力的。"这部没有大团圆反转与屌丝逆袭的扎心电影，将"丧文化"提升到艺术的高度，引发了新一轮"丧文化"消费，发出亚文化集体式呐喊。如果说"宅文化"与"丧文化"消费是互联网背景下文化消费的社交孤独性表达，那么"跳一跳""旅行青蛙"等小游戏，则是文化消费社交化的集中体现。"跳一跳"是腾讯开发的小程序游戏，推出之初瞬间达到了1.7亿的月活指数，创下了现象级游戏的巅峰，并迅速引发了小程序游戏的消费热潮。这些小程序游戏基本都集中在操作单一、单轮游戏学习—反馈曲线明显、无尽模式特征，其热潮背后的原因，在于隐藏其后的亚文化社交渴望。首先，小游戏内容本身是社群区分的方式之一，小程序游戏排行即是相同兴趣分类的直观体现。其次，游戏内设的成绩排行，成为社群互动的活动区域，人气越高的小游戏，游戏排行流动越频繁，这样会激励玩家不断刷新排行。小程序或社交平台小游戏有专属平台不具有的特征，那就是排行榜本身就担任了传播中的一环。此外，内置的分享按钮会让小游戏的传播直接在微信内部消化，社群化分享也使小游戏的分享复活机制有了大量出口。[①] 一时

---

① 九夜. 从《跳一跳》到《最强弹一弹》，微信小游戏的"熟人社会"[EB/OL]. (2018-05-08) [2018-05-16]. http://www.sohu.com/a/230822882_470230.

间，全民游戏消费成为社交圈的话题与标志，使文化消费成为社交赋能的重要手段。另一款放置类手游则延续了游戏消费的一贯风格——虚拟消费，只不过玩家不是为了竞技动作或智力比拼砸钱，而是通过"无所作为"的"佛系"消费，引发消费热潮。这款《旅行青蛙》的佛系游戏中，游戏场景极为简单，只有家里的院子与房间。玩家的任务易完成，只需收一收草，为青蛙准备出门的干粮，这样的任务基本不需要用户花费时间和金钱。佛系游戏的另一个特点在于其静态互动。青蛙在旅行过程中会不定时地给父母寄回明信片，用户静态收取并拆封明信片是唯一互动。所以，整个游戏闭环就是收割、劳动、挣钱，给青蛙买生活用品，吃饱喝足的青蛙可以去旅行，旅行过程中会结交朋友，也会给"父母"带纪念品，青蛙因此会得到更为丰厚的回报，并逐渐提升生活质量。如此真实的生活场景，基本不存在接受成本，更为关键的是，它去掉真实生活粗鄙的一面，将"养娃"艺术化。在触动了玩家心底那颗"父母心"的同时，保留了付出与回报、牵挂与担心、自由与约束这些人类共同的亲子情感，准确地把握住了玩家的"牵挂心理"，以及由此产生的"操心"与"碎碎念"心理，而这为玩家间交流提供了主要话题，使游戏者对其欲罢不能。同时，青蛙带给玩家父母们的"回报"，又进一步激发了玩家的炫耀心理，话题内容通过微信、微博等社交渠道互相传递，最终成为文化消费的新热点，并强化了佛系文化的亚文化群体情怀。总之，众多亚文化在互联网的影响下，形成了前所未有的百家争鸣的消费文化现象。

（二）传统文化消费的华丽回归

如果说新兴的亚文化消费是阶段性现象级表征，那么传统文化的相关消费在互联网影响下的华丽回归,定是未来的发展趋势与方向。2016年整个故宫淘宝文创产品销量创10亿元。书画系列、陶瓷系列、铜器、金器、钟表、丝绸、首饰等多种文创产品使消费者全方位体验到帝王范儿,也点燃了国货消费的狂潮。2017年"双十一"前夕,故宫文化珠宝首席设计顾问钟华和国产化妆品品牌百雀羚合作,推出中国风限量化妆品礼盒"燕来百宝奁"。以"孔雀蓝羚"和"金枝玉兰"为主题,以百雀羚口碑化妆品为内容,配以"喜鹊停金枝东方簪"饰品,以古韵撑起现代美学。天猫开售35秒被粉丝全部秒单。此联名套装在"双十一"预售近70000件,占据国货美妆套装销量榜首。2018年初,故宫官微发布以宫廷色为基础的女性彩妆系列,包括母仪天下眼影、花容月貌粉饼、故宫砖墙色口红与万里江山指甲油。设计师采撷传统国画、建筑、器物、饰品中的自然中国色与中国元素,辅以创意设计,让现代彩妆焕发新气象。这些产品在小红书等女性美妆社群中多次被粉丝"安利",成为当代中国女性消费的品质选择。像故宫一样,在文化细分领域精耕细作的老字号,都踏上了文化复兴与回归之路。2017年天猫开启了"天字号"计划,支持老字号复兴。参与此计划的老字号品牌的销量迅速上升,"2017年同比增加了170%,销售额也同比增加了190%,其中高峰期销量平均增长了12倍之多"[①]。2018年年初,国内品牌李宁、太平鸟、CLOT等登上纽约时装周的T台,与天猫一起上演了"天猫中国日",惊艳四方,已经习惯了耐克、阿迪达斯的"90后"消费者,定闹钟抢购李宁秀场同款的产品。素有"闻香下马,知味停车"名号的知

---

① 王君. 老字号"消亡史",能否靠电商消除"老龄化"[EB/OL]. (2018-04-02) [2018-05-16]. http://www.sohu.com/a/226987102_250147.

味观早在5年前就开发了二十四节气文化糕点,并通过电商限量销售,让年轻人尝到了古法制作的现代糕点;之后知味观成功植入《港囧》电影中,以商业跨界的方式,赋予传统糕点新的故事与新的消费场景,成功接入中产阶层;不仅如此,知味观大胆尝试与动漫电影《天眼》合作,推出卡通形状的绿豆糕,更进一步俘获年轻人的心。可以说老字号传统文化的沉淀,在创意蓬勃的互联网时代,为创造力加持。不仅是各领域的传统文化通过消费华丽回归,文化消费本身也进一步激起了传统文化追捧热潮。2017年新春假期,中央电视台播出《中国诗词大会》。一时间,唐诗宋词如一股古韵清流汇入喧闹的互联网生活。节目以电视与舞台艺术的呈现方式,营造诗与美学的艺术效果。同时选择"会诗""诵诗"与"解诗"的方式,保留与创新诗词歌韵的仪式感,成功地将线上与线下观众、参赛者、品评人纳入古典诗词的极美意境中,发起现世今朝与古人历史的灵魂对话,塑造与提升了自我审美品位。节目设置的互联网答题甄选,1对100竞赛赛制节奏紧凑,与选手、专家、主持人吟咏朗诵,陈述交流古典诗词的舒缓韵律形成张弛有度的语言交响乐,在传统与现代的解读中,激活了中华诗词文化艺术符号。更重要的是,这种文化节目的社会与商业效应潜力巨大。节目播出后在全国刮起的诗词热潮,甚至渗透到服装、饰品、酒店、建筑等传统消费领域。例如很多酒店、餐厅的折扣消费活动,是以诗词"飞花令"的方式实现的。文化消费的持续性与社会效益不可小觑。紧接着《国家宝藏》将传统文化的"高大上"和"接地气"融合起来,将文物和故事相结合,用"小剧场"的形式讲述文物,用轻松的语态进行交流,使文化感与综艺感无缝对接。中央电视台以文化综艺、文化竞技、文化探索的形式将国宝、诗词和成语等别具匠心地传递给观众,让观众对传统文化产生了浓厚的兴趣。传统文化消费的华丽回归,是中国人文化自信的直接体现。由此引发的传统文化的现代化生产,也将成为传承中华文化最有力的方式。

三、改变消费心理和消费观念

文化内容和服务具有精神性、知识性、娱乐性等非物质性特征。互联网极大地降低了信息与知识获得的成本,同时也造成了信息与知识的泛滥。随着消费者的逐步升级,人们对享受型与发展型消费的趋优需求越来越强,逐步改变了传统的求廉消费心理与实用消费观念,形成了付费求质与体验消费的理念。

内容付费诞生的条件是高知识生产效率带来的信息大爆炸下的信息筛选。因此,"为知识付费""为内容付费"从某种意义上来讲,也是一种"被代购",用户付费给平台,平台替用户做好内容的筛选和分类,然后整合并输出。付费电视、付费问答都是如此,其本质是知识与内容筛选后的优质消费。同时,这也是共享经济下知识交易产生的内在背景。互联网模式下,传统信息交换模式将被"去中介化",借助网络平台将直接联结"供应商"和"消费者",当买卖双方的界限被打通,人们通过共享平台将各取所需,按需交易。因此在这种模式下,知识的流动将更加高效,但共享经济并不等于"免费",从其定义中也能看出,一是"有偿";二是"回报"。用户付费"购买"知识和内容,换取回报,但与传统商业模式相比,这种回报则更多倾向于个体的福利。对"供方"而言,获得消费者满足,激发出继续创造价值的欲望;对

"需方"而言，则是一种被满足。此外，粉丝经济也是内容走向付费的原因之一，王思聪在"分答"上回答了32个问题，总收入超过17万元。对内容的有偿付费释放了粉丝与被关注者之间的红利，利用粉丝效应赚取眼球就等于赚取了流量，就等于赚取了市场。内容分享平台通过制造关注，不断保持用户黏度，又通过其有偿付费机制，保证了对内容提供者的激励；同时用户为收回成本，也会提供高质量的使用反馈，并做出更引人共鸣、引发大众关注的行为，例如转发"偷听"，进而促进优质内容的火爆传播。总之，知识付费成为互联网背景下文化消费的重要特征。随着互联网用户的不断增加以及知识付费消费习惯的养成，购买知识付费产品的人也在不断增加。企鹅智酷报告显示，34.9%的智能手机用户有过线上内容付费行为。另据前瞻产业研究院的研究，如果以订阅专栏的消费方式计算知识付费的市场规模，那么根据2017腾讯财报公布的微信月度活跃人数以及微信支付用户人数计算，假设这些用户的年平均消费为199元，那么整体知识付费的年度市场规模将会达到480亿元。

体验型、场景式的文化消费越来越普遍。互联网不断推进趋优消费，在这样的背景下，服务与体验成为消费者甄选文化消费的重要标准。首先，数字信息技术的应用创造新的文化消费场域。通过智能设备的使用，全息投影、VR、AR等技术手段的综合运用，实现虚拟与现实的结合，增强多维度感官刺激，带来了更丰富的视听感受和"身临其境"的现场感，也创造出众多文化消费场域。例如，由秦始皇帝陵博物院推出的VR互动游戏《复活的军团》，将兵马俑遗址的珍贵场景以VR方式呈现。与之相关的文化产品也适时地出现在游戏中，为文化产品消费埋下伏笔。再比如，北京指触文化传媒集团与国内多家博物馆合作推出的文博类 VR 卡片，以博物馆馆藏资源为主要创意来源，其产品包括兵马俑 VR 卡片、恭王府 VR 卡片、圆明园 VR 卡片、陕西历史博物馆 VR 卡片、半坡博物馆 VR 卡片等，基本涵盖了国内大小主流博物馆。2017 年 5 月，中国园林博物馆举办的"看见'圆明园'"数字体验展选取了圆明园西洋楼、正大光明、勤政亲贤、方壶胜境等 26 个景区，利用 AR、VR 技术多角度复现了"万园之园"的恢宏景色。互联网为文化消费拓展了纵贯古今的文化消费场域，真正让消费有主题、有内涵。其次，互联网的便捷化消费理念，深入文化消费的全过程。这一点尤其表现在人们追求文化旅游消费过程中的便捷性、人性化服务与极致体验感上。目前，互联网技术已经渗透旅游的各个环节，找厕所也能扫"二维码"。黄金周期间，苏州景区推出"旅游厕所移动服务与管理平台"，市区及周边全景区开展厕所革命与数字化管理。旅游者通过手机定位或二维码扫码定位，即可获得最近厕所的位置。"支付宝支付""微信支付"也成为各大景区无现金消费的首发阵地，此类配置在一些少数民族及偏远地区的景区管理中尤为重要，云南丽江打造的中国第一座"无现金"古城就走在了智慧景区的前列。互联网带来的便捷消费不仅局限于旅游景区，更体现在旅游的全过程配套中。例如车驾旅行加油站、便利店、营地休息区、停车场、户外运动补给站等通过网络配给与移动端 AI 调度，有力地顺应了新一轮旅游消费升级的发展趋势，并将点燃新的旅游文化生活方式与消费热情。同时，互联网加深了文化体验。很多消费者都对旅游期间的文化演艺消费有较高需求。形象生动的表演，文化内涵的挖掘，与景区居民生活的紧密结合，使文化消费更为立体。例如，不同于传统剧场的"固定观影",《又见平遥》将剧场设置为迷宫般的"流动观影"空间:在90分钟的演出时间里,观众可以"穿越"到清末的平遥城,捡拾祖先生活的片段。整个剧场不是固定的,而是需要观众自行游走在不同内容情节与场景的空间中,并且需要在这些生活片段中,串联想象与自主还原事件和历史全部。在《又见平遥》中,观众既是观赏者,又是亲历者。像这样由用户体验甚至是用户生产内容的文化消费观念的改变,不得不说是互联网思维的有力实践。

第六章　文化消费增长的经验与范式

第一节　促进文化消费的城市案例

改革开放以来，我国经济发展逐步驶入快车道，城镇居民消费水平不断提升，中国经济继续成为全球关注的焦点。据预计，到 2020 年，中国消费市场将达到 6.5 万亿美元的规模，较目前的消费市场再扩大约一半。[①] 在消费创造经济发展新动力的同时，文化消费成为不容忽视的重点领域。文化产业快速发展为文化消费市场个性化、多元化发展提供了更加有利的市场环境，文化产品和服务供给成为满足老百姓文化消费需求和拉动经济增长的双引擎和新亮点。

进一步提高文化消费支出比重，扩大文化消费规模，建立扩大文化消费的长效机制，是当前文化产业发展面临的一项重要任务。2016 年 6 月，文化部办公厅公布了第一批国家文化消费试点城市名单，包括北京、天津、重庆等共 26 个城市；2017 年 2 月，

---

① 消费升级的大风口，资本如何助力、企业如何掘金？ [EB/OL]. (2016-10-20) [2018-06-07]. http://www. finance. ifeng. com/a/20161022/14955925_0. shtml.

文化部办公厅又公布了首批第二次国家文化消费试点城市名单，黑龙江省牡丹江市、浙江省杭州市等19个城市位列其中。总计首批第一次与第二次名单，全国范围内共有45个城市被确定为国家文化消费试点城市。文化消费试点城市建设，旨在发挥各试点城市的典型示范和辐射作用，以点带面，形成若干行之有效、可持续和可复制推广的促进模式，从而对于推动我国文化消费总体规模的持续增长，带动旅游、住宿、餐饮、交通、电子商务等相关领域消费发挥积极作用，以不断增强文化消费拉动经济增长。

一、北京

北京是全国政治中心、文化中心、国际交往中心、科技创新中心，是首批国家历史文化名城和世界上拥有世界文化遗产数量最多的城市。北京有着深厚的历史文化积淀和丰富的文化资源，文化消费形态丰富，消费总量大。2017年，北京居民人均教育、文化娱乐消费支出达3917元，在消费支出构成中占10.5%，位居全市服务性消费前三。[①] 近年来，北京市通过出台专项文化消费促进政策、举办系列文化消费活动、拓展文化空间领域、进行文化消费补贴等举措，激发了文化消费市场活力，基本实现了"市民叫好，市场看好"的双赢局面。

随着人民生活水平的提高，居民消费转向服务消费的倾向越来越明显，为更好地满足居民消费的需求，在创新消费业态中需

---

① 北京文化消费结构得到优化，迎来井喷期 [EB/OL]. (2018-02-06) [2018-06-07]. http://www.gov.cn/xinwen/2018/02/06/content_5264280.htm.

要注重精神消费与物质消费、服务消费与实物消费的结合。文化惠民是在确保文化基本权益的基础上，不断培养居民文化消费习惯，使文化消费成为一种经济活动的"新常态"。随着我国人均收入水平逐步提高，居民的消费需求不断提升，居民人均收入的提高进一步促使居民消费需求由基础消费向娱乐消费的转移。在温饱等基本需求得到满足后，居民将更加注重精神层面的享受，休闲娱乐消费在居民消费占比越来越高。文化惠民能够基本满足居民的基本消费和基础消费，并且能够鼓励和培育居民养成文化消费习惯。

北京在2014年12月就出台了《北京市人民政府关于促进文化消费的意见》，并探索出了惠民文化消费季这样的消费鼓励活动，作为北京文化消费促进工作的抓手，以期通过文化产业和文化消费结合，文化企业和广大居民双重收益的方式，调动市场积极性。惠民文化消费季的主旨是让百姓乐享艺术生活，让群众成为文化消费的主角。北京惠民文化消费季自2013年至今已成功举办五届，在五年时间里，北京惠民文化消费季已成为北京市培养居民文化消费理念、引领居民文化消费意愿、激励居民文化消费行为、促进文化创新发展的重要平台和品牌活动。第四届北京文化消费季期间，参与的牵头机构达到190余家，组织开展各类活动21000余场次。吸引北京地区消费者7776.2万人次参与，累计实现直接消费金额160.8亿元；实际交易合同签约1.7万余项，完成交易金额34.4亿元；通过折扣、满减、买赠等方式，惠民金额达到17.4亿元。[①] 第五届惠民文化消费季实现直接消费金额162.1

---

① 第四届北京惠民文化消费季直接消费金额160.8亿 [EB/OL]. (2016-12-29) [2018-06-07]. http://news.163.com/16/1229/13/C9F6AQDV000187V5.html.

亿元，惠民金额 10.3 亿元。[①] 北京惠民文化消费季一方面提升了北京市展览、文艺演出等传统文化活动的内容质量；另一方面也拓展了新的文化融合业态与文化消费模式，促进了北京市文化消费新格局的形成。此外，在北京惠民文化消费季中，北京将均等化、普惠性的文化服务与差异化、发展型、智能型的文化消费相结合，优化了文化消费结构，在文化活动中实现了既有传统文化精品，也应用了前沿数字技术；既有本土京味元素，也不乏国际化潮流风尚的有机融合。北京市致力于推动文化消费融入城市肌理，打造了一批兼具艺术外观、文化内涵、创意生态的一站式文化消费综合体，在提升文化消费空间的同时，也增添了整个北京的城市文化内涵。据相关数据统计，北京惠民文化消费季举办五年以来，北京市居民文化消费支出、时间、频次、类型等均实现了显著增长；文化供给质量得到了优化，涌现出了一大批新型文化业态，多层次多维度的文化消费市场迎来"井喷期"；近年来，北京市各项文化消费指标逐年攀升，北京市的文化消费增长及经济增长得到了明显的提升。

北京市惠民文化消费季的一个亮点是发放"文惠卡"，文惠卡通过让企业打折，给消费者提供了一个以比较低的价格享受各种文化消费的途径，为文化产业和文化消费搭建了一个企业和消费者之间的中间平台。北京市通过发放"文惠卡"调动市场积极性，让文化消费券与商户优惠叠加，在实现较大的文化惠民力度的同时也能够惠及文化企业，合作文化企业可通过文化消费券吸

[①] 北京文化消费结构得到优化，迎来井喷期 [EB/OL]. (2018-02-06) [2018-06-07]. http://www.gov.cn/xinwen/2018-02/06/content_5264280.htm.

引更多消费人群,提升销售总额。以演出票务市场来看,与惠民文化消费季合作的永乐票务网、大麦网、北京图书大厦3家单位,近年来都实现了千万元以上的销售增量。还有通过聚集京东商城、优酷网、微票儿网等平台型资源,也初步形成了以点带面、以线串珠、以一聚众的乘数效应,进一步推动了消费资源布局由企业向平台转变,在更高维度、更宽领域、更长链条上激发了文化消费活力。

"互联网+"消费高速发展。文化消费也呈现出极强的"互联网+"趋向。据统计,北京市在文化消费试点城市建设中,2016年8—11月,北京"文惠卡"官方服务号新增注册会员近20万人,公众号点击量接近130万人次。"文惠卡"官方服务号主要为北京市居民提供各类文化企业、文化产品、优惠活动的相关信息,并为文化企业搭建实时宣传推广平台,为消费信息导引、消费推广提供了重要渠道。北京市还针对线上消费便捷、多样、跨地域等特性,大幅增加网络文化企业数量和线上活动种类。据统计,26家网络文化企业已累计实现线上浏览量42.75亿人次,消费人次4994.12万,实现消费金额73.34亿元,在总消费金额中的比重达到46%,成为扩大文化消费、促进惠民惠企的重要渠道。①

此外,北京市在探索以城市场景为载体活化文化消费内容的方式上,也获得了一定的成效。北京文化消费将举办活动和优化空间结合,在活动内容上求增量,在消费空间上谋拓展。北京

---

① 第四届惠民文化消费季亮点纷呈,直接文化消费金额突破160亿元[EB/OL]. (2018-04-20) [2018-06-07]. https://www.kanzhun.com/news/145677.html.

市设立了东城文化人才（国际）创业园、北京电影学院文创园等"十大文化消费园区"，着力引导园区由传统商务服务功能向生产与消费并重的复合型园区升级。

北京市在促进文化消费方面最大的特色即是设置了惠民文化消费季，积极通过丰富多彩的文化惠民活动，不断培育居民文化消费习惯，提高消费热情。北京惠民文化消费季已成功举办五届，具有较为成熟的经验可供借鉴：第一，从政府的角度，惠民文化消费季给北京市的文化消费注入了很大的驱动力。整个惠民文化消费季活动拉动了文化产业市场的整体发展，较好地实现了社会效益与经济效益的双效统一。第二，从社会的角度，扩大内需、扩大消费是社会发展的重要基石。随着经济社会的发展，居民收入不断提升，文化消费占比越来越大。与此同时，文化消费市场的不健全导致了居民文化消费需求并未达到完全释放，因此，举办惠民文化消费季可以更加充分地挖掘文化消费的潜力，从而以惠民文化消费季拉动文化消费来推动整个社会的经济增长。第三，从居民的角度，随着国民素质的提高，居民未来对于文化消费的需求是客观存在的，为居民提供便捷、健全的文化消费市场是必需且必要的。

二、南京

南京市是江苏省省会，长三角经济核心区的重要区域中心城市，有着厚重的文化底蕴和丰富的历史遗存。南京作为中国著名的四大古都及历史文化名城之一，中华文明的重要发祥地之一，具有60万年的人类史、2500年的建城史和450多年的建都史。南京市委、市政府高度重视文化建设,大力推动文化大发展大繁荣,在促进居民文化消费方面不遗余力。2016年底,南京市政府出台了《南京市引导城乡居民扩大文化消费实施意见》及系列配套政策文件,为南京文化消费试点工作提供了完善的政策保障。南京在建设文化消费试点城市的过程中,结合自身实际,以文化演出市场为切入口,先后出台了《南京市促进演出市场消费实施办法(暂行)》《关于政府文化消费补贴剧目涉及商业赞助的规定(暂行)》和《南京市文化消费政府补贴剧目管理实施细则(暂行)》等。南京市集中于文化演出市场发力,开创了扩大文化消费的新模式——"政府补贴,全民共享;文化惠民,南京有戏"的文化消费精准惠民模式。

南京市2017年以演出市场先行开始文化消费试点工作,采取直接补贴消费者、积分奖励补贴、绩效奖励三种形式相结合的方式,将财政文化消费专项资金补贴给文化市场的供给端和消费端,让文化演出更加实惠。一是直接补贴消费者的方式,简言之就是"演出票卖出一张,补贴一张,未形成消费则不补贴";二是以积分奖励的形式,在保持原有文化消费存量的同时,培育和带动一批有一定文化消费潜力的居民自愿消费;三是以绩效奖励的方式,鼓励文化机构创作生产和引进更多的文化精品力作,投放演出市场。直接补贴消费者可以直接刺激消费端产生消费行为;以积分奖励的形式,可以激励和吸引消费者的可持续文化消费,提高文化消费增量;鼓励文化消费机构引进更多、更好的文化产品,最终达到政府补贴精准惠民的目的,扩大文化消费,丰富居民文化生活,增强文化发展活力,提升城市文化软实力。

据统计,南京市2017年财政资金实际剧目补贴796万元,直接拉动文化消费规模3400余万元,直接拉动消费比超过1∶5[①],近12万人享受到了这份文化惠民的"大礼包"。截至2017年12月,南京市文化消费试点工作取得了一定成效,全年通过演出机构申报、专家评审、公示等程序,已遴选五批次139台演出剧目作为政府文化消费补贴剧目,剧目补贴比例达10%—50%,补贴总额约1000万元,拉动文化消费8000余万元。一般剧目上座率都在83.5%以上,比以往提高20个百分点,演出市场发展势头旺盛。演出时间跨度从2017年3月至2018年6月,到目前为止已演出93部163场,演出总票房达3426万元,观演人次近11万人。[②] 2017年,南京市获得文化消费补贴最多的演出机构是南京保利大剧院管理有限公司,获得补贴金额约297万元。在文化消费补贴的带动作用下,2017年,保利大剧院除接待本市及本省观众之外,还接待了南京市之外的观众1万多人次,江苏省之外的观众3000多人次。足见文化消费补贴政策不仅能够刺激本地居民进行文化消费,优秀且实惠的文化产品及服务还能够吸引外地观众前往,既促进了当地文化消费的增长,同时也能带动其他产业发展,还能提升当地的城市影响力。

与此同时,南京市政府还依托南京文化投资控股集团搭建了"国家文化消费试点城市(南京)智能综合服务平台",以搭建文化消费服务平台,便捷文化消费渠道。该服务平台集政策查询、消费信息资讯、消费指南、消费采购、积分置换、产品与服务定

---

① 2017南京市文化消费账单来了 [EB/OL]. (2018-03-07) [2018-06-07]. http://ent.sina.com.cn/zz/2018-03-07/doc-ifyrztfz9720884.shtml.

② 南京创新试点模式,推动文化消费升级 [EB/OL]. (2018-03-07) [2018-06-07]. http://baijiahao.baidu.com/s?id=1594252398315931342&wfr=spider&for=pc.

制、消费补贴发放、文化消费数据采集等于一体，提供O2O一站式服务。文化消费具有一定程度的潜藏性；智能综合服务平台作为南京市文化消费的互联网基础设施，切合互联网一代居民的使用习惯，能够实现文化消费信息资源共享，既是文化消费得以实现的载体和平台，又是文化消费信息展示与传播的窗口。

三、武汉

湖北省省会武汉市位于我国中部，江汉平原东部，是全国文明城市、国家历史文化名城。2016年6月，武汉成为首批国家扩大文化消费试点城市。武汉市在总结武昌区文化消费试点成功经验的基础上，结合当地居民文化消费特点，于2017年10月出台了《武汉市开展引导城乡居民扩大文化消费试点工作实施方案》。方案提出，力争到2018年，武汉市文化娱乐占消费支出比重上升至4.2%，政府实际投资拉动消费效果比达到1∶2.5，年公共文化场馆服务人次增长率达到10%。[①] 通过加强政府购买服务、消费补贴等措施，引导和支持文化企业提供更多更好的文化产品与服务，广泛开展文化惠民、文化下乡等活动，提升文化企业的服务质量和惠民力度。武汉市计划从2019年起，全市每年安排专项资金4600万元，其中，市财政本级安排扩大城乡居民文化消费资金1000万元、专项工作经费100万元，各城区及开发区财政共安排扩大城乡居民文化消费资金3500万元，用于开展扩大文化消费试

---

① 武汉开展引导城乡居民扩大文化消费试点工作[EB/OL]. (2017-10-18)[2018-06-07]. http://hb. people. com. cn/n2/2017/1018/c192237-30840708. html.

点工作。① 武汉市文化消费补贴由直接补贴文化经营单位向补贴居民文化消费转变，更好地发挥了财政资金的供给侧改革作用，从资金上保证了引导居民扩大文化消费的常态化和长效性。武汉市扩大文化消费试点工作采取的是以武昌区为主开展区域性尝试，在总结成功经验的基础上，采用公共文化"服务评价"、居民文化"消费积分"、及时获取"消费补贴"等形式打造文化消费的"武汉模式"。基于此，武汉市确立了通过积分奖励引导文化消费的政策模式，并上线文化消费综合信息服务平台"武汉文惠通"，以建立文化消费O2O平台促进文化惠民。武汉居民在公共文化场馆参观或参加公共文化活动时，可以通过在"武汉文惠通"微信公众号上签到、评价等方式获取奖励积分，以积分兑换文化企业的积分红包来获得政府的文化消费补贴。

武汉市文化消费试点工作通过体制机制创新，打破文化事业和文化产业长期分裂的格局，旨在让文化扶持资金发挥杠杆作用，实现文化事业与文化产业的良性互动与发展。武汉市在文化消费建设方面不遗余力，除了出台相应政策扶持促进文化消费之外，还构建了武汉市引导城乡居民扩大文化消费工作运行机制及市、区两级文化消费的互动机制；搭建了文化消费综合信息服务平台，其中包括公共文化评价系统、文化消费支付系统、政府考核评估系统三大系统；建立了武汉市文化消费大数据库。武汉市政府采用"互联网+"时代的大数据平台，突破了传统思维模式的局限，

---

① 市人民政府关于印发武汉市开展引导城乡居民扩大文化消费试点工作实施方案的通知 [EB/OL]. (2017-10-11) [2018-06-08]. http://www.hbzffz.gov.cn/gk/gfxwj/43792.htm.

利用大数据挖掘技术，获取武汉城乡居民文化消费的大数据价值。

武汉市扩大文化消费试点工作依托构建的文化消费综合信息服务平台"武汉文惠通"，主要发挥了两个方面的作用。第一，利用积分奖励的形式吸引城乡居民参与公共文化服务绩效评价。通过收集城乡居民对公共文化服务的评价与反馈，打通生产与消费环节，实现文化消费信息传递的通畅，建立起一套公共文化服务评价体系与反馈机制，帮助公共文化服务机构改善服务内容，提升服务质量。第二，武汉市通过对海量城乡居民文化消费的大数据挖掘，掌握了居民文化消费偏好，明确了影响居民文化消费的因素，利用大数据分析引导文化企业生产适销对路的文化产品，提供优质的文化服务，探索扩大文化消费的供给侧改革路径。"武汉文惠通"作为全国文化消费创新模式，通过财政补贴向居民发放"文化红包"，引导和鼓励居民进行文化消费。此模式充分利用了互联网大数据的价值，通过对居民文化消费的信息、评价反馈等大数据挖掘，找准惠民要点，帮助文化企业顺应文化消费市场需求，提供居民喜闻乐见的文化产品与服务，从而推动武汉市文化领域供给侧结构性改革，以文化消费拉动城市经济增长，助力城市经济转型升级。

相较于"文化惠民卡"等依赖每年投入定额财政资金刺激文化消费的传统补贴模式，武汉市采用财政资金直补居民的方式，使入围试点文化企业只有通过市场竞争，提供居民喜爱的、价低质优的文化产品才能获得政府补贴；居民只有参与文化事业活动并进行公共文化服务评价，才能真正获得政府文化消费补贴，此模式更具创新性、互动性、普适性与可持续性。同时，入围文化企业将按照不低于政府补贴的幅度向城乡居民让利，城乡居民实际获得的优惠额度将达到财政补贴额度的 2—3 倍，以此实现财政专项资金撬动社会资源的杠杆作用，有效引导、扩大和释放了武汉居民的文化消费潜力与活力。

总结而言，武汉市文化消费试点工作主要具有以下三大特点：首先是采取了政府引导与市场运作相结合的方式。武汉市利用财政资金的杠杆作用引导文化企业主动参与市场竞争，以政府间接补贴为手段，激励文化企业以提供更多优质的文化产品与服务来争取政府文化消费补贴资金的份额，从而改善了文化产品与服务的供给结构，从侧面推动了武汉市文化产业供给侧的结构性改革。其次是运用了文化事业与文化消费发展相结合的形式。武汉市以居民参与公共文化服务活动并给予评价来获取文化消费积分并兑换电子文化消费券的方式，借助消费补贴的带动性，提高了居民参与公共文化服务活动及文化消费的积极性，培育了城乡居民文化消费意识，扩大了武汉市文化消费规模，进一步形成了武汉市文化事业绩效提升与市场规模相互促进的新局面。最后是利用了基础性公共文化服务与个性化中端文化消费相结合的手段。武汉市通过实行文化消费结构差异化补贴，让更多居民喜闻乐见的文化产品与服务得到了补贴，这有利于从供给侧激励文化企业提供更多优质的文化产品与服务，也有利于市场更好地满足居民的文化消费需求，让更多的城乡居民能共享文化发展成果。

四、深圳

深圳市位于广东省南部，是中国改革开放建立的第一个经济特区和最早的计划单列市，国家区域中心城市，现已发展成为具有一定影响力的国际化城市。自2004年制定"文化立市"战略以来，深圳的文化创意产业连续13年保持平均20%的增长速度[①]，深圳已成为我国文化输出的重要基地和主要口岸。深圳市从国家文化消费试点城市申办工作开展以来，市、区两级政府高度重视，重点以"文化+移动互联网"的方式，多层次、多方位开展有关工作。以"文化深圳""福田文体通"微信公众号等公共数字文化即时通信惠民平台为载体，以移动互联网为支撑，以福田辖区的各类公共文化体育资源为消费场所，激励居民进行文化消费，实现公共文体服务便捷化、精准化和最大效益化，居民足不出户即可便捷地获取辖区最新文体资讯，享受场馆优惠预订、门票优惠预订、优惠报名等各类文体场馆消费的信息和福利。2016年6月开始至今，深圳市借助"文化深圳""福田文体通"等互联网信息平台，积极发布了各种文化优惠信息。一是提供免费门票，让广大居民享受文化盛宴；二是政府补贴票价，鼓励居民走进文化殿堂。

福田区位于深圳经济特区中部，毗邻香港地区，是深圳的行政、金融、文化和国际展览中心。"十二五"时期，福田区以申报和创建国家公共文化服务体系示范区为抓手，坚持改革创新，文化惠民，不断创新公共文化服务内容和形式，取得了令人瞩目的成绩。"十三五"时期，福田在总结现有成果的基础上，积极探索形成网络健全、结构合理、发展均衡、运行有效、惠及全民的公共文体服务体系；努力寻求打通文化事业与文化产业边界，实

[①] 2017深圳文化创意产业增加值将达2150亿元，各区充分彰显出"文化+"特色 [EB/OL]. (2017-10-12) [2018-06-09]. http://www.askci.com/news/chanye/20171012/175349109532.shtml.

现两者协同发展的可行之路。近年来，福田区文化创意产业蓬勃发展。2006—2017年，该区文化产业增加值从54.74亿元增长到356.4亿元，年平均增长速度达11.7%，增加值占GDP的比重从4.7%增加到了9%。目前，全区共有文化企业13000多家，其中上市文化企业19家，规模以上企业600多家；辖区已认定文化创意产业园区12个，其中国家级园区2家，市级园区4家，总面积达50万平方米。[1] 2017年，福田区文化产业实现增加值356.4亿元，增长9%，占GDP比重为9.3%。在两年试点工作期间，福田区政府从区宣传文体事业发展专项资金中安排了9600万元用于推动文化消费试点工作。2017年文博会期间，福田区组织策划了"华强北文化消费节"，共举办了11场专项活动，共吸引20余万人次参加，带动消费金额近3500万元。[2]

为加快推进"国家文化消费试点城市"建设，2017年深圳出台了相关政策和措施进一步支持福田区开展文化消费试点工作，助力福田区不断丰富文化休闲娱乐业态，开发文化消费新产品与新方式，整合深圳市文化创意企业、公共文化服务和相关产业的便民服务功能，推动相关组织机构举办"惠民文化消费周"，激发居民参与文化消费的热情。此外，2017年深圳"信息惠民"综合发布机制进一步完善，文化娱乐活动宣传力度加大，文化消费得到了进一步的拓展。

---

[1] 深圳福田文化产业引领深圳"智造"[EB/OL]. (2018-05-15) [2018-06-09]. http://news.zgswcn.com/2018/0515/830612.shtml.

[2] 福田区文化产业发展办公室2017年工作总结和2018年工作计划[EB/OL]. (2018-03-19) [2018-06-09]. http://www.sz.gov.cn/ftq/ghjh/ndgzjh/201805/t20180511_11894134.htm.

福田区试点采用"居民文化消费激励"模式，以"资金补贴"的方式，激励居民参与公共文化服务活动评价获得奖励积分，将积分用于自主文化消费从而获取消费优惠，以期达到培育居民的文化消费习惯，打通文化事业与文化产业边界，深化文化行业供给侧改革的目的。该模式旨在建立公共文化服务机构与经营性文化企业之间的资源整合与业务互促机制，提高公共文化服务效能，引导和激励文化企业创新产品与服务的生产与经营机制，优化市场环境，提高产品与服务质量，以新供给提升文化发展的新动力，满足居民多层次、多元化的文化消费需求。"居民文化消费激励"模式基于移动互联网和大数据平台技术，鼓励居民前往公共文化场馆参观，通过在文化消费平台上进行注册、签到、评价、分享来获取奖励积分，并兑换相应优惠券，获取文化消费优惠。同时，通过设置财政奖励资金，提高文化企业主动让利意愿，在保障文化市场正常运转的前提下，使消费者获取更多优惠。

"居民文化消费激励"模式依托公共数字文化即时通信惠民平台"福田文体通"，该平台以"文化服务数字化"的方式加强文化消费渠道的建设，致力于为居民提供更为精准、便捷、整合的服务，破解公共文化服务供给与需求难对接的问题。居民可以通过"福田文体通"获取最新的文体资讯，并享受场馆优惠预订、门票优惠预订、优惠报名等福利，提高了居民文化消费的便捷性。"福田文体通"以"互联网＋公共文化服务"的公共数字文化服务形式拓展了城市的"数字文化功能区"，让一批亲民惠民的文化活动得以融入居民的数字化生活中，从而促进了城市公共文化项目决策数字化、文化服务数字化、文化管理数字化进程。

据了解，2017年，深圳公共文化财政支出61亿元，深圳人均公共文化财政支出达到512.86元。① 深圳大力支持居民文化活动的开展，呈现出"月月有主题，全年都精彩"的良好势头。深圳市福田区通过试点工作模式设计，使辖区居民享受到文化消费优惠；建立了公共文化场馆信息发布平台，完善了公众监督机制；文化企业基于此能够扩大宣传渠道，挖掘潜在用户；研究机构通过监测采集居民文化消费数据，为政府部门提供政策咨询服务；政府部门通过政策来调节和影响试点文化场馆和文化企业，提高文化供给水平和服务效率。以建立公共文化服务机构与经营性文化企业之间的资源整合与业务互促机制，提高公共文化服务效能，引导和激励文化企业创新产品与服务的生产和经营机制，优化市场环境，提高产品与服务质量，以新供给提升文化发展的新动力，满足居民多层次、多元化的文化消费需求。

五、牡丹江

牡丹江市位于黑龙江省东南部，是黑龙江省第三大城市，黑龙江的重要开放门户。近年来，牡丹江公共文化服务体系建设成就突出。2012年，牡丹江市作为全国28个试点城市、黑龙江省唯一的"国家公共文化服务体系示范区试点城市"通过了文化部的评审验收。为引领和扩大当地文化消费规模，牡丹江相继制定出台了《中共牡丹江市委关于促进全市文化大发展大繁荣的实施意见》和《牡丹江市关于向社会力量购买公共服务的实施意见》，并

---

① 深圳去年公共文化财政支出61亿，排名位列全省第一名[EB/OL]. (2018-03-11) [2018-06-09]. http://shenzhen.sina.com.cn/news/n/2018-03-11/detail-ifxpwyhw8966631.shtml.

设立全市性的文艺精品创作扶持基金，有效促进了牡丹江市文化产业的快速发展。

近年来，牡丹江先后创新推出了一系列群众文化建设活动，利用多种形式扶持民间文艺团体，实现了活动常有、内容多元、形式多样的居民文化生活。2017年2月，经黑龙江省文化厅推荐，文化部、财政部确认牡丹江市为引导扩大城乡居民文化消费试点工作首批第二次试点城市。在充分调研、借鉴其他城市和地区的成功经验和做法基础上，牡丹江市结合实际制定了《牡丹江市引导城乡居民扩大文化消费试点工作实施方案》，2017年7月，牡丹江市文化消费试点工作正式启动。截至2017年7月底，一个月时间内牡丹江市的文化消费试点工作已累计直接拉动消费91万元。[1]

牡丹江为进一步加快国家文化消费试点城市建设，以文化消费网络服务平台"文化惠"为窗口着力实施文化惠民工程，以"互联网＋公共文化"的服务模式打造公共文化数字服务平台，营造良好的文化消费氛围，从而吸引更多的居民参与到文化消费活动中，以文化惠民为前提引导大众文化消费提档升级。牡丹江市主要采用线上线下相结合的方式，通过企业折扣让利、政府补贴奖励等有效手段来扩大和引导文化消费，激发居民文化消费的愿望和热情，进而拉动和促进牡丹江市文化消费快速增长。具体措施包括线上积分补贴、文化服务活动补贴、读书购书优惠补贴等，通过各项补贴让城乡居民在文化消费中得到优惠。借助牡丹江文化消费试点公众号"文化惠"建立线上线下消费数据互通的综合

---

[1] 牡丹江市引导城乡居民扩大文化消费试点工作实施方案解读[EB/OL]. (2017-08-05) [2018-06-09]. http://www.hlj.gov.cn/zwfb/system/2017/08/15/010842623.shtml.

服务平台,保证文化消费信息能够在第一时间传递到群众中;充分调动文化企业的积极性,举办各类特色主题文化活动等,挖掘居民的文化消费潜力,实现文化消费经济增长。2017年,牡丹江市加快培育泛娱乐文化产业,重点发展网络文学。牡丹江市为培育网络作家梯次队伍,鼓励和扶持网络作家成立创作工作室;加大政策扶持力度,为网络文学发展提供优良环境;鼓励和引导文化企业打造完整产业链——面对数字经济的新机遇,积极为网络文学保驾护航,提供优质发展环境。

"互联网+"技术具有天然的互通互联属性,文化消费的线上线下结合模式具有结合多种渠道、关联不同企业的特点,可以形成多种社会力量参与的局面。牡丹江市文化消费模式主要以吸引居民参与公共文化服务和活动为入口,以引导居民消费与市场性文化产品和服务为出口,以微信公众号"文化惠"为媒介,以公共文化服务评价、文化活动信息分享、"文化惠"每日签到、动态消息带图片转发以及参与公共文化服务5种渠道给予参与者积分,吸引并激励更多居民参与到公共文化服务活动或文化消费中;并通过积分兑换规则引导参与者选择其偏好的文化产品进行到店消费,以补贴消费端打通文化事业与文化产业的互促渠道,使其能够交融共生,协同发展。

六、重庆

重庆是我国四大直辖市之一,国家中心城市,长江上游地区的经济、金融、科创、航运和商贸中心,西部大开发重要的战略支点,"一带一路"和长江经济带重要联结点以及内陆开放高地。

作为我国西部的龙头城市,重庆市高度重视培育和促进城乡文化消费工作。据统计,2016年重庆市注册文化企业7.5万家左右,文化企业注册资本金总额约2100亿元。重庆市文化创意产业近3年年均投资已有100亿元以上,文化消费在50亿元左右。[1] 为促进文化消费的增长,让群众充分享受到文化消费的实惠,2017年8月,重庆市政府网发布《引导城乡居民扩大文化消费试点工作实施意见》。《意见》明确指出:"重庆市将统筹建设公共文化配给、文化遗产展用、全民阅读消费、线上文化消费、文化消费集聚、文化消费惠民6大平台,逐步打通公共文化和文化市场供给渠道,提高供给效率和质量,引导文化消费业态在线上和线下、时间和空间上高度集聚,为消费者提供聚合式消费渠道和空间,满足各层次文化消费需求,培育文化消费成为重庆市新的经济增长点。"[2]

近年来,为满足居民日益增长的文化消费需求,重庆市通过财政出资、资本引进或公私合营等方式,兴建了一大批大型文化消费设施,为文化项目的落地提供了土壤。国泰艺术中心、川剧中心、施光南大剧院等演艺基础设施相继建成并投入使用,演出消费环境大为改善。全市城市影院已接近160家,其中数字影院实现区县全覆盖。实体书店、画廊、手工体验店等稳步发展;三峡博物馆、重庆自然博物馆、大足石刻博物馆等完成展陈升级;乐和乐都、海昌加勒比等主题公园开园迎客,历史文化街区、古

---

[1] 重庆:文化消费惠及千家万户 [EB/OL]. (2017-01-10) [2018-06-10]. http://www.wenming.cn/syjj/dfcz/zq/201701/t20170110_3999357.shtml.
[2] 重庆市人民政府办公厅转发市文化委财政局引导城乡居民扩大文化消费试点工作实施意见的通知 [EB/OL]. (2017-08-16) [2018-06-21]. http://www.cq.gov.cn/publicinfo/web/views/Show!detail.action?sid=4235412.

镇等相继开街。同时，针对新兴消费模式，市内大多数文化场所已实现在线消费，涌现出漫淘网、逸票网等大批文化电商，为扩大文化消费试点提供了广阔空间。目前，重庆市通过外引内扶，正加快建设解放碑中央文化演艺区、重庆动漫创谷等大型文化消费设施，在未来将进一步实现文化消费环境的提档升级。

重庆市以文化惠民消费季为抓手，致力于提升文化产品与服务的供给质量，设立以奖代补资金实现文化惠民，引导城乡居民扩大文化消费。首届"重庆文化惠民消费季"在2016年12月正式启动，活动由重庆市文化委员会主办，重庆演艺集团承办，各区县文化委协办，形成了"一大战略联盟、双百佳文化消费新领地、三大板块联动、42个主题、百万元消费红包、亿元文化惠民礼包"的整体格局。文化惠民消费季推出了两大新举措：一是从全市38个区县及两江新区、万盛经开区8万多家文化企业中精心筛选1000家文化企业组建"重庆文化消费企业联盟"；二是推出"双百佳文化消费新领地"评选工作，通过网络投票、媒体推荐、专家评审等方式，评出了100个传统文化消费新领地和100个新兴文化消费新领地，以文化消费资源的聚集效应拉动文化消费增长。历时三个月的首届"重庆文化惠民消费季"共计推出11000余场各类文化活动，1080余万人次参与其中，直接拉动文化消费13.8亿元，实现综合效益47.8亿元，实际交易合同签约6500余项，完成交易金额37亿多元；通过折扣、满减、买赠等方式，惠民金额达到23.3亿元。[①]"文化企业经营创新以奖代补计划"

[①] 首届重庆文化惠民消费季落幕，直接消费金额47.8亿元[EB/OL]. (2017-03-24)[2018-06-10]. http://cq.ifeng.com/a/20170324/5493543_0.shtml.

共有110家企业受益,直接拉动文化产品销售约35亿元,有力促进了供需对接和模式创新。经第三方绩效评估显示,试点工作取得了良好的社会经济效益,财政资金投入与税收产出之比超过1∶10[①];并在培养文化消费理念和习惯、扩大和提升文化供给、培育新的消费增长点方面取得了积极成果,成为重庆市历史上历时最久、参与主体最多、覆盖面最广的大型文化活动。

2017年重庆市第二届文化惠民消费季抓住了扩大内需和供给侧结构性改革两个重点。在第二届文化惠民消费季中,重庆市各区县也瞄准当前文化消费热门领域,结合各自区位优势、文化特色,形成市区联动、相互呼应的文化消费促进格局。渝中区以"文化消费券大派送"为重点,将总价值50万元的文化消费券全部派发到居民手中,消费券在影院、剧场、书店等文化场所可直接抵用现金;巴南区以简单生活节为主题,印制了5000张价值10万元的礼券进行现场派发,30家特色文化企业集结匠人街,集中展销非遗产品、潮流文创、精品图书等,为期仅3天的活动就吸引居民近6万人次参与,销售营业额近20万元。[②] 第二届文化惠民消费季以丰富多彩的文化活动,让全重庆市民更广泛、更便捷、更直接地享受到文化消费的盛宴。

打造消费品牌、刺激文化消费是重庆市培育文化消费的主要途径。一方面,重庆市通过文化惠民消费季为依托,打造特色区域文化消费品牌。重庆市近年来建设了一批辐射力强的文化消费

---

① 重庆市国家文化消费试点工作综述 [EB/OL]. (2017-11-14) [2018-06-10]. http://photo.qianlong.com/2017/1114/2171526.shtml.

② 打造重庆文化消费新名片 [EB/OL]. (2018-01-01) [2018-06-10]. http://news.ifeng.com/a/20180101/54703847_0.shtml.

综合体,不断吸引并引导高端文化产业要素聚集,丰富了居民的文化消费选择。另一方面,重庆市充分发挥了政府作为企业与消费者间的桥梁承受力和转运力作用,积极加大文化产业布局和文化项目的策划力度,着力填补重庆市文化产业短板,推动文化企业的转型与创新,提升重庆城市文化形象并努力打造独特的山城文化品牌。

七、遵义

遵义市位于贵州省北部,是贵州省第二大经济、文化、贸易城市,黔川渝三省市结合部中心城市,国家全域旅游示范区。近年来,遵义市高度重视文化产业发展,大力实施文化强市战略,全力推动遵义文化的挖掘与开发,促进文化与旅游、城建、互联网等其他领域融合发展,遵义市正逐步形成红色文化创意升级、传统文化与新兴文化兼修并重、文化消费市场规模不断扩大的崭新局面。

2015年,贵州省作为西部地区唯一被国家相关部委纳入文化消费试点项目的省份,以遵义市汇川区为全国试点,通过直接向居民文化消费实行补贴的政策,重点构建拉动居民文化消费的长效机制,培育农村居民的文化消费习惯。遵义市经过公开征集的方式,确定西西弗书店、遵义演艺集团等涵盖出版、广播影视、文艺表演和文化艺术培训四大类共13家文化企业或单位成为城乡居民文化消费试点合作商户,居民通过"汇川文化消费频道"可以进行线上或线下扫描购买。文化消费试点合作商户按20%的比例补贴图书、报纸、期刊、音像制品和电影票等的购买,按10%

的比例补贴美术、舞蹈、音乐、书法培训等活动的参加，以定比补贴的方式给城乡居民带来真正的文化消费实惠。继2015年遵义市被纳入西部地区文化消费试点项目之后，2016年，遵义市作为国家文化消费试点城市工作启动。遵义市按照公共文化服务改革政策，积极扩大文化产品的有效供给，改善文化消费环境，采取"需求侧"精准性激励+"供给侧"结构性改革+"环境侧"重点性改善的综合性政策措施整合模式，以项目带动方式为主，结合遵义市市情实际和地方特色文化资源，实施文化、广电、新闻出版和特色乡村文化旅游等项目，培育和建立了扩大城乡居民文化消费的长效机制，促进了遵义市文化与科技、生态、旅游、康养等产业的深度融合，对提高遵义市文化产业总体实力和竞争力产生了积极的作用。

遵义市是国务院首批公布的历史文化名城，是贵州省的文化及文物的富集区，拥有以遵义会议为代表的红色文化，以茅台酒为代表的酒文化，以海龙屯为代表的土司文化，以及以仡佬文化为代表的民族民间文化等底蕴丰厚的地方特色文化资源。遵义红色文化旅游和民族民俗文化旅游是整个西南地区文化消费的热点。随着全域旅游正式进入国家战略体系，创新旅游新格局、融合旅游新业态、提升旅游新品质成为当今旅游业发展的主题。2016年2月，遵义市被国家旅游局确定为首批国家全域旅游示范区，在此之后，遵义市深入实施了大旅游战略行动，在精品景区、基础设施、智慧旅游、配套服务、旅游扶贫等方面开展了众多项目，催生了一批具有遵义特色的旅游新业态、新产品及新路线，不断强化旅游业态创新，加强文化旅游品牌建设，逐渐形成了"全景域体验、全过程消费、全产业融合、全民化共享"的遵义全域旅游新格局。据遵义市旅发委数据统计，随着遵义市全域旅游的发展，全市旅游淡旺季界限逐渐模糊，丰富多元的文化旅游产品与服务得到了大量游客的青睐。2017年，遵义市接待游客达8210.31万人次，实现旅游综合收入778.09亿元，同比分别增长40.02%和45.1%。[①]

遵义市以选定的四大类13种文化消费产品，通过"你买书我买单"活动、全民艺术补贴、"文惠遵义"等项目为居民带来文化优惠。遵义市扩大文化消费试点工作以建立城乡居民文化消费长效机制为目标，以政府投入为引导，以市场配置资源为核心，以社会力量为主体，以直接补贴城乡文化消费者为主要方式，以项目为载体，统筹全市文化消费改革。此外，遵义市还充分利用当地文化资源，以"旅游＋农业""旅游＋工业""旅游＋文化""旅游＋健康"等实现旅游与农业一体化发展，促进工业遗产旅游，扩大红色文化旅游以及推动康养旅游的培育。遵义市以旅游业全区域、全要素、全产业链发展，实现了旅游业全域共建、全域共融、全域共享的繁荣局面，全域旅游成为拉动遵义市文化旅游消费的重要切入口，进而促进全市经济增长。

八、丽江

丽江市位于云南省西北部云贵高原与青藏高原的连接部位，具有独特的自然地理与生态环境，以及悠久灿烂的多民族文化。

---

① 遵义市"落子"全域旅游，处处皆美景四季有耍头 [EB/OL]. (2017-10-20) [2018-06-12]. http://zy. gog. cn/system/2017/10/20/016172513. shtml.

丽江是全国唯一拥有文化、自然、记忆三项世界遗产桂冠的地级市，具体包括世界文化遗产丽江古城，世界自然遗产"三江并流"，以及世界记忆遗产东巴古籍。近年来，丽江市委、市政府高度重视文化产业发展工作，结合实际，坚持"以自然为本、以特色为根、以文化为灵魂、以市场为导向"的方针，实施文化立市战略；"以建设世界文化名市，打造文化硅谷"为目标，大力推进文化产业与旅游产业高层次、大范围的深度融合，打造了文化遗产与旅游产业共同发展的"文化旅游模式"，成为支撑丽江城市品牌和经济社会发展的重要力量。丽江市文化产业以充实民族文化内涵为主旨，致力于提升旅游品牌的文化寓意，让旅游业焕发新生，每年吸引数百万当地居民和外地游客前往消费，推动了丽江文化旅游业的健康发展。

2016年6月，丽江成为云南省唯一被列为首批国家文化消费试点的城市。此后，丽江市把引导城乡居民扩大文化消费作为全市重点工作开展，制定了《丽江市引导城乡居民扩大文化消费试点工作实施方案》，设置文化消费试点工作专项资金，全面启动实施文化消费试点工作。丽江市以"民族特色文化为引领——实现文化与旅游深度融合发展"的扩大文化消费试点模式，依托丰富的民族文化旅游资源，将文化消费工作贯穿于文化建设各领域，为城乡居民开展文化消费营造了良好的环境。为促进居民文化消费，扩大文化消费补贴覆盖面，丽江市根据实际，不断整合文化资源，以"政府补贴、企业让利、居民消费"的原则，开展了"文化消费季"等系列文化消费活动。从2017年3月开始，丽江市启动百万礼包文化惠民消费活动，向广大居民发放价值100万元的文化惠民礼包，引导居民参与文化消费。丽江以全市33家文化消费重点企业为主,开展文化企业系列消费惠民活动。政府联合各文化企业结合实际推出城乡居民文化消费优惠项目,共同推出电影、图书、文艺演出、民族文化体验等多种类型的文化消费惠民卡,支持居民观看电影、文艺演出,参加展览、讲座等系列活动,向居民推出不同类型的文化大餐,培育居民的文化消费观念,吸引居民参与文化消费。据统计,截至2017年7月底,丽江市城乡居民购买文化惠民卡7.27万人次,带动全市城乡居民参与文化消费活动110万人次,拉动城乡居民消费规模达3.3亿元。[1] 此外,2017年4月,丽江文化消费数据APP"文化丽江"正式上线,丽江文化消费数据APP是丽江市深入推进全市文化消费试点工作的又一重要举措。"文化丽江"APP一方面为丽江文化企业搭建了一个宣传、展示、推介、营销的专业性平台;另一方面为广大丽江居民和外地游客选择文化消费品提供了便捷的渠道。

文化旅游产业是丽江的优势产业。丽江市依托丰富的旅游资源和文化资源,经过多年的摸索,逐渐探索出一条以文化旅游业带动,促进当地经济社会协调发展的路径。丽江在巩固原有的特色文化产业的基础上,通过体制改革与机制创新,加强文化创意与旅游的深度融合,促进区域资源的有机整合与产业的跨界合作,不断提升文化旅游品质。为拓展文化消费业态,丽江市实施了一系列文化品牌引领战略,结合各地有影响、有特色的文化节庆活动,充分发掘传统节日和地域民俗活动的文化内涵,丰富人民群众的文化消费选择。丽江市丰富多彩的文化节庆活动每年都吸引数十万群众参与,进一步扩大了居民和游客的文化消费选择。

---

[1] 看一看,丽江文化消费试点城市活动一年来取得了哪些成绩?[EB/OL].(2017-09-15) [2018-06-12]. http://www.sohu.com/a/192348784_169069.

丽江市通过推动文化与旅游深度融合，把文化与旅游资源优势转化为市场优势，一方面让旅游在文化中找到了发展路径；另一方面实现了文化在旅游的盈利，提供了更多的就业机会，促成了文化与旅游的共融与双赢，同时实现了社会与经济效益的双收。丽江市为支持重点文化企业的发展，每年设立了2000万元的文化发展专项资金，通过"文化+旅游""文化+体育""文化+节庆""文化+康养""文化+金融"等产业的融合发展，使丽江呈现出了不同于其他国家文化消费试点城市的独特的"文化+"面貌。文化旅游带来了强劲文化消费力，据统计，2017年上半年，来丽江游客达1786万人次，其中《印象丽江》《丽江千古情》《云南的响声》《丽水金沙》等文化演艺项目接待游客700余万人次，全市文化企业营业总收入约94亿元，增速保持在10%以上，拉动文化旅游消费325亿元。[①]

文化消费是促进文化大繁荣大发展的主要动力，是拉动经济增长的主要切入口。丽江市开展扩大文化消费试点工作以来，以"文化+"推进文化的引领作用，结合文化产业的供给侧改革，积极推进公共文化服务建设。丽江市通过开发深层次的文化消费产品，引导居民树立正确的消费观，提升文化消费层次与覆盖面。在"文化立市"战略下，丽江大力发展文化旅游，以民族特色文化为引领，文旅深度融合发展，不仅为丽江当地居民提供了更加亲民、便民、惠民、利民的文化消费，也为外地游客营造了良好的文化旅游消费环境。

---

① 看一看，丽江文化消费试点城市活动一年来取得了哪些成绩？[EB/OL]. (2017-09-15) [2018-06-12]. http://www.sohu.com/a/192348784_169069.

第二节　文化消费增长的城市经验

现如今，我国经济下行压力较大。在此情况下，培育文化消费是促进经济增长和经济转型的一个重要着力点，可以在稳增长、促改革、调结构、惠民生、防风险中发挥举足轻重的作用。从2016年7月文化部宣布第一批文化消费试点城市名单至今，已经过去了两年多时间。截至目前，全国范围内已经有45个城市被确定为国家文化消费试点城市，这些城市结合当地实际状况，勇于创新，积极采取各式各样的举措以促进当地文化消费的增长，都取得了理想的效果。本节主要梳理总结各个文化消费试点城市的发展模式和城市经验，试图建立扩大和引导文化消费的长效机制。

一、改善文化产品和服务供给结构，扩大有效供给

改善文化产品和服务的供给结构，扩大有效供给是文化消费试点城市促进文化消费增长的有力支撑点。在这一点上，重庆市和广州市等城市都有着不俗的表现。为了推进"文旅商"融合消费，重庆市在实景演出上下足了功夫。在武隆县桃源大峡谷上演的《印象·武隆》累计票房逾3亿元，平均上座率在80%以上。与此同时，《天上黄水》《川军血战到底》《梦幻桃源》已正式开演，《大美重庆三千年》《朝天门》等一批剧目正在加紧策划与打造中。广州市持续加大对精品力作的创作支持，2017年全年投入5800万元支持粤剧《岭南人家》《南越宫词》和话剧《邯郸记》

等。《岭南人家》已于 2018 年 4 月 29 日在江南大戏院进行首演，广受好评。

由此可见，增强文化产品的供给能力，提供多样化和个性化的文化消费产品，建立扩大城乡居民文化消费的长效机制，能够扩大城市的文化消费总量。大众通常只会对那些内容优质、积极向上、喜闻乐见的文化产品埋单，也只有这样的作品才能经得起市场的考验，使文化消费在提高城市文化产业总体实力和竞争力方面发挥积极作用。目前，文化产品和服务的供需矛盾是制约绝大多数城市文化消费增长的绊脚石。因此，各个城市要积极学习文化消费试点城市的成功实践经验，坚持需求引领，供给创新。①

第一，积极开发新的文化业态，制造新的文化消费热点。对于文化企业来说，要时刻关注大众消费动向，找准投资风口，建设符合大众消费兴趣和爱好的文化消费场所和大众喜闻乐见的文化产品。对于政府来说，要积极提倡绿色环保型文化消费。除此之外，政府和企业要联起手来，给大众提供新颖的文化消费活动平台。成都的"金沙太阳节"、鄂尔多斯的"国际那达慕大会"、北京的"消费文化季"、石家庄的"吴桥杂技艺术节"、南昌的"南昌文化消费月"等都是值得学习和借鉴的优秀案例。②

第二，坚持内容至上，创作文化精品。一方面，在前期要针对大众开展大规模的文化消费调研，了解大众切切实实的文化消

---

① 城市文化消费的巨大缺口，从哪里填补？[EB/OL]. (2017-09-05) [2018-06-13]. http://news.ifeng.com/a/20170905/51883082_0.shtml.

② 言之有范. 关于文化部文化消费试点城市的中期考察思考 [EB/OL]. (2017-04-27) [2018-06-13]. http://www.0571ci.gov.cn/article.php?n_id=8160.

费需求，以此"对症下药"创作文化精品，并对大众的文化需求进行长期的跟踪与反馈；另一方面，政府可以采取补贴、免票等政策鼓励大众走进剧院剧场，享受文化消费，缓解城乡居民文化消费的经济压力。坚持内容至上始终是文化创作的基本原则，因此需紧盯以下两大主攻方向：一是要切实保证文化产品的质量，提升文化产品的有效供给；二是要定期淘汰过剩文化产品供给，减少低端文化产品的供给。

第三，以当下新技术为载体，创新文化产品供给方式。政府要积极探索符合本地居民消费特征的文化产品供给模式和文化产品配送模式。实际上，演出"送票"行为并不是长期可行的供给方式，虽然它在短时期内确实能够激起大众对于观看演出的兴趣和积极性。但是经验表明，当市民花费一定的资金购买演出票时会更加有助于提高他们的成本意识，有助于培养正确的文化消费习惯，他们反而会更加珍惜每次的观赏机会，这就很大程度上避免了公共文化资源的浪费。

二、加强文化基础设施建设，拓展文化消费空间

文化基础设施是展示城市对外形象的重要窗口，对于提升城市品位、拓展文化消费空间、改善群众生活质量、集聚城市人气起到极大的推动作用。在这一点上，重庆市、石家庄市、南京市有着不俗的表现。重庆市组建"重庆文化消费企业联盟"，评选"双百佳文化消费新领地"；石家庄市政府积极打造了一批规范运营、环境优越、群众喜爱的休闲文化娱乐场所，例如红太阳大剧院、洪顺曲艺社、万象天成下沉广场等；南京市政府开设"南京

文客网"和"在南京"APP，主要用于搜集和综合全市文化娱乐信息，分析和公布城市文化消费指南，为民众线上和线下文化消费带来极大的便利。[①]

由此可见，这些城市不但完善了文化消费基础设施建设，优化了城市文化消费环境，而且也满足了群众日益增长的文化消费需求，更加释放了群众的文化消费潜力。因此，各个城市应持续加大文化基础设施建设投入，争取构建出能够覆盖城乡、功能齐备的现代公共文化服务体系。例如增加文化活动站的建设数量，加大对"三馆"（图书馆、文化馆、科技馆）的资金投入比重，开展形式多样的文化消费休闲活动。除此之外，政府还应当大胆尝试将"互联网+公共文化服务"的模式运用到城市的文化建设中。

在加强文化消费基础设施的建设上，南京市的做法值得全国城市学习与借鉴。2016年12月17日，南京市市政府办公厅印发《南京市引导城乡居民扩大文化消费的实施意见》的通知，"支持社会资本参与文化消费项目配套设施建设，鼓励各类主体兴办或改造文化园区载体。在符合城市规划的前提下，允许适当改建少量文化消费项目。进一步完善城乡公共文化设施建设，推进文化资源合理布局。根据市场需求，打造一批集影剧院、综合性书城、艺术画廊、电子阅读体验中心等文化消费项目于一体的大型文化消费综合体"[②]。

---

① 扩大文化消费试点工作有序推进 [EB/OL]. (2017-01-23) [2018-06-13]. http://www. chnlib. com/wenhuadongtai/2017-01/83971. html.

② 南京市引导城乡居民扩大文化消费的实施意见 [EB/OL]. (2016-12-17) [2018-06-17]. http://www. nanjing. gov. cn/zdgk/201810/t20181022_573318. html.

值得注意的是，在加大城市文化基础设施建设的同时，更要注意到中国西部地区及农村地区的旺盛需求。当前，尽管我国西部和农村地区的基础设施建设已经取得了很大成就，但不得不承认的是仍然存在较多问题。这些问题恰恰是制约文化消费潜力释放的重要因素。因此，西部及农村地区不能忽视，更应加大其文化基础设施的建设及文化消费空间的拓展。

三、优化制度设计，完善文化消费促进政策

政府出台的相关政策措施是保证城市文化消费增长的有力手段，不但能够保障大众的基本文化消费需求，而且可以促进城市的成功转型。纵观全国，各地都认识到了政府发挥引领作用的重要性，因地制宜地出台了文化消费领域政策，试图完善本地的公共文化服务网络。在这一点上，北京市、鄂尔多斯市、上海市、天津市都有着不俗的表现。2014 年 12 月 30 日，北京市出台《北京市人民政府关于促进文化消费的意见》；2016 年 6 月 7 日，鄂尔多斯市出台《鄂尔多斯市关于促进文化消费的实施方案》；2016 年 9 月 12 日，上海市印发《上海市促进新消费发展发挥新消费引领作用行动计划（2016—2018 年）》；2016 年 12 月 22 日，天津滨海新区制定《引导城乡居民扩大文化消费试点工作方案的通知》，为试点工作提供保障。[1] 以上城市充分发挥政府的资金牵引作用和行动推动作用，制定出了符合本地区的有利于促进

---

[1] 言之有范. 关于文化部文化消费试点城市的中期考察思考 [EB/OL]. (2017-04-27) [2018-06-13]. http://www.0571ci.gov.cn/article.php?n_id=8160.

文化消费增长的政策措施，构建起以大众需求为导向的新型财政体制。

2015年，国务院办公厅印发《关于加快发展生活性服务业促进消费结构升级的指导意见》。2017年，中共中央办公厅、国务院办公厅印发《国家"十三五"时期文化改革发展规划纲要》。这些政策文件都不约而同地提出要将扩大文化消费作为接下来工作的重要目标，与此同时，根据中国东、中、西部的实际状况，提出了不同的发展路径和对策。其中，对位于东部地区的文化消费试点城市建议采取线上线下相结合的方式；对位于中部地区的文化消费试点城市建议以文化消费刺激政策；而对位于西部地区的文化消费试点城市建议积极响应国家的文化消费补贴政策，以谋求经济增长。2016年12月25日，《中华人民共和国公共文化服务保障法》正式出台，在这一历史性突破的基础上，各个城市应打起精神，力求出现从行政性"维护"到法律性"保障"的跨步，切实满足人民群众的精神文化需求，推动公共文化服务的标准化、均等化和专业化发展。[①]

一方面，加大对内容积极文化产品的支持力度和对内容消极文化产品的打击力度。众所周知，文化产品具有意识形态和商品性的双重属性特征，如何保证其社会性和商业性的统一是工作的重中之重。一般来说，积极向上的文化产品能够弘扬社会主义核心价值观，对消费者产生正确的导向作用。而一味地迎合世俗趣味与低级趣味的消极文化产品，会极大地破坏社会风气，违背历

---

① 范周，萧盈盈. 城市文化消费的巨大缺口，从哪里填补？[EB/OL]. (2017-09-05) [2018-06-13]. http://news.ifeng.com/a/20170905/51883082_0.shtml.

史真实，极易对消费者产生恶劣影响。

另一方面，加大财税支持力度。为了引导、鼓励和刺激文化企事业单位积极投入文化产品与服务的开发与建设中，政府要适时加大财税支持力度，保证其项目的正常实施与运转。与此同时，对于大众消费者，政府要积极转变财政补贴方式。过去，文化产品和服务的供给端是政府的主要补贴对象，现如今政府要完成转变，注重以消费者为核心的消费端，鼓励消费者选择、消费和享受他们喜欢的文化产品和服务。

四、引导消费行为与培育消费理念相结合

扩大文化消费是繁荣文化产业、推动文化事业的关键一环。树立与科学发展观相适应的文化消费理念，引导大众文化消费行为是更好发挥文化消费对经济增长拉动作用的必要前提。目前，多个城市正通过开展文化惠民活动，培养市民的文化消费习惯，激发市民的文化消费热情。在这一点上，天津市、成都市、宁波市、武汉市有着不俗的表现。天津市武清区自从开展"乐享武清"文化消费季惠民活动以来，效果显著，2016年发行文化惠民卡达5000张，2017年数量翻一番，高达1万张；成都市为购买社会服务，政府直接投入1500万元用于举办文化惠民演出，吸引了近100万人次市民的关注；浙江省宁波市加大文化消费的宣传力度，积极实行高雅艺术演出政府补贴制度，政府累计发放补贴已达6000多万元，营造了良好的文化消费氛围；湖北省武汉市政府则利用城市户外荧幕、文化广场和社区宣传栏等平台，不断加大对优质文化产品和服务的推广与宣传。由此可以得出的经验是，城市应积极开展文化惠民活动,通过活动的举办,逐渐引导和培养大众正确的文化消费习惯,从而加强与提升大众的艺术修养、人文素养和文化消费素养。

培育城市居民的文化消费理念,引导消费行为与培育消费理念相结合是促进文化消费的根本所在。当下,中国"千禧一代"——"80后""90后"成为文化消费的主力军。因此文化消费市场的拓展,尤其要瞄准这一特殊群体。与此同时,政府要在从事文化生产的企业和进行文化消费的民众之间搭建起更为广泛、方便和优惠的渠道。不但能够促使生产企业最大限度上降低成本,而且可以促进它们更大规模实现既定的销售目标。[①]

如何才能激发大众对于文化消费的活力,引导消费行为与培育消费理念相结合?培养健康的文化消费习惯是关键。以演出行业为例。首先,要逐步取消沿袭已久的送票、赠票和蹭票的陋习。纵观全球,除中国外,全世界没有任何一个剧院或艺术中心是采取免费发票的方式来鼓励民众走进剧院的。相反,国外的做法是,"提倡文化消费成为所有家庭和个人支出中的重要组成部分"[②]。首先,相关文化机构要积极肩负自身使命,抵制生产败坏社会风气的低俗作品,生产优质的、人民喜闻见乐的文化精品,提供一流的、广受好评的文化服务。其次,政府也有必要担负起肩上的责任,扮演好文化产品繁荣的推手,使"有形的手"与"无形的手"紧密结合。与

---

① 专家:应培养健康的文化消费习惯 [EB/OL]. (2017-09-05) [2018-06-17]. http://www.chinanews.com/cul/2013/10-15/5380470.shtml.

② 苏丹丹. 北京惠民文化消费季:释放文化消费的经济拉动力 [EB/OL]. (2013-10-15) [2018-06-17]. http://www.ce.cn/culture/gd/201310/15/t20131015_1618600.shtml.

此同时,"精准化"应成为政府部门做文化消费补贴工作的追求与目标,真正使补贴工作发挥出刺激消费、促进供给侧提升的效用。再次,文化企业在探究和分析大众消费心理的基础上,要有灵敏的嗅觉,紧抓市场热点,通过合适的传播方式和手段激发大众的消费欲望。最后,文化企业要善于运用新技术、新平台和新模式迎合新时代的精神需求,在"互联网+"发展的大趋势下,将信息网络技术与企业核心产业融合,创新文化企业的发展方向。

五、做好统计监测,健全评价机制

如何设计文化消费的评价指标体系,做好统计监测,健全文化消费的评价机制,事关从宏观上整体把握和管理文化消费的发展。在这一点上,北京市和合肥市有着不俗的表现。一直以来,北京市政府致力于丰富和深化适合中国国情的、具有首都特色的文化消费理论研究。与此同时,文化消费被北京市政府列为衡量经济运行的主要指标,在华北地区乃至全国范围内率先构建文化消费统计监测体系,加强文化消费数据的统计、监测和考核。据有关资料显示,北京文化消费的"晴雨表"注重以下"三大机制":一是构建细分行业、典型企业的数据监测机制;二是构建文化消费产品或服务的价格指数机制;三是逐渐完善由第三方实施的消费者评价和反馈机制。①

---

① 光明网. 文化消费如何助推首都建设发展 [EB/OL]. (2016-12-08) [2018-06-17]. http://epaper. gmw. cn/gmrb/html/2016-12/08/nw. D110000gmrb_20161208_3-14. htm?div=-1.

安徽省合肥市积极探索创新城乡居民文化消费模式,引入文化消费评价机制。具体措施是,广大市民一旦参与公共文化活动便可获取一定的积分奖励,根据制定的规则,一定的积分可兑换一定量的现金券,大众可凭现金券到文化企业进行消费。如此做法的最大可取之处就是打通了文化事业与文化产业的互促渠道。据了解,"包括安徽省博物馆、省图书馆、渡江战役纪念馆等6家公益性文化场馆,以及合肥市新华书店有限公司、合肥保利大剧院等7家文化企业下辖的15个门店,合肥市几乎所有的文化场馆和文化企业都参与了此次试点工作"[1]。该做法不仅极大地鼓励与提升了普通消费者参与公共文化服务的积极性,而且能够极大限度地刺激文化消费。此次试点工作引入的评价机制,给城市公共文化服务机构日后服务内容和质量的改善与提升提供了可参照样本,以更好地在未来为大众提供更多、更优质的文化产品。

要想做好统计监测,健全评价机制,应做到以下四点:一是完善文化消费环境。浙江省宁波市以创建"文化市场综合执法规范化示范区"为出发点,通过加大打击制售假冒伪劣行为,规范和净化文化市场秩序,在保护好知识产权的同时,满足了大众日常的文化消费需求。二是加强文化消费有关数据的收集、比对、分析和总结工作。对文化消费服务平台和信息数据库平台也要进行适时的维护。三是完善文化消费统计监测机制。不但要积极组织有关文化消费监测的各项活动,而且要配合第三方机构做好文化消费情况的监测与调查。四是积极构建文化消费指标评价体系。

---

[1] 刘美子. 合肥:创新文化消费模式[EB/OL]. (2015-08-31) [2018-06-17]. http://www.news.163.com/15/0831/19/B2CDJ6AL00014JB5.html.

对文化消费的主要发生领域要进行实时的监测,掌握其发展特征、发展规律和发展趋势,为政府指导相关政策提供一定参考依据。文化产品和服务的评价机制通常以市场为导向,因此政府要把"市场认可度"这一指标纳入评价文化消费项目的机制中,定期优化政策激励举措。

第七章　中国文化消费发展的路径及趋势

第一节　引导和扩大文化消费的对策建议

引导和扩大文化消费，绝不仅仅是简单地刺激消费需求，而是建立在完善制度设计的基础之上，需要良好的市场环境、政策环境和文化氛围的支撑。促进文化消费没有放之四海而皆准的可以绝对照搬的模式，各地在开展文化消费工作的过程中，既要总结和借鉴试点城市的经验，又要结合资源优势、区位条件以及文化消费发展的现实情况和制约因素，因地制宜地探索具有本地特色的路径和方式。总的来说，促进文化消费的发展，要推动文化供给侧和需求侧两端同时发力；坚持顶层设计与地方创新协同共进；发挥政府引导和市场主导的互补优势；促进文化产业和公共文化服务的有机融合；培育消费理念和消费习惯与刺激消费需求和消费行为相结合；积极为文化消费插上科技与金融的双翼。尤其要树立全局观念和系统思维，不能孤立地看待文化消费，而是要将推动文化消费增长与经济社会发展和城市建设统一起来。具体来说，推动和提升文化消费主要包括以下四个方面的内容。

一、优化顶层设计，加强统筹协调

（一）因地制宜优化制度设计

我国现阶段文化消费的市场化程度仍然偏低，居民消费的自主性和积极性不高。因此，构建一个有利于文化消费长期稳定增长的制度环境就显得至关重要。在国家层面，必须注重顶层设计，制定促进文化消费的基本原则、整体框架和制度体系，推动建立全国性的文化消费统计标准和管理规范，加大对消费试点城市的指导与培训，突出顶层设计在文化消费发展中的宏观管理作用。同时，要进一步提高居民可支配收入，完善税收和社会保障制度。收入是消费的基础，文化消费市场的繁荣发展必须建立在城乡居民消费能力提升的前提之上。此外，由于中国传统消费文化中的节俭思想以及自然经济时期遗留下来的注重积蓄以实现自我保障的保守型消费观，加之当前社会主义市场经济体制仍缺乏完善的公共服务和社会保障体系的配套，住房、教育、医疗（养老）成为压在人们心头的"三座大山"，导致居民文化消费水平提升与收入水平提升的不同步，且当收入预期降低或不稳定，经济压力较大时，人们首先抑制的往往是"非必需"的精神文化消费。因此，一方面要不断提高城乡居民的收入水平，完善税收政策，优化收入分配格局，"稳步提高最低工资标准，建立健全职工工资正常增长机制，并加大对城乡低收入人群的转移支付力度，改善居民的收入预期"[①]；另一方面，还要健全社会保障体系，持续推进保障性

---

① 张敏.我国城乡居民文化消费比较研究——基于虚拟解释变量模型应用和消费升级视角[J].调研世界，2017（12）.

住房建设，深化教育体制和医疗体制改革，推动"医养一体化"，逐步实现医疗保险、养老保险、失业保险、最低生活保障等的全覆盖，增强消费者信心，提高居民进行文化消费的意愿和能力，将潜在的消费需求转化成现实的有效需求。

在地方层面，各地要因地制宜，积极探索创新，设计科学合理的促进文化消费的模式和长效机制，并制订具体细致的实施方案，出台针对性和可操作性强的配套政策措施。从实际出发，采取或综合运用价格补贴、积分兑换、项目补贴、"以奖代补"、服务平台等多种模式和手段引导与激励消费。一定要结合本地的文化资源优势，根据经济发展及居民收入水平、教育水平及居民文化素质、文化产业发展及公共文化服务水平以及历史文化传统、基础设施状况等现实条件，充分联系当地的文化消费实际，平衡好文化企业与消费者的利益。既要借鉴其他地方的有益经验和模式，又不能照搬照抄；既要体现特色，又要实事求是，建立和完善兼顾全局性、系统性、在地性和可行性的制度体系。其中，关键是要抓好"特点""亮点"和"痛点"，即结合自身特色和优势，打造可复制推广的促进文化消费的模式；集中力量，重点突破，在某些消费领域里形成全国性的亮点；抓住市民反映最为强烈、需求最为旺盛但尚未被满足的消费痛点，快速形成文化消费的氛围和良好的社会口碑。

（二）推进供给侧结构性改革

供需矛盾和二者的结构性失衡是目前文化消费的绊脚石。因此，扩大文化消费，必须从供给侧与需求侧同时发力，坚持需求引领、供给创新，推动文化领域供给侧与需求侧协同改革。通过提高文化供给的质量和效率，以有效供给创造需求，形成文化需求升级与文化供给升级协调共进的高效循环。在需求侧，首先要进行大规模的市场调研，分析和发现市民最强烈的、未被满足的文化需求，并依托文化消费信息平台建立大数据库，持续跟踪需求的动态变化；其次要通过补贴、返现、积分兑换等消费激励手段提升城乡居民的支付能力，并通过行之有效的措施让其转化为实际的文化支出。在供给侧，一是要提高文化产品供给质量，淘汰过剩供给，减少低端供给，增加有效供给，丰富优质供给；二是要以"文化+"和"互联网+"为主要融合路径，创新文化供给的产品、渠道和方式，形成新兴文化业态，从而创造文化新市场，引领文化消费新需求。①

具体来说，文化领域供给侧改革的核心是提升文化产品和服务的供给质量，优化供给结构，构建政府主导、社会参与、多元投入，保基本、多样化的供给体系。首先是产品和服务创新。针对目前文化消费中存在的有效供给不足、供需不对称所造成的结构性失衡的现状，必须结合资源和区位优势，建立特色突出、种类多样、多层次、多样化的文化产品和服务供给结构。推动产业融合与产业链延伸，拓展文化消费新空间，并将文化元素与科技和创意设计深度融合，提升产品附加值和品牌竞争力，增强市场吸引力。在文艺作品的创作方面，要提升原创能力，改变有"高原"缺"高峰"的现象。完善资金扶持和奖励机制，鼓励创作精神内涵丰富、艺术价值高且反映时代特征的"叫好又叫座"的原创文化精品，同时改革评价体系和评奖制度。对于高雅的、学术含量高的、受众范围小的文化产品与服务，政府应给予一定扶持，

---

① 柳杰，熊海峰. 文化领域供给侧结构性改革之路[N]. 中国社会科学报，2017-07-10.

使其发挥在相关领域不可替代的"标杆"作用。[①] 在此基础上，不同地区在推进供给侧结构性改革的过程中不能盲目跟风、千篇一律，而是要突出自身的资源特色，立足资源优势，探索适合本地区的资源开发策略和产业发展方式，塑造独特的区域文化品牌。例如，云南丽江依托特色自然、民族和历史文化资源，以文化旅游为核心，带动了演艺、影视、会展、节庆等相关产业的联动式发展；黑龙江哈尔滨发挥自身作为"冰雪之城""音乐之都"的优势，打造了"国际冰雪节""中国•哈尔滨之夏音乐会"等一系列特色品牌文化活动。

其次是消费载体和业态创新。在互联网＋、数字化、智能化、体验经济和共享经济的时代背景之下，应当充分研究新媒体和数字媒介的互动方式和传播特点，分析传统实体书店向复合型文化生活空间、传统商业空间向商业文化综合体转型的经验，把握共享单车、知识分享、文化众筹等新兴业态领域的发展趋势，打破思维定式，改变经营理念，重新思考互联网时代的商业模式和商业形态，不断探索创新。同时，要定位新的消费趋势，敏锐捕捉和创造最新的消费需求。未来文化消费要"站在前瞻高度关注新生代群体的文化选择趋势"[②]，尤其要把握快速成长起来的"90后""00后"消费群体的需求特征、审美偏好和消费习惯，提供能够激发他们的消费兴趣，符合他们的消费特点的新内容、新体验和新的消费方式。

此外，要促进公共文化服务和文化产业有机融合。促进文化

[①] 谭荔丹."十三五"时期我国文化消费的发展特征和对策建议[J].中国经贸导刊，2017（2）.

[②] 同上.

消费，公共文化消费是基础，文化产业是提升。公共文化服务的主要功能是满足市民的基本文化消费需求，保障其基本文化权益；文化产业的核心则是满足市民多样化、个性化的文化消费需求，提供更高品质的文化享受。二者要有机结合，相互促进。一方面，通过奖励补贴、税收优惠等方式激励文化企业提供更多优质文化产品和服务，发展适应消费者购买能力的业务。培养新的消费增长点，在发挥龙头企业引领带动作用的同时，鼓励小微企业创新创业。完善创新创业体系和服务平台，通过专项资金和各种扶持性政策等鼓励优质化、个性化、分众化、多样化产品和服务的生产，推动特色文化产业发展。创新文化成果转化模式，提供更有针对性的专业服务和中介服务，推动内容创作、成果转化、经营推广一体化运作。另一方面，加强公共文化服务体系和设施建设，创造良好的文化氛围，提升大众文化素养，培养文化消费理念和习惯，扩大文化消费需求。特别是文化消费相对滞后的地区，在积极培育文化产业的同时，要更加注重公共文化服务的发展。只有不断提升居民的文化消费热情，增强其消费意识，助其逐渐形成文化消费习惯，才能为文化产业提供更坚实的基础和更良好的发展氛围。

（三）统筹区域及城乡

在区域经济一体化的背景下，文化消费的发展也建立在消费市场的开放、统一，资源要素的跨区域流动以及体制机制协调的基础之上。因此，促进文化消费必须坚持区域协同发展。推动区域协同发展，一方面要考虑区域间经济环境、教育水平、文化传统等方面的差异，因地制宜地制定文化产业和文化消费政策，建立差异化地促进文化消费的模式和机制，培育特色消费形态，打造本地文化品牌。另一方面，又要彼此学习、借鉴、交流和互动，总结文化消费发展中的共性特征和共同问题,形成可复制推广的典型经验和有效模式;构建一体化的文化市场、跨区域的公共文化服务体系和文化消费综合服务平台,共享资源、平台和公共服务。省会城市和一些文化产业较发达、文化消费增长较快的地区可以将文化产品和服务向周边地区、农村地区输送,扩大文化消费市场,同时充分利用区位优势,积极发挥辐射带动作用;文化消费相对滞后的地区则要积极引进国内外优质的演出剧目、文创产品、文化产业及文旅项目等,发挥重大项目带动作用、激发本地居民的消费热情。

此外,还要统筹城乡,把扩大农村文化消费与推进新型城镇化建设结合起来,"促进城乡良性互动、协调发展"[①]。在培育新的消费热点、激活城市文化消费市场、提高城镇居民消费积极性的同时,也要通过教育和引导逐步转变农村居民的文化消费理念和消费习惯,挖掘农村文化消费潜力,提高农村文化消费层次,缩小城乡消费水平差距。提供真正贴近农村生活、能够适应农村居民消费需求和特点的文化产品和服务。加强农村地区公共文化设施和基础设施,特别是交通、通信设施的建设,进一步提高互联网的覆盖率和电子支付平台的应用率,充分释放农村网络文化消费潜力。

二、引导消费主体,培育消费习惯

(一)加强审美教育和文化消费理念培育

由于文化消费是精神性消费,受到消费主体的文化素养、审美能力和消费理念等主观因素的制约,因而加强审美教育和文化消

---

① 齐勇锋.文化消费的现状与发展趋势[J].前线,2015(3).

费理念的培育是从内在层面推动文化消费增长的关键所在。而消费主体的文化素养和审美能力建立在一定的教育水平和社会文化环境的基础之上。因此，要通过教育提升全民文化素质和人文素养。一是在学校课程体系中保证一定比例的音乐、美术、书法等艺术普及课程，优化课程结构和教学方案，并增设传统曲艺、剪纸、版画等特色和创新类选修课，以及各种艺术、美学或人文类讲座及课外活动。尤其要注重学生人文素养和人文精神的培育——避免工具化、功利化的倾向，将科学教育与人文教育、美学教育统一起来，培养青少年的想象力、创造力以及对美的感知力和理解力。二是博物馆、美术馆、剧院、音乐厅、艺术中心等文化艺术机构在积极组织日常公共教育活动的同时，也可以开展专门面向中小学生的"第二课堂"活动，提供专业化、定制型少儿艺术教育和成人艺术鉴赏课程，提高大众的美学素养和艺术理解能力。

此外，要积极引导和培育城乡居民的文化消费理念和消费习惯，将刺激消费行为与培育消费理念有机结合起来。通过高雅艺术进社区、进校园、阅读季、设计周、文博会、音乐节、戏剧节、文化消费季（消费节）等多种形式，以及线上线下的信息发布、宣传推广等手段，营造浓厚的文化艺术氛围和优质的文化消费环境，培养城乡居民尤其是少年儿童和大学生的文化消费理念，并树立正确的价值导向，形成积极健康的全民文化消费习惯。面对消费主义文化的影响，既要避免过度消费、过度娱乐、盲目炫耀和无节制奢侈等消极倾向，又要发挥其中积极因素的作用，顺应艺术生活化、日常生活审美化的趋势，推动生活美学观念的普及，改变人们的生活方式和消费理念，倡导更贴近生活的艺术和创意消费方式。同时，充分发挥传统文化资源的优势，鼓励传统文化的创造性转化，培育新的消费形态和消费热点。探索传统艺术当代表达的昆曲作品青春版《牡丹亭》，文物活化与传统文化创新传承的文博类综艺节目《国家宝藏》，记录传统手工艺、弘扬东方美学的纪录片《了不起的匠人》，以故宫文创为代表的各类博物馆文创产品的开发以及各种非遗文化体验活动等，都是值得借鉴的有益尝试。

（二）营造文化创意氛围

文化消费的发展离不开良好的、充满创意和活力的文化氛围。首先，要塑造城市文化空间。城市文化空间是文化艺术表现形式的空间载体，也是构建优质文化消费环境的硬件支撑。一方面，要建设和完善大型文化设施，包括大剧院、博物馆、图书馆、艺术馆和科技馆等。优化文化资源配置，把闲置的空间和资源利用起来，合理布局，提高交通的通达性和使用的便利性，通过改造升级完善软硬件设施；同时丰富文化活动的内容和形式，提高居民文化消费的积极性，提升整体文化艺术氛围。另一方面，要设计与塑造城市空间形态，包括街道、广场、公园、文化艺术街区和历史文化遗迹等。例如，巴黎通过对废弃、封闭、过度商业化的码头、铁路、车站、花园、街道进行重新整理，融入艺术、创意、设计等文化元素，开展城市文化艺术空间塑造，推动其向公众开放。城市空间的塑造不限于特定的文化场馆或文化艺术园区，而是要通过老城区的改造，老工业园区、废旧厂房、历史文化街区、传统商业空间向现代化、商业性、综合性文化空间的转型升级，以及城市开放空间中公共艺术、景观小品的设置，让文化渗透在城市的每一个角落、每一处细节，真正融入居民的日常生活中，活跃城市文化，转变居民的生活方式和消费理念。

其次，要构建开放、包容、多元、创新的文化氛围。制定和实施更加开放和宽松的文化政策，强调文化的包容性；提供更加多样化的文化生活和休闲娱乐方式，构建自由、多元的文化生态和时尚、个性、现代化、多元化、全时段的休闲娱乐体系，营造充满活力的文化消费氛围。培育创新文化和创新精神，要把创新意识和创新能力的培养作为学校教育的重要内容，并制定创新成果的鼓励和扶持政策，完善知识产权保护制度，在全社会形成尊重创意、积极创新的观念和意识。同时，通过舆论宣传和引导，以及创意市集、创意大赛、创意论坛等相关活动的开展，营造充满创意的社会文化氛围，既鼓励产品、服务、技术和商业模式的创新，也为新的消费需求、消费观念和消费形态创造自由生长的空间。

（三）提升公共文化服务水平

完善的公共文化服务体系是满足公民基本文化需求的重要保障，是培育文化消费理念和消费习惯、营造文化消费氛围的基础条件。一是要加强公共文化基础设施建设，提高公共文化设施的覆盖率和利用率，着力提升标准化、均等化水平。统筹城乡，建立联动和协调机制，实现城乡公共文化资源的均衡配置和公共文化服务网络的互联互通。尤其要推动文化资源向基层和农村倾斜，通过农家书屋、文化馆、乡镇综合文化站、广播电视村村通工程等基础设施建设，引导和培养农村居民的文化消费意识和消费习惯，为农村文化消费创造良好的基础条件和积极的文化氛围。二是整合公共文化资源，创新服务内容和形式，提升公共文化服务的供给水平和效能。创新公共文化资源整合利用方式，建设公共文化资源库；提供适应市场需求和现代传播方式的公共文化产品与服务。尤其值得注意的是，农村公共文化服务体系的建设不能盲目地兴建公共文化设施，也不仅是送图书、送电影、送演出。农村公共文化服务不是简单的扶贫，不能忽视真实诉求而一味地"送"，而是要以实际需求为导向，提供真正贴近农村生活、能够适应农村居民文化消费需求和特点并为之所喜闻乐见的公共文化产品或活动，变被动帮助为主动消费。

在此基础上，还要推动公共文化服务向现代化、数字化、智能化方向发展。依托互联网、数字技术，开发建设移动图书馆、掌上图书馆、数字博物馆等，建立公共文化数字化服务平台，为消费者提供更加丰富和便捷的消费方式和消费渠道，带动新兴文化消费；通过大数据挖掘与分析，更好地了解和把握公共文化需求的动态变化，使供给与需求有效对接。同时，引入市场机制，鼓励社会力量参与公共文化服务体系建设，通过政府购买和公私合作（PPP）模式增强公共文化服务体系的活力，逐步健全与经济社会发展水平相适应、与人民群众多元化文化需求相符合的文化资源配置机制和供给机制。此外，在提供基本公共文化服务，免费开放公共文化场馆，广泛开展公益性展览、文艺演出和多种惠民文化活动的同时，创新文化产品和服务，营造新型公共文化空间，满足多样化、多层次的文化消费需求，实现标准化和个性化服务的有机统一。

三、坚持政府引导，完善消费市场

（一）创新文化治理方式

在当前我国文化消费的发展中，政府扮演着重要的角色，而文化消费工作是政府文化治理的主要内容之一。因此，各级政府要高度重视、积极作为，完善体制机制，创新文化治理方式，发挥积极的引导和促进作用。首先要正确认识文化消费，明确自身的角色与职责。提高重视程度，把扩大文化消费作为政府工作的重要内容纳入总体规划和议事日程；深刻理解文化消费的内涵，处理好文化消费与文化惠民、文化产业及公共文化服务之间的关系，采取更有针对性的措施引导和激励文化消费；处理好与市场、社会之间的关系，在做好引导、激励、监督、管理工作的同时，不进行过度干预，同时充分发挥民间资本和社会力量的作用，充分释放企业与市场的活力。

其次，要健全组织机构和工作机制。文化消费绝不仅仅是文化领域的问题，而是与市场环境、产业结构、科技创新、城市规划建设及社会保障机制等息息相关，牵涉经济社会发展的方方面面。促进文化消费的工作也不是单靠文化部门就能完成的，而是需要文化、财政、税收、社保、宣传、统计、旅游等不同部门的密切合作与协调。因此，各级政府及相关部门必须共同参与及密切合作。不同部门和上下级政府之间要保持协同，健全组织机构，建立各部门明确分工、统筹协调、上下联动、社会各界积极参与的工作机制。其中，文化部门要明确职责，认真督促各项具体工作的落实，并做好平台搭建和服务工作；财政部门要落实资金保障，确保试点经费及时到位并适时加大资金投入，同时注意奖励和补贴的方式、比例，提高手段的科学性；其他各相关部门要积极配合，制定和实施促进文化消费的各项配套政策措施。

此外，还要做好统计监测、健全评价机制。建立健全的文化消费数据采集报送机制。明确数据统计监测的责任主体，细化数据监测、采集和报送的时段、方式和流程等，积极利用大数据、云计算等技术手段，重点做好资金投入、文化消费总体规模、分行业领域消费规模、消费者反馈意见、公共文化机构评价情况、公共文化机构创新服务和产品情况等方面的数据统计工作。同时，构建和完善文化消费评价体系，明确评价指标和评估标准，建立起省级文化、财政部门以及其他相关部门、社会评估机构间的联动机制，对文化消费发展状况和相关工作开展情况进行定期评估。

（二）完善文化消费政策

文化消费政策在文化消费的发展过程中发挥着重要的作用，美国、英国、法国、韩国、日本等国家普遍通过制定文化产业政策、税收优惠政策、消费激励政策等，推动文化产业发展，增加文化产品或服务供给，保护消费者权益和激励消费行为，直接或间接促进文化消费。我国的文化消费发展受政策影响尤其显著，在当前和未来的一段时间内，文化消费政策都将是拉动文化消费增长的主要因素之一。因此，引导和扩大文化消费必须进一步完善促进文化消费的政策体系。

在需求侧，通过对居民文化消费支出进行财政补贴、降低文化产品的价格，直接刺激消费者的消费行为，并通过惠民文化活动营造浓厚的文化消费氛围，引导和培育居民文化消费理念，增强消费意愿。各地政府在文化消费工作的开展过程中，越来越多地由直接补贴文化经营单位向补贴居民文化消费转变，把文化产品和服务的选择权交给消费者。这符合"需求决定供给"的"消费者主权理论"，即"相信消费者自觉自发的产品选择购买行为能够把消费意愿偏好传达给产品和服务生产者，引导生产者按需生产,促进市场资源配置机制的形成"①。这种方式将财政补贴的对象从生产者转向消费者,财政资助的决策权被分散到消费者个体手中,有利于解决文化领域资助的不公平问题;同时,消费者可以根据自己的偏好"用脚投票",逼迫生产者提高文化产品和服务的质量以更好地满足市场需求。因此,要将价格补贴和消费激励机制作为文化消费政策体系的核心组成部分,具体形式包括发放文化消费卡、消费券,实行消费折扣、评价奖励、积分抵现、积分兑换等,并通过公益性展览和演出、文化消费季、消费节等形式多样的惠民文化活动及各种优惠措施最大限度地激发消费热情,吸引人们充分参与到各种文化消费活动中,且不断扩大参与的范围和深度。

同时,还要针对不同消费群体和不同消费类型,采取不同的激励措施和补贴方式,科学设置补贴比率,精准补贴。一方面,在普惠性政策的基础上,制定针对青少年群体的特殊优惠政策,将有助于培养他们的文化消费习惯和消费理念。早在20世纪80年代,苏格兰艺术委员会就向苏格兰境内所有16—25岁的公民发放"青年苏格兰卡"(Young Scots Card),每位领卡者只需交纳每年5英镑的费用,就可以从那些与苏格兰艺术委员会合作的艺术机构那里获得折扣——这种差别定价会为艺术机构争取更多的消费者,当然也为其培养了未来的观众。②尽管这种模式也存在一定的局限性,但我们仍能从中获得政策设计方面的不少启发。此外,

---

① 傅才武,曹余阳.中英政府有关促进文化消费政策的比较研究——以英国"青年苏格兰卡"与中国"武昌文化消费试点"为中心[J].江汉论坛,2017(10).

② Peacock, Alan. *Paying the Piper: Culture, Music and Money*. Edinburgh: Edinburgh University Press, 1992.

必须考虑城乡文化消费的差异性，在充分把握农村文化消费的现状和问题的前提下，制定和实施适用于农村居民需求偏好和消费方式的文化消费政策。另一方面，既要有适用于戏剧演出、图书音像、文创衍生、休闲娱乐、文化旅游等各个领域的一般性消费补贴，又要有针对居民消费积极性相对较弱的歌剧、舞剧、传统戏曲、艺术展览等消费类型和项目的专项补贴，有倾向性地引导居民的消费行为和消费习惯；而对于文化消费相对活跃的领域如电影、休闲娱乐、文化旅游等，可以根据实际情况降低补贴比率甚至取消补贴，合理、优化配置财政资金。

在供给侧，通过补贴、奖励、资助、优惠等方式提高文化经营单位的生产积极性，提高文化产品和服务质量，完善消费渠道和消费环境，间接作用于消费者，从而促进文化消费。首先，采取政府采购、税收减免、项目补贴、以奖代补等多种形式引导和扶持文化企业，一方面充分释放政策红利，为产业结构调整、产品创新、技术创新、商业模式创新和创意转化等提供支持，激发文化市场活力；另一方面通过补贴或奖励的方式，鼓励文化类商家和文化消费场所推出低价商品、低价演出、低价场次等，吸引消费者的广泛参与，进一步培育和壮大消费市场。其次，充分发挥优势产业和重大项目的带动作用。一是立足于本地资源优势，通过有倾向性和针对性的产业政策进行扶持和引导，构建以特色产业、优势产业为核心，上下游及关联产业联动发展的本土化、多元化产业体系，培育区域特色消费形态。其中，旅游资源富集的地区尤其要发挥旅游产业的特殊的引流和消费带动作用。例如，辽宁盘锦市围绕"文化+农业"，以农耕文化为特色、系列品牌节庆活动为引领，在带动旅游、演艺、会展、创意设计等产业发展的同时，集聚了大量人流，扩大了文化消费的受众面。二是实施项目驱动策略，通过重大项目的落地运营带动文化消费和文化产业的整体发展。以旅游景点（景区）、公共文化场馆、商业文化综合体等文化消费设施和空间为载体，重点建设或引进市场需求量大、发展潜力突出的文化消费项目，鼓励社会力量参与，以市场化的方式进行开发和运营，并通过项目补贴或以奖代补的方式进行支持，充分发挥项目的示范、引领和消费驱动作用。

为了更好地落实各项文化消费政策，各级政府必须建立健全文化消费财政保障机制。首先，必须加大资金投入力度，并设置文化消费试点专项资金。专项资金专门用于引导和扩大文化消费，包括前期调研、制度设计、平台建设、文化消费卡发放、重点项目补贴、人员培训、第三方评估等，必须与惠民演出、公益文化活动、文化场馆改扩建等经费区分开。其次，必须强化资金管理。科学制定预算，细化预算内容，加强与财政部门的沟通协调以及资金使用的监督管理，使财政资金的审批和拨付更加顺畅。通过切实可行的工作方案和细致的预算真正把钱花在刀刃上，充分发挥财政资金的杠杆作用，有效刺激消费增长，提升消费拉动比例，实现"以小博大"的效果。此外，还要加快制定各项配套政策，包括重大项目建设（引进）、宣传推广、人才培养、数据采集报送、绩效评估等，构建科学、完善的政策体系。

（三）健全文化市场体系

提高文化消费的市场化程度，激发消费市场活力，对于扩大文化消费来说至关重要。因此必须全面深化文化体制改革，加快构建和培育统一、开放、竞争、有序的现代文化市场体系。建立健全现代文化市场体系的核心是发挥市场在资源配置中的决定作用。一是要完善文化市场准入和退出机制。放宽准入条件，吸纳社会资本，鼓励非公有资本进入法律法规未禁止的文化产业领域，推动各类市场主体进行自由、公平的良性竞争；更大限度地发挥价格机制、竞争机制在文化市场中的作用，通过市场竞争激励企业不断创新产品和服务，淘汰落后产能和低端供给，从而提高供给质量和效率。二是引导和扶持各类民营文化企业发展。通过财政、税收、土地、金融等方面的各项优惠政策以及有针对性的引导和扶持，为文化企业，尤其是小微企业、新业态领域的企业营造良好的政策环境，鼓励产品、服务、业态、商业模式等多层次、多维度的创新，构建多元化和充满活力的文化市场。三是鼓励产业融合和资源整合，优化产业结构。建立多层次的文化产品和要素市场，鼓励金融资本、社会资本与文化资源相结合；推动文化企业跨地区、跨行业、跨所有制兼并重组，促进文化资源在全国范围内的流动和集聚，提高文化产业的规模化、集约化、专业化水平。

此外，还要创新体制机制，完善制度保障。加快简政放权，推动政府职能由管理和干预向服务和引导转变，发挥政府在制度构建、环境营造、配套设施建设和完善、服务平台搭建及引导和监管等方面的作用，形成"更加灵活、更加符合市场规律、更加契合创业需求的政策和服务体系"[1]。加强文化立法，完善相关法律法规，建立健全与现代文化市场相适应的制度体系，包括知识

---

[1] 苏斯彬，张旭亮. 浙江特色小镇在新型城镇化中的实践模式探析 [J]. 宏观经济管理，2016（10）.

产权保护制度、文化内容审查制度、互联网文化产品传播和监管制度，以及文化金融体系、版权交易与评估体系、文化产品海外推广体系等。在加强监管、规范文化消费市场的同时，充分发挥行业协会、商会、金融机构的作用，依托互联网平台和数字技术，畅通和拓展消费渠道，完善文化消费支付和信用体系。

四、推动科技创新，强化金融支撑

（一）推动科技创新

科技创新在提升供给水平和效能、创造和引领新的消费方式，以及更好地协调文化生产者、消费者及文化市场管理者之间的关系等方面发挥着不可替代的作用。因此，必须大力推动科技创新，实现文化与科技的融合发展，为文化消费的发展提供软硬件支撑。以文化为引领，互联网和新兴技术为触媒和支撑，通过文化产业与信息、制造、物流、创意设计等产业的深度融合及产业链的延伸，集成劳动力、资本、技术、管理等要素，优化资源配置，提升产品和服务的质量与数字化、智能化水平，丰富供给的内容、种类、形式和渠道，推动新技术、新产业、新业态蓬勃发展，培育新的消费热点。

一是要以新技术为支撑推动消费载体和消费方式创新。新兴技术的出现和应用颠覆了传统的生活方式，改变了人们的思维方式、社交方式和消费模式。在引导和扩大文化消费的过程中，要顺应时代发展，高度关注文化消费中的新趋势和新技术，尤其是高新技术和新兴信息产业的发展，强化基础理论研究，积极进行核心技术的研发以及应用领域和应用场景的延伸，创新文化消费的载体并提供技术支撑，培育新的消费形态。进一步推动人工智能技术和人工智能产业的发展，拓展语音识别、人脸识别、智能搜索、深度学习等在文化消费领域的应用，为文化消费提供更加便利和智能的消费方式，全面提升用户消费体验；推进重点领域智能产品创新，提升终端产品智能化水平，探索智能手环、智能手表、智能眼镜、智能音箱等可穿戴设备、智能家居与数字媒体、数字内容产业的融合；推动 VR、AR、MR（混合现实）等模拟仿真技术的发展以及在游戏娱乐、虚拟展览、遗址复原、实景演出、模拟教学、安全教育等领域的深度应用和项目研发。

二是要以互联网为依托推动消费渠道和消费平台创新。进一步提升互联网和移动互联网尤其是高速移动网络的普及率，拓宽数字文化内容的生产、传播和消费的渠道和平台，夯实数字文化产品和服务创新、消费领域和消费形态拓展的技术基础，完善网络文化产业和网络文化消费生态体系。推动互联网向物联网的发展，通过"物物相联""万物感知"，重构消费主体与消费对象、消费空间的关系，使文化消费的场景更加丰富、立体和智能化，带来全新的消费体验。不断升级消费平台和支付工具，使信息浏览和获取、线上下单、移动支付等更加便捷、高效和智能化。依托互联网平台，充分运用大数据和云计算技术对用户的消费诉求、习惯和偏好等进行跟踪、收集和分析，基于用户特征和行为数据构建用户画像，洞察市场需求，进行精准定位和营销。

尤其要加快推进文化消费综合服务平台（O2O大数据平台）的建设，构建"互联网+"文化消费服务和大数据分析评估体系。文化消费综合服务平台既能为消费者提供各类公共文化设施和文化消费场所的基本信息和多种文化活动的最新资讯，也能为文化企业和商家提供信息发布平台，并通过折扣优惠、积分奖励等形式刺激居民的消费行为。最重要的是，通过数据采集、评价反馈的机制，该平台能够反映文化消费的总体情况，尤其是消费热点以及相对滞后的消费领域、消费类型，为政府决策提供参考和依据，帮助文化经营单位调整生产方向和营销策略，提供适销对路的文化产品和服务。在国家文化消费试点工作的开展中，湖北省武汉市武昌区借助微信平台搭建了一个集信息发布、线上消费和数据收集为一体的综合平台，"将居民个人需求信息、政府政策信息、文化企业和公共场馆产品（服务）信息连成一个整体，在实现公益性文化参与人群、文化消费参与人群的互导的同时，也实现了文化需求信息与文化生产供给信息的互导，促使居民将对公共文化的消费转化为潜在的文化市场消费意愿"[①]。扩大和引导文化消费，必须在借鉴试点工作成功经验的基础上进一步完善平台功能和运作流程、数据采集和管理机制以及各项配套政策措施。

（二）完善文化金融体系

文化消费的发展离不开金融的助力。《国家"十三五"时期文化发展改革规划纲要》中提出创新文化投融资体制，推动文化资源与金融资本有效对接，以及开发新型文化消费金融服务模式，鼓励开发文化消费信贷产品等。《文化部"十三五"时期文化产业发展规划》提出创新文化产业融资模式，开发适合文化企业特点的文化金融产品，积极开发新型文化消费金融支持和服务模式，

[①] 傅才武，曹余阳.中英政府有关促进文化消费政策的比较研究——以英国"青年苏格兰卡"与中国"武昌文化消费试点"为中心[J].江汉论坛，2017（10）.

进一步提高文化消费便利化水平等。文化金融体系的完善，不仅能够为文化企业尤其是小微文化企业的发展、文化产品和服务的创新提供有力的支撑，还可以借助金融工具提升居民消费能力，刺激内需，助推消费结构升级和消费方式创新。文化金融体系并不简单等同于文化产业投融资体系，而是包括供给与需求两端的金融支撑和服务体系。

在供给侧，要健全投融资机制，完善企业金融服务体系，为文化企业进行内容、技术和商业模式创新，提升文化产品和服务的质量和层次，以及开拓新市场、新渠道等提供更加充分的资金支持，创造更加优质的资本环境。一是健全多主体、多渠道、多层次、多元化的投融资体系。构建以政府投入为引导、企业投入为基础、民间资本和银行信贷为主体、境外资金和股市融资为补充的投融资体系；进一步放宽对民间资本和境外资本的准入限制，对内资和外资企业实行同等待遇，释放资本市场活力，发挥竞争机制作用，促进供给水平的提升；拓宽社会资本投资的领域和范围，鼓励社会资本参与重大文化项目和公共文化服务体系建设及相关设施和平台的运营，积极探索和推广政府与社会资本合作模式。二是创新文化产业融资模式，推动文化资源与金融资本有效对接。鼓励金融机构开发适合文化企业特点的文化金融产品，创新信贷方式，探索建立文化产业银行；放宽制度限制，鼓励和引导风险投资；大力发展文化产业股权融资，建立文化产业上市机制，放宽审核并给予配股、增发等方面的优惠；建立文化企业债券制度，对文化企业发行债券放宽条件，扩大债券融资规模。三是建立和完善文化产业金融服务体系及无形资产评估体系。鼓励金融机构开展针对文化企业的无形资产评估、流转和抵质押融资服务,积极拓展文化保险、文化资产管理、文化产业融资租赁等新的业务领域;发展文化金融服务专营机构和中介机构,完善文化企业信用评价体系、融资风险补偿机制和融资信用担保体系;建立权威性的第三方评估机构,规范评估标准和流程。

在需求侧,要创新文化消费金融产品,完善消费金融服务体系。消费金融是指金融机构面向居民消费需求而开展的金融业务,主要包括住房抵押贷款业务以及信用卡业务、分期付款等消费信贷业务。[①]扩大消费的一个重要途径是提高居民收入水平,但这是一个缓慢而渐进的过程,而消费金融作为调控消费的重要手段,能够更加直接有效地激发消费需求、提升消费层次。因此,要充分运用金融工具和金融政策,为文化消费的扩大与提升提供支撑。首先,要扩大消费金融市场,健全消费金融体系,推动消费金融向文化消费领域的延伸。未来,要推动消费金融服务机构发展,在商业银行之外,鼓励和支持消费金融公司开展多种类型的消费金融服务;加强监管,规范消费金融市场,加快相关法律和政策的制定,保护金融消费者权益;建立覆盖全社会的个人信用信息数据库,升级个人信用管理系统,推进个人征信体系制度建设,完善消费金融风控体系;大力发展农村消费金融市场,通过增加农村消费信贷投入,开发适合农村居民需求和消费特点的产品和服务,实行低息、贴息等优惠政策,引导和扩大农村居民的消费需求。在此基础上,充分拓展一般性消费金融产品在文化消费领域的应用范围和深度。其次,要创新文化消费金融

---

① 王勇.通过发展消费金融扩大居民消费需求[J].经济学动态,2012(8).

服务平台和模式。开发针对文化产品和服务的消费金融产品，如针对文化旅游、艺术品收藏的贷款和分期付款业务等；创新金融政策，探索"文化消费信贷""艺术品抵押信贷""艺术银行"等文化消费金融服务模式；推进文化消费金融服务平台建设，创新互联网文化消费金融产品，构建"互联网+文化消费+金融"的服务体系，为消费者提供更加便利的支付工具和消费平台。例如，宁波市向本地居民发行了绑定全城主要文化机构和企业、可享受折扣和优惠的"金融文化卡"，点燃了市民参与文化消费的热情；中国工商银行股份有限公司与中演票务通合作，为消费者购票和全国性艺术演出票务服务与交易搭建高效、便利的金融平台。

第二节　中国文化消费发展趋势

根据国际经验，当某个国家或地区人均 GDP 接近或超过 5000 美元时，文化消费将进入"扩张时代"，而目前我国人均 GDP 已经超过 8000 美元。未来，在传统业态进一步转型升级的同时，新兴业态将不断涌现，产业间融合逐步加深，文化消费形态日渐多元化。针对不同细分市场和差异化消费需求的文化产品和服务越来越多，向品质化、精细化、定制化方向发展。尤其是互联网及大数据、人工智能等技术的进一步发展，将推动数字文化产业和数字文化消费市场的进一步扩张，文化消费向信息化、数字化、智能化方向发展。传统的消费方式将逐渐被体验式、场景化消费取代，健康与休闲养生文化消费的兴起是大势所趋。同时，消费主体的结构也在发生变化，"新世代"的年轻消费者引领新的消费潮流，儿童和老年消费群体将成为文化消费增长的新驱动力。

一、消费总量持续增长，消费结构进一步优化

在消费升级的大背景之下，文化消费逐渐成为新的消费增长点，消费总量将持续增长，在居民消费生活中所占的比重将会越来越大。就现阶段来看，我国文化消费总体水平仍然偏低，存在万亿级的消费缺口，大量消费市场潜力尚未释放，未来发展空间巨大。我国文化消费综合指数连年增长，文化产品的种类更加丰富，质量更加优化，文化设施的水平和覆盖率、消费渠道的多样化和便捷化程度等日益提高——文化消费环境的不断改善，为文化消费的进一步增长奠定了良好的基础。根据国家统计局发布的最新消息，文化娱乐、教育培训、健康养生类消费升温，服务型消费渐成热点。国家税务总局数据显示，2018年第一季度，居民消费保持良好增长势头，特别是广播影视、文化艺术、娱乐、教育等精神文化型消费行业税收收入分别增长38.3%、38.2%、27.3%、26%，反映居民消费升级步伐持续加快。[①] 城镇居民的文化消费意愿和能力显著增强，消费水平进一步提高，无论在消费的总量、结构还是层次方面都领先于农村居民。但近两年来，农村与城镇的文化消费差距逐步缩小，农村文化消费市场不断扩大。从文化消费的形式来看，虽然看电视、听广播、读书报仍是大多

---

① 一季度全国税收收入量质齐升 [N]. 经济日报，2018-04-20.

数农村居民文化消费的主要选择,但他们在观光旅游、体育与休闲娱乐、网络文化消费等方面的消费需求也在不断扩大。尤其是互联网覆盖率的提高和智能手机的普及,使农村居民也成为网络视频、网络直播等网络文化消费的重要群体。

按照目前的发展趋势预测,我国文化消费总量将保持稳步增长,且随着人均可支配收入的不断增加,消费观念和消费习惯的转变,文化消费结构将更加优化,消费层次进一步提升,高层次的知识性、精神性消费以及新兴消费类型的比重逐步增加。在沿海和大中城市的人均 GDP 超过 20000 美元以后,将日益呈现出像当今少数发达国家一样的文化消费"脱物化"的倾向,对进一步推动经济结构调整、拉动内需发挥越来越大的作用。[1]

需要说明的是,由于经济体制和具体国情的差异,国际经验在我国文化消费的现实中并不完全适用,除文化旅游、网络文化消费等少数领域外,我国文化消费从严格意义上讲尚未出现"井喷式增长"。但从近五年的发展情况来看,居民,尤其是城镇居民精神文化需求的增长和消费能力的提升还是比较显著的,基本遵循文化消费增长的一般规律。尽管受复杂的现实因素的制约,尤其是在当前"非均衡式"发展格局和供需结构性失衡的现状之下,这些需求中有很大一部分并未完全转化成有效的文化消费,但未来,随着居民可支配收入的进一步增加及文化消费观念和消费习惯的形成,市场环境的改善,社会保障体系的健全以及消费政策和消费激励机制的完善,文化消费水平的提高将是一个必然的趋势。

---

① 齐勇锋. 文化消费的现状与发展趋势 [J]. 前线,2015(3).

二、数字化、信息化文化消费渐成主流

信息技术的发展,尤其是数字化、虚拟现实、人工智能等技术在文化产业领域的运用,推动了文化消费的变革,改变和重塑了人们的消费习惯、消费方式和消费渠道。网络的普及和网民,尤其是手机网民规模的扩大,为数字文化消费的快速增长奠定了基础。近两年的文化消费综合指数反映出,在居民文化消费的主要类型中,网络文化消费无论在消费意愿、实际支出还是市场成长空间方面都排在前几位,增势十分强劲。巨大的消费需求将推动数字文化产业,尤其是网络文化产业继续保持高速增长,网络文学、网络音乐、网络动漫、网络游戏、网络视频等网络文化产业的用户和市场规模将进一步扩大。文化部《关于推动数字文化产业创新发展的指导意见》等文件的发布,为数字文化产品和服务供给质量的不断提升、供给结构的不断优化以及数字文化产业与相关产业的融合发展提供了政策保障,有利于引导和扩大数字文化消费。

一方面,消费渠道的进一步拓展和消费载体的不断创新为文化消费的数字化、信息化发展提供了充分的条件。未来,随着5G网络的普及和"万物互联"时代的到来,文化消费将搭载着互联网和信息技术、数字技术的快车向数字化、信息化、智能化方向转型。文化与科技更加密不可分——新技术和新型智能设备的广泛运用将为文化内容提供全新的载体和媒介,丰富内容的表现形式和传播渠道,创新用户界面,丰富服务模式,改善消费体验;传统文化产业与新科技、互联网融合程度加深,文化资源的数字化开发与传播、传统文化和非物质文化遗产的数字化传承与创新将成为文化产业发

展的新方向和新动力,为文化消费开辟新的空间。

另一方面,随着数字文化产业生态体系的逐步完善,网络文化产业内容和形式的逐步丰富,文化消费的范围将不断扩张,新的消费形态不断涌现,数字文化消费的细分领域更加多元化,引领时尚消费新潮流。消费内容不断更新,以网络文学及网文IP为核心的泛娱乐生态体系不断拓展和延伸,为网络用户提供新的消费内容和消费形式。用户生产内容更加多样,网络直播、移动电竞、知识分享等具有开放性、交互性、大众化、去中心化等网络文化特征的消费类型将会越来越多,多元文化交融共生。居民消费向数字化、信息化、智能化发展是一个不可逆转的趋势,而文化消费也将顺应这个大的趋势不断转型升级。未来,数字文化消费的范围与深度将会进一步扩大,形态更加多元化,逐渐成长为文化消费的主流。

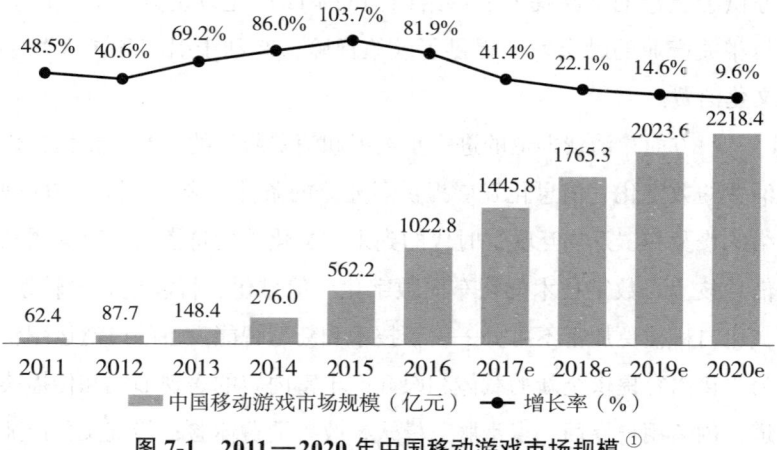

图 7-1 2011—2020 年中国移动游戏市场规模[①]

---

① 艾瑞咨询. 2017 年中国移动游戏行业研究报告 [R]. 2017.

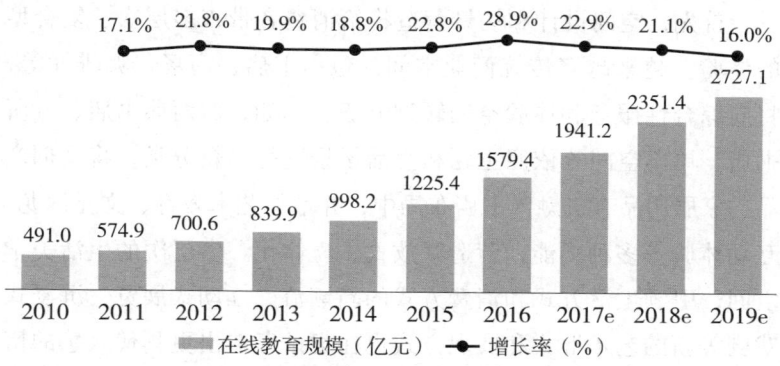

图 7-2　2017 年中国在线教育行业市场规模 [①]

三、体验式、场景化文化消费日趋普遍

随着人们消费需求层次的提高和消费理念的转变,消费体验和消费场景变得越来越重要。无论是零售行业还是服务行业,都更加注重服务品质与用户体验,将更多的注意力放到了场景和氛围的营造上。由于文化消费是精神性消费,对消费过程中的体验与感知,消费的空间环境、氛围和情境有更高的要求,因而在文化消费领域,体验性、场景化的消费方式正在迅速普及,并且消费场景不断更新和丰富,体验层次更加深入。人们不再满足于传统的文化消费形式,不再停留在单一产品的购买或单纯的阅读、观看的层面上,而是越来越注重参与性、互动性,注重消费的情景和整体感受,追求情感上的共鸣和精神上的满足。

---

① 艾瑞咨询. 2017 年中国 B2B2C 在线教育平台行业研究报告 [R]. 2017.

首先，空间设计和场景营造将给消费者带来多层次、复合型的体验。越来越多传统商业空间，包括书店、商场、咖啡厅等，将向综合性服务和体验空间转型升级。例如，西西弗书店、方所书店、单向空间等依照主题和生活场景进行书籍分类，将文创产品、家居用品有机融入书店布局中，并增加艺术教育、文化沙龙、互动体验等多种功能，营造开放式、立体化、多层次的生活美学空间，引领生活方式和消费方式的新潮流。互动式展览、沉浸式戏剧等新的艺术形式和展现方式也在尝试营造出更具代入感的情境和氛围，打破展品与观众、演员与观众之间的界限，探索新的参与和互动方式。例如，戏剧《不眠之夜》设置了酒店房间、酒吧、医院等一系列生活化的场景，通过道具、音乐、气味、观众的"流动"以及观众与演员的互动，突破真实与表演的界限，让观众成为"剧中人"，同时结合商业和餐饮，创新社交娱乐的方式。

其次，文化与旅游的融合推动了以文化创意为核心的体验型旅游消费的发展。未来，传统的"走马观花"式旅游将完全为"深度旅游+文化体验"所取代，游客可以观看和学习扎染、夏布织造、风筝制作等非遗技艺，体验各地的传统民俗、传统戏曲以及古法手工制作食物、器物等，旅行更具趣味性，文化内涵进一步提升。

随着消费的进一步升级，文化消费的精神属性将越来越突出，将会出现更多个性化、复合型、体验型、交互式的文化产品、服务和消费空间，满足人的多维度感官需求与深层次心理和情感需求。传统的、单一形态的文化消费模式将失去竞争力，只有通过场景的营造，将产品、服务、空间设计、文化氛围与品牌价值有机结合起来,全面提升用户体验,才能赢得市场。

四、健康与休闲养生文化消费成为新热点

我国文化消费发展的另一个重要趋势,是文化产业与健康、养老等产业的跨界融合,"文化+健康""文化+休闲养生"类消费的增加。其中既包括与医疗、健康、养生、养老直接相关的消费,也包括其他以绿色、健康生活方式为主题的多种文化消费形式。一方面,健康与养生的理念已经渗透到生活的方方面面,推动着生活方式和消费方式的转变。随着生活品质的提升和消费理念、消费习惯的转变,人们的消费方式正在变得更加健康、绿色和可持续。以慢生活、健康生活为特色的主题旅游,有机蔬果的种植、采摘及其他生态休闲、养生体验类消费活动越来越受到市场的青睐。未来,人们将更加重视健康与养生,在健康生活方面的投入将会越来越大,并且从单纯的康体、保健活动上升为对养生理念与文化内涵的关注。文化产业、旅游产业、体育产业、健康产业的融合将会更加深入,休闲养生及相关领域的文化消费将成为新的消费热点。养生文化与中医药文化、饮食文化、禅文化及太极、瑜伽等运动方式的结合,将催生出更多以健康与养生为主题的新的消费形态。在医疗设备、休闲设施等硬件更加完善的同时,产品和服务的文化附加值与创意含量也将进一步提升,全方位地满足消费者的生理需求和精神需求。

另一方面,养老产业及相关的各种服务业迅速发展,养老消费市场日益扩大。世界卫生组织研究显示,当一个国家的人

均 GDP 达到 5000 美元时,养生产业将迎来"井喷式"发展,而 2011 年我国人均 GDP 已达 5414 美元,养生产业进入黄金发展期。①《关于加快发展养老服务业的若干意见》《关于促进健康服务业发展的若干意见》《关于推进医疗卫生与养老服务相结合指导意见》及《关于印发中医药健康服务发展规划(2015—2020年)的通知》等一系列政策文件的发布,明确了政策导向,为养老及健康产业的发展提供了保障。除了硬件设施的完善和服务水平的提高,老年人的精神需求和文化生活也越来越多地受到关注,养老与智慧医疗、特色旅游、休闲娱乐的结合已经成为新的发展趋势,市场发展潜力巨大。

五、"新世代"消费群体引领文化消费新潮流

"新世代"消费群体是指出生于 1980 年及以后,相对年轻化的消费群体。年轻一代中国消费者的消费欲望比他们的"上一代"(出生于 1950—1979 年)消费群体更强,且该群体成长势头强劲,将逐渐成为推动文化消费增长、引领文化消费新潮流的主力军。预计在 2016—2021 年,"新世代"消费力的同比复合增长率为 11%,是"上一代"增长率的两倍有余;同期"新世代"消费的增长贡献比将达到 69%,而"上一代"贡献比仅为 31%(见图 7-3)。② 由于特定的社会历史背景和充满挑战的经济

---

① 卢嘉瑞,薛楠. 中国文化消费需求的六大新趋势 [J]. 消费经济,2013(5).
② 阿里研究院,波士顿咨询公司(BCG). 中国消费新趋势:三大动力塑造中国消费新客群 [R]. 2017.

发展环境,"上一代"消费群体中普遍存在着"高储蓄、低消费"的消费观念和消费习惯,其消费水平的增长速度滞后于财富增长的速度。而年轻一代的消费观念更加开放,在收入的支配上也更加自由,尤其是享受型、休闲娱乐型消费的比重大幅增加。文化消费的数字化是"新世代"消费者区别于"上一代"消费者的显著特征。在这一群体中,互联网的普及率和智能手机的使用率非常高,因而他们是网络音乐、网络视频、网络表演、动漫游戏等数字文化产品和网络文化消费的主要消费群体,主导着数字文化消费的发展趋势。

此外,在文化消费的内容方面,"新世代"更关注时尚、个性、富有创意的文化产品和服务,例如博物馆文创产品、网络文学及其衍生产品、特色主题旅游等。同时,他们也更乐于接受新的消费场景和消费方式。在文化消费的业态方面,"新世代"是动漫、游戏产品和网络直播、知识分享、短视频等新业态的主流消费群体。"游戏控""潮范儿""二次元"等一系列标签体现了该群体的偏好特征和独有的消费文化。在文化消费的载体和渠道方面,新媒体是"新世代"关注新闻资讯、参与文化生活和社群互动的主要平台;智能手机、平板电脑、可穿戴智能设备等移动智能终端已经成为该群体进行休闲娱乐活动以及购买电影票、演出票和展览门票的首选媒介。"新世代"消费群体的消费意识更加开放和超前,无论在消费对象、消费习惯还是消费方式上,都表现出不同于"上一代"消费群体的新的特征,消费文化也更加时尚、个性和多元化。尤其是"90后"和"00后"消费群体,随着财富的积累和消费能力的不断增强,将成为文化消费趋势的引领者以及推动新业态发展和文化消费方式不断更新升级的主导力量。

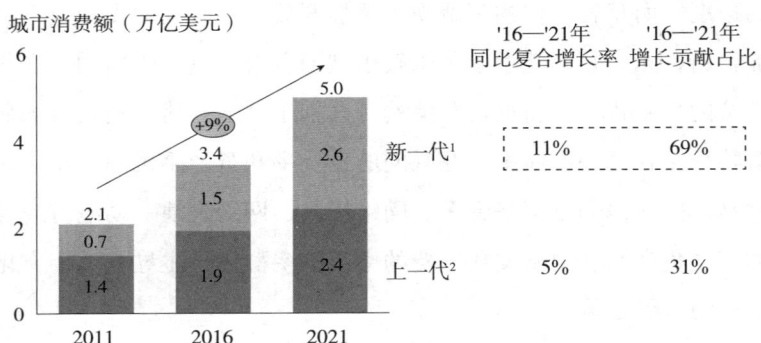

来源：2015年BCG中国消费调研；2013年BCG中国消费者信心调研；BCG分析。
1 18—35岁的消费者。
2 35岁以上的消费者。

图7-3 年轻群体消费贡献率增长趋势[①]

六、儿童消费群体成为文化消费增长新动力

当前，随着我国消费群体年龄层级的变化，儿童消费市场不断扩大，儿童文化产业与儿童文化消费凸显出强劲的增长趋势。儿童消费在我国家庭消费总支出中的占比很大，尤其是"80后""90后"家长，思维模式和消费观念不同于上一代，逐渐从"价格敏感型"向"价值敏感型"转变，在子女身上的投入更多并向品质化、精细化方向发展，而且在孩子成长的初期就让他们接触音乐、舞蹈、绘画、绘本等各类文化产品和文化

---

① 阿里研究院，波士顿咨询公司（BCG）.中国消费新趋势：三大动力塑造中国消费新客群 [R]. 2017.

活动。儿童食品、服装等基本生活必需品的消费比重逐步下降，儿童教育、娱乐等文化消费比重日渐提高。儿童文教领域进一步分化，产品迭代和品牌创新加速，少儿编程、定制式早教、沉浸式教学等新概念频出；儿童游乐与多元业态有机融合，家庭消费产业链和消费生态体系日趋完整；儿童零售向大数据运用、体验升级、社群营销等方面发力，家庭体验与儿童零售将形成互为驱动的消费闭环[①]；衍生品开发、延伸服务等领域增值空间巨大。以国内首家儿童文化生活主题广场"松松小镇"为例——"小镇"内设43个项目，集儿童文化、教育、娱乐、体验、休闲、餐饮于一体，几乎可以满足0—14岁孩子的所有日常生活需求。许多家长每个月，甚至每周都会带孩子前来，逐渐形成长期、稳定的家庭消费习惯，也培养了儿童的文化消费理念和消费习惯。

未来，像这样针对儿童消费需求、消费心理和消费特征的文化消费产品、服务和设施将会越来越多。各类幼儿早教产品、玩具和互动娱乐产品、陪伴型机器人、儿童读物（绘本）、儿童戏剧等产品类型越来越丰富，趣味性和科技含量更高，儿童职业体验、少儿艺术教育等教育和体验类服务更加普及，软硬件设施也将不断完善，为儿童文化消费提供更加丰富的消费品和更加优质的消费环境。据中国儿童产业研究中心调查，80%家庭儿童支出占家庭支出的30%—50%。2016年全国居民人均支出1.7万元，家庭夫妻2人，则为3.4万元，儿童支出占比取30%，则每年支出为1

---

① 商业地产云智库. 儿童消费3年内迎来爆发期，这50个人气品牌趁早招了吧[EB/OL]. (2018-01-11) [2018-05-28]. http://www.sohu.com/a/216076361_210938.

万元，对应儿童大消费市场规模为 1 万亿元；假设全国居民人均支出按 9% 增长，儿童支出占家庭支出的 30%，则到 2020 年，幼儿大消费市场规模为 1.45 万亿。[①] 目前，儿童文化产业仍处于"青春期"，儿童文化消费市场发展空间巨大，尤其是科技型、智能型儿童文化产品和各种体验类、成长教育类的文化服务，将成为新的消费热点。

七、老年消费市场带来文化消费发展新机遇

老年人消费能力的提升和消费习惯的转变正在推动"银发经济"的发展。随着我国人口结构的日益成熟，老龄化进程正在加速，国家统计局最新数据显示，截至 2015 年年底，我国 60 岁以上人口升至 2.2 亿，占比 16.1%。过去的传统观念认为，老年人收入水平偏低，消费观念保守，消费能力较弱，因而老年消费市场并未受到过多的关注。但实际上，随着社会财富水平的整体提升和社会保障体系的完善，老年人积累了更多的财产，他们更加富有并且拥有更多的闲暇时间，消费观念比过去更加开放，消费欲望也在不断增强。尤其是 20 世纪五六十年代出生的"新生代"老年群体，他们的心态更加年轻，有的甚至不把自己当作老人，愿意尝试新鲜、时髦的事物，迫切地渴望消费并且热衷于消费。因此可以说，老年消费市场是一片被忽视的、亟待开发的广阔"蓝海"。过去十年间，中国老年人口的消费能力明显提升，"消费结

[①] 智研咨询. 2018—2024 年中国儿童大消费市场调查与行业发展趋势报告 [EB/OL]. (2018-01-08) [2018-01-10]. http://www.ibaogao.com/baogao/010R302392018.html.

构已经出现从生存型向文化休闲型转变"[①],针对老年市场的文化旅游、休闲养生和娱乐项目等市场前景十分广阔(见图 7-4)。

据全国老龄委的一项调查显示,目前我国每年老年人旅游人数已经占到全国旅游总人数 20% 以上,已成为仅次于中年旅游市场的第二大旅游市场,旅游收入达到上百亿元。[②] 尤其是养老、旅游与文化相融合的新兴领域,成为产业发展的方向和新的消费增长点。旅游与文化、旅游与康养相结合的精品旅游路线、休闲养生产品和服务是老年旅游市场的开发热点。此外,电影市场上也越来越多地出现老年人的身影,去电影院看电影开始成为不少一、二线城市老人的娱乐消费选择。但目前市场上的电影在题材和内容的选择上主要迎合年轻人的喜好和审美,适合老年人观看的电影较少。出行不便、视力听力条件差以及对新兴购票渠道和操作方式不熟悉等因素都在很大程度上制约着老年人的电影消费。就目前来看,老年人文化消费的形式仍然相对单一,老年文化消费市场还有很大的发展空间。随着"银发经济"的不断升温和"银发市场"的不断扩张,老年消费群体的消费潜力将被进一步挖掘和释放,针对老年人的身心特点和特殊消费需求的产品和服务将会越来越多,并且更具特色,更加丰富、精细和多元化,消费设施和消费渠道也将更加便利和友好。

---

① 阿里研究院,波士顿咨询公司(BCG).中国消费新趋势:三大动力塑造中国消费新客群 [R]. 2017.

② 魏金金. 2.2 亿老年人文化消费市场 到底如何撬动? [EB/OL]. (2016-04-07) [2018-05-27]. http://www. ce. cn/culture/gd/201604/07/t20160407_10237675. shtml.

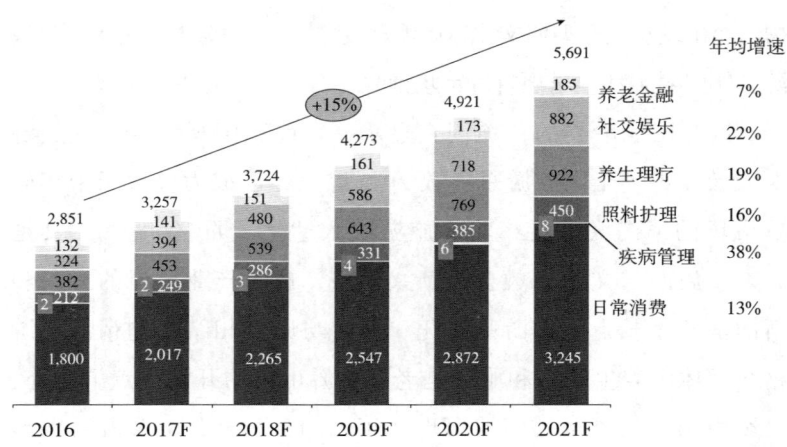

图 7-4　老年市场总体规模（人民币亿元，2016—2021E）[①]

---

①　搜狐.《2017 中国老年消费习惯白皮书》全部内容首发 [EB/OL]. (2018-01-23) [2018-05-15]. http://www.sohu.com/a/218458994_194423.

附录：2014—2018年中国文化消费政策及重大事件

一、文化消费及相关政策汇总

年份	时间	发布机构	政策名称	要点
2014年	2月	国务院	《关于推进文化创意和设计服务与相关产业融合发展的若干意见》	《意见》提出了塑造制造业新优势、加快数字内容产业发展、提升人居环境质量、提升旅游发展文化内涵、挖掘特色农业发展潜力、拓展体育产业发展空间和提升文化产业整体实力七项重点任务。同时，《意见》要求，增加文化产业发展专项资金规模，加大对文化创意和设计服务企业支持力度，并建立完善文化创意和设计服务企业无形资产评估体系
	3月	文化部、财政部	《藏羌彝文化产业走廊总体规划》	要充分发挥财政资金杠杆作用，加大公共财政对藏羌彝文化产业走廊建设的支持力度，把藏羌彝文化产业走廊作为重大项目纳入中央财政文化产业发展专项资金扶持范围

续表

年份	时间	发布机构	政策名称	要点
2014年	6月	财政部、国家发展改革委、国土资源部、住房和城乡建设部、中国人民银行、国家税务总局、新闻出版广电总局等七部门	《关于支持电影发展若干经济政策的通知》	每年安排1亿元资金，用于扶持5—10部有影响力的重点题材影片，该资金将采取重点影片个案报批的方式。对电影制片企业销售电影拷贝（含数字拷贝）、转让版权取得的收入，电影发行企业取得的电影发行收入，电影放映企业在农村的电影放映收入，自2014年1月1日至2018年12月31日免征增值税
	8月	文化部、财政部	《关于推动特色文化产业发展的指导意见》	特色文化产业是指依托各地独特的文化资源，通过创意转化、科技提升和市场运作，提供具有鲜明区域特点和民族特色的文化产品和服务的产业形态。发展特色文化产业对深入挖掘和阐发中华优秀传统文化的时代价值、优化文化产业布局、推动区域经济社会发展等具有重要意义。《意见》明确了特色文化产业发展的总体要求、主要任务和保障措施
	10月	国务院	《关于加快发展体育产业，促进体育消费的若干意见》	提出要丰富体育产业内容，推动体育与养老服务、文化创意和设计服务、教育培训等融合，促进体育旅游、体育传媒、体育会展、体育广告、体育影视等相关业态的发展
2015年	3月	国家旅游局	《关于促进智慧旅游发展的指导意见》	智慧旅游建设的主要任务包括夯实智慧旅游发展信息化基础、建立完善旅游信息基础数据平台、建立游客信息服务体系、建立智慧旅游管理体系、构建智慧旅游营销体系、推动智慧旅游产业发展、加强示范标准建设、加快创新融合发展、建立景区门票预约制度、推进数据开放共享等

续表

年份	时间	发布机构	政策名称	要点
2015年	3月	中共中央办公厅、国务院办公厅	《关于加快构建现代公共文化服务体系的意见》	该《意见》分总体要求、统筹推进公共文化服务均衡发展、增强公共文化服务发展动力、加强公共文化产品和服务供给、推进公共文化服务与科技融合发展、创新公共文化管理体制和运行机制、加大公共文化服务保障力度7部分26条
	4月	国家新闻出版广电总局、财政部	《关于推动传统出版和新兴出版融合发展的指导意见》	该《意见》分总体要求、重点任务、政策措施、组织实施4部分16条。重点任务是：创新内容生产和服务；加强重点平台建设；扩展内容传播渠道；拓展新技术新业态；完善经营管理机制；发挥市场机制作用
	5月	国务院办公厅转发文化部、财政部、新闻出版广电总局、体育总局	《关于做好政府向社会力量购买公共文化服务工作的意见》	该《意见》分指导思想、基本原则和目标任务；积极有序推进政府向社会力量购买公共文化服务工作；营造政府向社会力量购买公共文化服务的良好环境3部分。目标任务是：到2020年，在全国基本建立比较完善的政府向社会力量购买公共文化服务体系，形成与经济社会发展水平相适应、与人民群众精神文化和体育健身需求相符合的公共文化资源配置机制和供给机制，社会力量参与和提供公共文化服务的氛围更加浓厚，公共文化服务内容日益丰富，公共文化服务质量和效率显著提高

续表

年份	时间	发布机构	政策名称	要点
2015年	7月	国务院	《关于积极推进"互联网+"行动的指导意见》	提出了11个具体行动:"互联网"创业创新;"互联网"协同制造;"互联网"现代农业;"互联网"智慧能源;"互联网"普惠金融;"互联网"益民服务;"互联网"高效物流;"互联网"电子商务;"互联网"便捷交通;"互联网"绿色生态;"互联网"人工智能。在文化方面,《意见》提出,发展基于互联网的文化、媒体和旅游等服务,培育形式多样的新型业态
	8月	国务院办公厅	《关于进一步促进旅游投资和消费的若干意见》	提出6方面、26条措施。具体包括:改善旅游消费环境、新辟旅游消费市场、培育发展游艇旅游大众消费市场、实施旅游消费促进计划等内容
	10月	国务院办公厅	《关于推进基层综合性文化服务中心建设的指导意见》	提出到2020年,全国范围的乡镇(街道)和村(社区)普遍建成集宣传文化、党员教育、科学普及、普法教育、体育健身等功能于一体,资源充足、设备齐全、服务规范、保障有力、群众满意度较高的基层综合性公共文化设施和场所,形成一套符合实际、运行良好的管理体制和运行机制,建立一支扎根基层、专兼职结合、综合素质高的基层文化队伍

续表

年份	时间	发布机构	政策名称	要点
2015年	11月	国务院办公厅	《关于加快发展生活性服务业，促进消费结构升级的指导意见》	其中明确提出，着力提升文化服务内涵和品质，推进文化创意和设计服务等新型服务业发展，大力推进与相关产业融合发展，不断满足人民群众日益增长的文化服务需求。积极发展具有民族特色和地方特色的传统文化艺术，鼓励创造兼具思想性艺术性观赏性、人民群众喜闻乐见的优秀文化服务产品。加快数字内容产业发展，推动文化服务产品制作、传播、消费的数字化、网络化进程，推进动漫游戏等产业优化升级
	11月	国务院	《关于积极发挥新消费引领作用，加快培育形成新供给新动力的指导意见》	提出以传统消费提质升级、新兴消费蓬勃兴起为主要内容的新消费，特别是服务消费、信息消费、绿色消费、时尚消费、品质消费、农村消费等重点领域快速发展，将引领相关产业、基础设施和公共服务投资迅速成长，拓展未来发展新空间
2016年	2月	文化部	《艺术品经营管理办法》	适应行业发展实际，将"美术品"改为"艺术品"，对艺术品市场实行全方位内容监管，将网络艺术品、投融资标的艺术品、鉴定评估等纳入监管范围，取消对"装裱""比赛""咨询"等这些与艺术品内容关系不大的活动的管理

续表

年份	时间	发布机构	政策名称	要点
2016年	4月	文化部、财政部	《关于开展引导城乡居民扩大文化消费试点工作的通知》	决定在全国范围内开展引导城乡居民扩大文化消费试点工作。《通知》介绍，本次试点时间为两年，文化部对纳入试点工作的城市确定为"国家文化消费试点城市"。同时，中央财政将通过中央补助地方公共文化服务体系建设专项资金，按照有关规定对扩大文化消费试点工作统筹予以资金支持
	4月	国务院办公厅	《关于深入实施"互联网+流通"行动计划的意见》	《通知》要求，大力发展体验消费，引导有条件的企业利用现有商业设施改造发展消费体验示范中心，合理布局购物、餐饮、休闲、娱乐、文化、培训、体育、保健等体验式消费业态，增强实体店体验式、全程式服务能力。该行动计划将进一步推动文化行业线上线下融合发展，推进城市文化娱乐综合体建设，增强体验感，扩大消费人群
		国家发展和改革委员会等26个部门联合	《关于印发促进消费带动转型升级行动方案》	提出我国将围绕十个主攻方向，实施"十大扩消费行动"，文化、体育、旅游等文化消费深受重视
	5月	国务院办公厅转发文化部等部门	《关于推动文化文物单位文化创意产品开发若干意见的通知》	确定了充分调动文化文物单位积极性、发挥各类市场主体作用、加强文化资源梳理与共享、提升文化创意产品开发水平、完善文化创意产品营销体系、加强文化创意品牌建设和保护与促进文化创意产品开发的跨界融合7项主要任务

续表

年份	时间	发布机构	政策名称	要点
2016年	5月	文化部、财政部	《关于开展引导城乡居民扩大文化消费试点工作的通知》	决定在2015年"拉动城乡居民文化消费试点项目"取得成效的基础上，在全国范围内开展引导城乡居民扩大文化消费试点工作
		国务院办公厅	《关于开展消费品工业"三品"专项行动营造良好市场环境的若干意见》	其中提出要提高创意设计水平、增加中高端消费品供给、发展智能健康消费品、发展民族特色消费品等
	6月	国务院办公厅	《关于发挥品牌引领作用，推动供需结构升级的意见》	鼓励传统出版企业、广播影视与互联网企业合作，加快发展数字出版、网络视听等新兴文化产业，扩大消费群体，增加互动体验。有条件的地区可建设康养旅游基地，提供养老、养生、旅游、度假等服务，满足高品质健康休闲消费需求。合理开发利用冰雪、低空空域等资源，发展冰雪体育和航空体育产业，支持冰雪运动营地和航空飞行营地建设，扩大体育休闲消费。推动房车、邮轮、游艇等高端产品消费，满足高收入群体消费升级需求
	7月	文化部	文化部公布第一批国家文化消费试点城市名单（第一次）	第一批国家文化消费试点城市名单有北京市、天津市、河北省石家庄市、内蒙古自治区鄂尔多斯市、辽宁省沈阳市、吉林省长春市、黑龙江省哈尔滨市、上海市、江苏省南京市、浙江省宁波市等26个城市入选

续表

年份	时间	发布机构	政策名称	要点
2016年	7月	文化部	《关于加强网络表演管理工作的通知》	针对"直播"特点，以网络表演内容管理为核心，以规范"平台"经营行为为重点，以落实"双随机、一公开"制度为抓手，《通知》从三个方面加强对网络表演经营单位和表演者的监管和引导
	9月	文化部	《关于推动文化娱乐行业转型升级的意见》	加强文化娱乐行业内容建设、鼓励生产企业开发新产品、鼓励娱乐场所丰富经营业态、鼓励娱乐场所发展连锁经营、支持以游戏游艺竞技赛事带动行业发展、鼓励参与公共文化服务、探索对娱乐场所开展环境服务分级评定、严格行业自律8项主要内容
	11月	国家体育总局	《水上运动产业发展规划》《航空运动产业发展规划》和《山地户外运动产业发展规划》	其中《水上规划》提出"到2020年，水上运动产业总规模达到3000亿元"和"水上运动俱乐部达到1000个，全国水上（海上）国民休闲运动中心达到10个"；《航空规划》提出了"航空运动产业经济规模达到2000亿元"和"建立航空飞行营地2000个、各类航空运动俱乐部1000家，参与航空运动消费人群达到2000万人"；《山地规划》提出了"到2020年，山地户外运动产业总规模达到4000亿元"等一系列量化的目标
	11月	国务院办公厅	《关于进一步扩大旅游文化体育健康养老教育培训等领域消费的意见》	指出要围绕旅游、文化、体育、健康、养老、教育培训等重点领域，引导社会资本加大投入力度，通过提升服务品质、增加服务供给，不断释放潜在消费需求

续表

年份	时间	发布机构	政策名称	要点
2016年	12月	国务院	《"十三五"国家战略性新兴产业发展规划》	数字创意产业首次被纳入国家战略性新兴产业发展规划，成为与新一代信息技术、生物、高端制造、绿色低碳产业并列的五大新支柱
		全国人民代表大会常务委员会	《中华人民共和国公共文化服务保障法》	统筹协调，建立公共文化服务综合协调机制，推动实现公共文化资源的共建共享；推动基本公共文化服务标准化均等化，建立上下衔接的标准化体系，规定国务院制定国家基本公共文化服务指导标准，省、自治区、直辖市人民政府根据指导标准，制定本行政区域的实施标准；文化惠民，明确实施公共文化设施免费开放制度，规定公共文化设施应当根据其功能、特点，按照国家有关规定，向公众免费或者优惠开放；发挥社会力量作用，明确建立政府购买公共文化服务制度。规定国务院有关部门和县级以上地方人民政府确定购买的具体项目和内容，及时向社会公布；提高效能，明确建立公众文化需求的征询反馈制度和有公众参与的考核评价制度等。这些重要制度是构建现代公共文化服务体系的重要支撑
2017年	2月	商务部、发改委、人力资源和社会保障部、住建部、教育部、文化部等16个部委	《关于促进老字号改革创新发展的指导意见》	以促进老字号顺应消费需求新变化和"互联网+"新趋势，加快改革创新发展，进一步弘扬优秀文化，拓展品牌价值，充分发挥其在稳增长、促消费、惠民生中的积极作用

续表

年份	时间	发布机构	政策名称	要点
2017年	2月	文化部	公布第一批第二次国家文化消费试点城市名单	山西省太原市、江苏省苏州市等19个城市位列其中，加上第一批第一次26个试点城市，截至目前，全国范围内共有45个城市确定为国家文化消费试点城市
	4月	文化部	《文化部"十三五"时期文化产业发展规划》	适应和引领个性化、多样化的文化消费发展趋势，稳步推进引导城乡居民扩大文化消费试点工作，改善文化消费条件，释放文化消费需求，挖掘文化消费潜力，建立扩大和引导文化消费的长效机制
	4月	文化部	《关于推动数字文化产业创新发展的指导意见》	从总体要求、发展方向、重点领域、创新生态体系、政策保障等方面，对数字文化产业发展进行了全面部署。这是国家部委层面首次对数字文化产业进行顶层设计，对文化资源数字化、数字文化装备、数字艺术展示等新型文化业态发展进行规划布局，积极构建数字文化产业创新生态体系
	5月	国务院办公厅	《国家"十三五"时期文化发展改革规划纲要》	加快发展文化产业，促进产业结构优化升级，提高规模化集约化专业化水平，促进文化产品和要素在全国范围内合理流动，促进文化资源与文化产业有机融合，扩大和引导文化消费，提高文化产业发展质量和效益。加强文化消费场所建设，开发新型文化消费金融服务模式。发展文化旅游，扩大休闲娱乐消费。培育和发展农村文化市场。鼓励开发文化消费信贷产品

续表

年份	时间	发布机构	政策名称	要点
2017年	5月	文化部	《文化部"十三五"时期文化科技创新规划》	《规划》确定的主要任务包括：加强协同创新；加强研发攻关；加强成果应用；加强区域统筹；加强人才培养。《规划》提出，"十三五"时期文化科技创新发展重点工程包括文化创新工程、文化科技重点研发工程、文化大数据工程、文化装备系统提升工程、文化标准化工程、文化科技成果转化工程等
	7月	文化部	《关于规范营业性演出票务市场经营秩序的通知》	进一步加强对营业性演出票务市场的监管，保护消费者的合法权益。从强化市场主体责任、保障消费者合法权益、加强重点演出监管等方面做出明确规定
	11月	第十二届全国人民代表大会常务委员会	《中华人民共和国公共图书馆法》	以宪法为依据，对接公共文化服务保障法的要求，确定公共图书馆的基本原则和目标方向，构筑了公共图书馆的制度体系，充实完善了文化法律制度的内容
	12月	文化部	《娱乐场所管理办法》	加强娱乐场所经营活动管理，维护娱乐场所健康发展，满足人民群众文化娱乐消费需求
	2月	中宣部、中央网信办、教育部、公安部、文化部等部门	《关于严格规范网络游戏市场管理的意见》	政府部门、行业协会、网游企业等多方联手综合施策，强化价值导向，加大正能量供给，落实企业主体责任，推动行业转型升级，努力营造清朗网络空间

续表

年份	时间	发布机构	政策名称	要点
2018年	4月	国家统计局	《文化及相关产业分类（2018）》	新修订的分类依然分为文化核心领域和文化相关领域，共设置9个大类，分别是新闻信息服务、内容创作生产、创意设计服务、文化传播渠道、文化投资运营、文化娱乐休闲服务、文化辅助生产和中介服务、文化装备生产、文化消费终端生产，在大类下设有43个中类、146个小类
	5月	文化和旅游部办公厅	《关于加强模仿秀营业性演出管理的通知》	模仿秀营业性演出在丰富人民群众文化消费选择的同时，出现了个别人冒充知名演员参加营业性演出活动、欺骗观众的问题。对以模仿知名演员或者其他名人为主要表演形式的模仿秀营业性演出做出规范

二、文化消费领域重大事件

2014 年

1 月

1月3—4日,全国新闻出版广播影视工作会议在北京举行。这是国家新闻出版广电总局组建后召开的第一次全国新闻出版广播影视系统工作会议。会议的主要任务是:深入学习贯彻党的十八大和十八届二中、三中全会精神,学习贯彻习近平总书记系列重要讲话精神,学习贯彻全国宣传思想工作会议、全国宣传部部长会议精神,总结 2013 年工作情况,部署 2014 年工作任务。

1月9日,国家新闻出版广电总局决定,2014 年 1—3 月开展新闻出版"五个专项治理"整改工作。"五个专项治理"整改工作的主要任务包括:打击新闻敲诈专项行动;打击假媒体、假记者站、假记者专项行动;深化整治少儿出版物市场专项工作;治理中小学教辅材料专项工作;规范报刊发行秩序专项工作。

1月23日,国家新闻出版广电总局在官方网站发出了《关于积极开办原创文化节目弘扬和传承优秀传统文化的通知》,要求各广播电视机构对原创文化节目在立项、资金、人才、播出、评价、宣传等各方面予以重点支持和充分保障。广电总局将在上星综合频道黄金时间节目调控、监听监看点评和各类评奖评优中,优先安排和考虑原创文化节目。

2 月

2月27日,对外文化工作部际联席会议第五次全体会议在北京召开。联席会议召集人、文化部部长蔡武充分肯定了联席会议的积极作用。蔡武说，联席会议成立5年以来，有效统筹了全国对外文化工作资源，对于推动全国对外文化工作实现跨越式发展、提高文化开放水平、增强国家文化软实力发挥了重要作用。

2月28日，文化部召开文化体制改革工作领导小组会议，文化部部长、文化体制改革工作领导小组组长蔡武强调，2014年是全面贯彻落实中央关于全面深化改革战略部署的开局之年，是文化体制改革步入攻坚期和深水区的转折之年，也是文化体制改革面临重大历史机遇的关键之年。他用"巩固、提高、突破、拓展"8个字对文化系统体制改革工作的总体布局进行了概括。

3月

3月5日，第十二届全国人民代表大会第二次会议在人民大会堂开幕。根据会议议程，国务院总理李克强代表国务院向大会做政府工作报告。在部署2014年的重点工作时，李克强要求发展文化艺术、新闻出版、广播电影电视、档案等事业，繁荣发展哲学社会科学，倡导全民阅读。值得关注的是，倡导全民阅读首次写入政府工作报告。

3月18日，针对中国核心文化产品和服务贸易逆差持续存在等现象，中国商务部公布了由国务院印发的《关于加快发展对外文化贸易的意见》，矢志扭转这一现状。中国商务部服务贸易和商贸服务业司负责人18日在就《关于加快发展对外文化贸易的意见》进行解读时指出，近年来，中国对外文化贸易规模不断扩大、结构逐步优化，文化出口企业数量不断增加，文化领域境外投资步伐不断加快。

3月19日，由文化部、中宣部、中央编办、中央文明办、国家发改委、教育部、科技部、财政部、国家新闻出版广电总局等20家成员单位组成的国家公共文化服务体系建设协调组正式成立。协调组本着"资源共享、优势互补、互惠互利、共同发展"的原则，统筹整合各部门力量，密切合作，共同推进公共文化服务科学发展。

4月

4月2日，国务院办公厅下发《关于印发文化体制改革中经营性文化事业单位转制为企业和进一步支持文化企业发展两个规定的通知》，其中《文化体制改革中经营性文化事业单位转制为企业的规定》和《进一步支持文化企业发展的规定》两个文件，对文化企业出台了财政税收、投资融资、资产管理土地处置、收入分配、社会保障、人员安置、工商管理等多方面的支持政策。

5月

5月15—19日，第十届中国国际文化产业博览交易会在深圳举行。本届文博会文化项目和产品总成交额达2324.99亿元，比上届增长39.64%。本届文博会在展会形式上做出重大变革，举办时间由往届的4天延长至5天，并首次区别设置前两日为专业观众日，后3日为公众日，努力营造专业的交易氛围，提高商务洽谈的效率。此外，本届文博会主会场和分会场互动效果明显。54家分会场涵盖创意设计、数字内容、文化旅游等文化产业各主要领域,成交额达1064.39亿元,占总成交额的45.78%。

5月29日,经国家新闻出版广电总局党组决定,报民政部批准,覆盖我国广播影视全行业的社会组织——中国广播电影电视社会组织联合会在京成立,并召开第一次会员代表大会。国家新闻出版广电总局局长蔡赴朝出席并强调,组建联合会,就是贯彻落实党的十八大和十八届三中全会精神,加强新形势下广播影视社会组织建设的重大举措,是广播影视推进政府机构改革和职能转变、推进治理能力现代化的重要方面。

6月

6月6—7日,"2014中法文化高峰论坛"在巴黎的凯·布朗利博物馆举办。为进一步推动中欧在教育、文化、科技等领域的往来与青年交流,延续中欧在思想领域交流所取得的成果,同时突出中法关系在中欧关系中的重要性及特殊性,受中华人民共和国文化部委托,中国社会科学院欧洲所、巴黎凯·布朗利博物馆与北京当代艺术基金会合作举办了该论坛。活动邀请了十多位具有代表性的人文学术领域的专家,围绕创新性人文社会最具挑战的主题开展探讨。

6月19日,财政部、国家发改委、国家新闻出版广电总局等7个部门下发了《关于支持电影发展若干经济政策的通知》,此政策覆盖了电影行业从制片到发行、影院投资等各个层面,同时指出了电影产业与科技、金融产业融合发展的未来路径。

7月

7月17日,科技部高新司、中宣部改革办在成都召开国家文化科技创新工程西部行动工作交流会。会议提出了《国家文化科技创新工程西部行动方案》,签署了《国家文化科技创新工程西部行动合作倡议书》,成立了文化科技创新服务联盟。这标志着国家文化科技创新工程西部行动全面启动。

8月

8月19日,文化部、工业和信息化部、财政部联合印发了《关于大力支持小微文化企业发展的实施意见》,提出增强创新发展能力、打造良好的发展环境、健全金融服务体系、完善财税支持政策、提高公共服务水平等支持小微文化企业发展的政策。

8月21—25日,第六届中国国际影视动漫版权保护和贸易博览会(以下简称"漫博会")在东莞举行。本届漫博会采取"一会四展多分会场"的办展模式,主会场设在东莞市国际会展中心,面积近5万平方米,约2000个国际标准展位。该展会主要举办影视动漫原创展、动漫衍生产品展、品牌授权展和动漫游戏展。此外,还设松山湖创意公园、东莞图书馆、东莞动漫城、功夫龙亲子城、东莞科技馆、华南MALL和东城儿童剧场7个分会场。

8月27—31日,第二十一届国际图书博览会在北京举行。来自近80个国家和地区的2000多家中外参展商进行了广泛的版权交易。本届图博会展览面积为5.36万平方米,共有来自78个国家和地区的2162家中外出版单位参展。其中,海外参展商达1228家,是国内展商的1.3倍,比上年同期增长11.4%。展览展示了约30万种精品图书,举办1000多场文化交流活动,参展参观人数逾20万人次。

9月

9月11日，中国文化馆协会在北京成立。文化部部长蔡武表示，成立中国文化馆协会是进一步推动政府职能转变、实行政事分开和管办分开，建立政府、市场和社会良性互动关系的重要突破口，对深化文化体制改革、构建现代公共文化服务体系、促进文化馆（站）事业科学发展具有重要意义。

9月15—17日，由世界知识产权组织（WIPO）与中国国家版权局共同主办，成都市人民政府、四川省版权局协办的2014年国际版权论坛在成都举行。论坛以"版权、创新与发展"为主题，旨在聚集海内外版权界杰出代表，共同探讨"版权与相关权在中国的发展""版权、创造和发展之间的关系"和"增加文化产品的经济价值"等议题。

9月22—27日，由中国西部公共图书馆联合会主办，西安市图书馆学会、西安图书馆承办的"中国西部公共图书馆联合会首届（2014）年会暨学术讨论会"在西安举办，来自全国西部地区的200余名代表参加了本次学术讨论会。本次学术讨论会旨在促进中国西部地区公共图书馆事业的发展，搭建西部地区公共图书馆学术交流平台，开展成员馆之间资源整合、业务交流、人员培训等实质性合作。

10月

10月15日，文艺工作座谈会在北京举行。中共中央总书记习近平在北京主持召开文艺工作座谈会并发表重要讲话，引发社会各界特别是文艺界的广泛关注。习近平提出，在大家共同努力下，我国文艺园地百花竞放、硕果累累，呈现繁荣发展的生动景象。

但也存在着有数量缺质量、有"高原"缺"高峰"的现象，存在着抄袭模仿、千篇一律的问题，存在着机械化生产、快餐式消费的问题。文艺不能在市场经济大潮中迷失方向，不能在为什么人服务的问题上发生偏差，否则文艺就没有生命力。文艺要反映好人民心声，就要坚持为人民服务、为社会主义服务这个根本方向。能不能搞出优秀作品，最根本取决于是否可以为人民抒写、为人民抒情、为人民抒怀。

10月17—20日，由文化部、北京市人民政府共同主办，中国动漫集团、北京市文化局联合承办的"动漫北京·中国国际网络文化博览会"（第12届）在北京展览馆举办。本届博览会展会部分共有七大板块，包括青年创业创意人才扶持计划展、互动娱乐产品展、数字数码及网络新技术产品展、动漫游戏成果展、动漫互动体验展、动漫游戏嘉年华以及地方文化产业园园区主题展。

11月

11月1日—12月25日，第六届奥林匹克戏剧节在北京举办，45台中外大戏轮番上演，其中外国戏剧作品占2/3，中国戏剧作品占1/3。演出作品的艺术形式包括话剧、歌剧、舞剧、戏曲等主要戏剧艺术门类。国际化、高端化、多样化是本次戏剧节的突出特点。

11月27日，由中国文化部、俄罗斯联邦文化和旅游部主办，中国文化传媒集团承办，中俄友好、和平与发展委员会特别支持的第二届中俄文化论坛在北京开幕。作为"中俄青年友好交流年"框架下的重要活动，第二届中俄文化论坛旨在通过双方政府决策部门、文化艺术机构和学术研究机构、社会组织之间的深度对话,加强两国间人文交流与合作,促进两国文化产业发展,增进两国青年一代的相互了解和友谊,加强中俄边境地区的友好合作。

12月

12月16日,历时半年多的"2014中国—东盟文化交流年系列活动"在缅甸首都内比都落幕。作为中国与区域组织举办的首个文化交流年,中国与东盟在文化交流年框架下举办了近120项活动,覆盖会议、演出、展览、人员培训与交流、新闻、影视、出版、体育、旅游、宗教、青年交流等多个领域,双方还结合21世纪海上丝绸之路、"欢乐春节"等主题举办了形式多样的文化活动,为加深双方了解与互信、增进民众友好情谊发挥了积极作用。

12月24日,全国人大教科文卫委员会、国家新闻出版广电总局有关部门负责人以及江苏省相关部门负责人齐聚一堂,共同探讨我国首部促进全民阅读地方性法规的现实意义和落实路径。《江苏省人民代表大会常务委员会关于促进全民阅读的决定》于2015年1月1日正式实施。江苏省人大常委会副主任许仲梓表示,《江苏省人民代表大会常务委员会关于促进全民阅读的决定》的颁布实施是贯彻党的十八大和十八届三中、四中全会精神,运用法治思维和方式推进全民阅读、构建全民阅读法律保障机制的重要举措,也是适应江苏经济社会发展、依法保障公民的阅读权利、引领全民阅读风尚的内在要求。

2015 年

1 月

1月12日,应香港贸易发展局邀请,由文化部主办的"香港国际授权展·中国内地馆"开幕。这是文化部首次以"中国内地馆"形式组织内地40多家文化机构和企业参加第十三届"香港国际授权展"这一国际性商贸活动。近年来,内地文化产业正处于转型升级的关键时期,优化产业结构、扩大文化消费将是未来行业发展面临的重要任务;而授权可以有效实现文化创意与产业之间的联结,引导市场资源合理结合,深度挖掘产业附加值,在帮助产业升级转型方面能够发挥突出作用,应给予高度重视。

1月21—22日,全国文化市场管理工作会议在河南洛阳召开。会议认为,2014年全国文化市场管理工作呈现监管与服务并重的特点,在改革、发展、基础工作和解决重大难题等方面取得了新的突破和进展。会议指出,互联网上网服务行业标本兼治、转型升级工作正在逐步取得成效,但行业积累的矛盾和问题非一日之寒,解决问题、改变形象也非一日之功。会议还对2015年文化市场管理工作做出具体部署,提出要紧紧围绕建立健全现代文化市场体系,一手抓促进发展与繁荣,一手抓加强执法与监管。

2 月

2月11日,文化部举行2015年第一季度例行新闻发布会。会上回顾了近年来文化部对外文化工作的成绩,公布了2015年对外文化工作重点。近年来,尤其是党的十八大以来,我国对外文化工作在广度、深度和高度上均有重大突破，有效地增强了国家文化软实力。2015年，文化部将重点推进以下对外文化工作：一是服务国内外工作大局，发挥文化外交魅力。配合纪念中国人民抗日战争暨世界人民反法西斯战争胜利70周年，在全球开展主题展览等活动。紧密配合共建"一带一路"，办好"丝绸之路国际艺术节""中阿丝绸之路文化之旅"系列活动、中阿合作论坛等重点项目以及重点文化外交活动。二是加强思想对话，深化中外思想文化交流交融。继续办好"汉学与当代中国"座谈会及落实好"青年汉学家研修计划"。三是加强机制建设，使对外文化交流提质增效。推动各项文化交流机制不断成熟，继续办好上海合作组织成员国文化部部长会议等对外文化"主场"活动。四是持续打造品牌，提升"欢乐春节"的国际影响力。

3月

3月5日，第十二届全国人民代表大会第三次会议在人民大会堂举行开幕会，国务院总理李克强向大会做2015年国务院政府工作报告。报告提出，要积极发展文化事业和文化产业。推动重大文化惠民项目建设，广播电视"村村通"工程向"户户通"升级。实施文艺精品战略，完善现代文化市场体系。群众健身活动蓬勃开展，成功举办南京青奥会。

3月12日，文化部财务司发布《全国专业剧场发展情况调研报告》（以下简称《报告》）。该《报告》显示，截至2013年底，我国有专业剧场873家，占全国演出场所的30.7%。全年专业剧场演出4.05万场，观众总人数329万人次。该《报告》指出，近年来，我国专业剧场发展迅速，已经成为推动艺术市场繁荣发展的重要力量，但总体上看，专业剧场的总量还明显不足，运行管理机制仍不健全。专业剧场定性定位模糊、建设管理和服务标准欠缺、管理和运营人才匮乏、我国居民文化消费习惯尚未形成、引导激励社会资本进入剧场的渠道政策仍不完善等一系列难题亟待破解。

3月26—29日，博鳌亚洲论坛年会在海南博鳌举行。论坛年会举办了"21世纪海上丝绸之路建设""美的力量：世界文化艺术的未来"等主题分论坛。

4月

4月8日，为营造良好的市场环境，规范市场秩序，改善行业形象，针对个别企业在网络游戏宣传推广活动中掺杂暴力色情内容以及侵犯著作权、侵犯用户隐私等违规营销现象，文化部发出了《关于加强网络游戏宣传推广活动监管的通知》。该通知强调，各地文化行政部门和文化市场综合执法机构要树立"看得见、管得住"的指导思想，建立全领域监管理念，将网络游戏宣传推广活动纳入监管范围。

4月22日，受国家版权局委托，中国信息通信研究院在北京发布了《2014年中国网络版权保护年度报告》。该《报告》指出，2014年我国版权执法监管部门准确把握互联网，尤其是移动互联网产业发展的新形势，加强执法，厉行监管，推动网络版权保护取得积极成果，营造了健康、有序的网络环境。但同时仍存在诸多问题和挑战，加强网络版权执法、打击网上侵权盗版行为，仍是我国一项长期的复杂艰巨的任务，同时也是依法治理网络空间、推动知识产权保护的重要举措。

5月

5月14—18日,第十一届中国(深圳)国际文化产业博览交易会(以下简称"深圳文博会")在深圳举行。第十一届深圳文博会的文化项目和产品总成交额达2648.18亿元,比上届增长13.9%。在第十一届深圳文博会的出口成交额中,"一带一路"沿线海外国家的文化产品和项目交易成交额达101.84亿元,占总交易额的61.78%,比上届增长11.12%。一年一度的深圳文博会由文化部、商务部、国家新闻出版广电总局、中国贸促会、广东省人民政府、深圳市政府联合主办,是我国目前唯一的国家级、国际化、综合性的文化产业博览交易会,已成为很多海外文化企业与机构采购中国文化产品、了解中国文化市场的首选展会。

5月15日,在国务院总理李克强和印度总理莫迪的共同见证下新闻出版广电总局副局长兼中央电视台台长聂辰席与印度广播公司首席执行官贾瓦哈·瑟伽在人民大会堂签署《中国中央电视台与印度国家电视台广播领域合作备忘录》。双方表示,将以此次签署合作备忘录为契机,进一步加强在新闻、电视剧和纪录片等方面的交流与合作。

5月27—29日,美国书展中国主宾国活动在纽约贾维茨会展中心举行。中国出版代表团在此次书展上共输出项目1328项,引进项目462项。在主宾国活动期间,中国圆满完成出版高峰论坛、出版交流活动以及作家学者交流活动、中国图书销售推广活动、文化艺术系列展览等活动。

6月

6月5日,国家新闻出版广电总局在北京举行贯彻落实《关于加快构建现代公共文化服务体系的意见》新闻通气会,会议就总局日前下发的《关于贯彻落实〈加快构建现代公共文化服务体系的意见〉的实施方案》(以下简称《实施方案》),向与会媒体做了通报。《实施方案》的重点任务是:以人民群众基本文化需求为导向,围绕看电视、听广播、读书看报、看电影等群众基本文化权益,进一步加强新闻出版广播影视基础设施标准化建设,着力提高新闻出版广播影视产品供给能力和服务水平。此次随同《实施方案》下发的《新闻出版广播影视基本公共服务项目指导标准(暂行)》,是在国家指导标准基础上,进一步明确细化了读书看报、收听广播、观看电视、观赏电影4个基本公共服务项目的暂行指导标准。

6月10日,第三届中韩文化产业论坛筹备会在北京举行。近年来,中韩两国领导人互访频繁,就进一步密切两国人文交流达成诸多重要共识,推动两国文化交流合作深入开展。

7月

7月9—13日,第11届中国国际动漫游戏博览会在上海世博展览馆成功举行。本届展会的主展馆面积达到4.8万平方米,有300余家展商参展,包括迪士尼、东方梦工厂、日本万代、腾讯阅文集团、网易云阅读、广东奥飞、广东原创动力、杭州玄机、优酷土豆、PPTV、有妖气等行业知名企业,涵盖了漫画、动画、新媒体动漫、网络游戏、电子竞技、动漫游戏衍生品等产业链各环节,其中,海外展商出展面积超过40%。5天展会共吸引观众20.3万(普通观众17.6万,专业观众2.7万),达成的商务意向交易金额逾20.8亿元,现场动漫游戏周边产品零售额达9100万元。

7月24日—26日，第四届"动漫北京"活动在北京国家会议中心成功举办。此次活动由动漫游戏新产品新技术展览、动漫游戏产业高层论坛、动漫游戏"金翼奖"评选以及动漫游戏嘉年华四大板块组成。共有来自全国近500家动漫游戏企业、相关机构及社团参加，活动面积2万平方米，接待观众超10万人次，门票收入达300万元，游戏和各类衍生品现场销售收入达3000余万元，取得了圆满成功。

8月

8月18日，第三届北京惠民文化消费季启动仪式在北京文化创意产业展示中心举行，拉开了2015年北京文化消费高潮的大幕。此后的8月至11月，本届惠民文化消费季的十大专项活动、十大展销板块、16区县惠民文化消费专题活动在北京全市范围内展开。

8月24日，为期5天的第七届中国国际影视动漫版权保护和贸易博览会在广东省东莞市闭幕。第七届中国国际影视动漫版权保护和贸易博览会的成功举办，有效促进了动漫原创企业与衍生品企业对接、与国际知名动漫品牌授权对接，成为海内外动漫企业齐聚淘金的交易盛会。

9月

9月9日，第二届山西文化产业博览交易会在太原煤炭交易中心隆重启幕。本届文博会以"文化三晋·美丽山西"为主题，搭建起一个展示晋风晋韵的大舞台，参展企业有1000多家，推出大型展览50多个、招商项目309个、文化活动17项，举办中国十大名绣作品展、中国四大皮影展、中国四大木板年画展、中日韩漆艺大师作品展等文化活动。

10月

10月29日—11月1日，第十届中国北京国际文化创意产业博览会在北京举办。此次文博会以"推动文化繁荣、促进融合创新"为主题，突出展示中国经济发展新常态下，我国文化体制改革和文化创新的最新成果，以及文化+科技、文化+创意、文化+金融、文化+旅游、文化+体育等跨界融合的新兴业态发展趋势，举办综合活动、展览展示、推介交易、论坛会议、创意活动、分会场六大系列百余场活动，并继续搭建官方互联网展示平台。

10月31日，中国人民大学和文化部文化产业司联合主办的"文化中国：中国文化产业指数发布会暨拉动城乡居民文化消费试点项目阶段成果发布会"在人民大学举行，本次会议主题为"互联网+文化消费"。会议发布了"中国省市文化产业发展指数"和"中国文化消费发展指数"。指数结果显示，我国文化消费综合指数由2013年的73.7增至2015年的81.2，平均增长率为5%。文化消费环境、文化消费能力、文化消费水平指数等一级指标均呈上升趋势。

11月

11月3日，北京市文化局、北京市财政局宣布正式启动让剧场、院团、百姓三方受益的北京市剧院运营服务平台项目。北京市剧院运营服务平台是以政府购买服务的方式搭建的公益性演出平台，即由政府出资购买剧场资源，以零场租或低场租的方式提供给文艺院团，推动更多优秀舞台艺术作品进入剧场演出，并通过整体宣传营销和实行惠民票价的运营模式，降低演出成本和票价，成为一项让更多百姓走进剧院、共享文化成果的惠民工程。

12月

12月9日，文化部在北京召开2015年第四季度例行新闻发布会，重点介绍了拉动城乡居民文化消费试点情况、贫困地区公共文化服务体系建设情况、全国地方性优秀中青年演员汇报演出以及2015年全国美术馆馆藏精品展出情况。

2016年

1月

1月8日，2015中国网络文化产业年会高峰论坛在北京举办。文化部部长雒树刚、国家互联网信息办公室网络社会工作局副局长孙爱萍出席。奇虎360副总裁曲冰、网易战略发展总监庞大智、三七互娱总裁李逸飞等网络文化界领军人物共同参与论坛，大家共聚一堂，交流借鉴最新网络文化理念，探讨展望行业趋势。

2月

2月22日，山东省人民政府办公厅印发《山东省"互联网+文化产业"行动方案》，从加快建设经济文化强省的角度，在思路、措施、保障方面做出明确要求，山东未来"互联网+文化产业"的行动蓝本初步勘定。《行动方案》提出，未来山东推进"互联网＋文化产业"的主要着力点是"政策引领、创新驱动、协同推进、开放共享",具体指标分为4个方面。

3月

3月5日,第十二届全国人民代表大会第四次会议在北京人民大会堂开幕,国务院总理李克强做政府工作报告。报告提出,要推进文化改革发展。培育和践行社会主义核心价值观。实施哲学社会科学创新工程,发展文学艺术、新闻出版、广播影视、档案等事业。建设中国特色新型智库。加强文化遗产保护利用。深化群众性精神文明创建活动,倡导全民阅读,普及科学知识,提高国民素质和社会文明程度。促进传统媒体与新兴媒体融合发展。培育健康网络文化。深化中外人文交流,加强国际传播能力建设。引导公共文化资源向城乡基层倾斜,推动文化产业创新发展。推进数字广播电视户户通。

4月

4月27—30日,第十一届中国(义乌)文化产品交易会在义乌举行,展会以"传统文化与时尚生活"为主题,设国际标准展位3360个,展位面积6万平方米,共有来自15个国家和地区及国内19个省市的1300家企业参展,吸引了93个国家和地区的11.65万名客商及观众到会;实现洽谈交易额52.04亿元,同比增长2.7%,其中外贸成交额32.67亿元。展会同期举办了文化产业创业创意人才扶持计划系列活动、"义新欧·丝路行"全国美术名家主题创作展、全国独立设置美术学院研究生作品展、中国义乌"骆宾王诗歌奖"颁奖活动、义乌国际电子竞技大赛、首届"金乌之梦"国际户外雕塑邀请展、中欧时尚月义乌站活动、动漫衍生品授权交易会等 20 余项高品质的文化经贸活动。

5月

5月16日，为期5天的第十二届中国（深圳）国际文化产业博览交易会圆满落幕。据文博会官方资料显示，本届文博会实质性成交 2032.014 亿元，比上届增长 23.42%。其中，合同成交 1937.685 亿元，零售成交 93.052 亿元，拍卖成交 1.277 亿元。

6月

6月28—29日，文化部召开的促进文化消费工作会议发布了第一批国家文化消费试点城市名单。国家文化消费试点城市工作，由文化部、财政部按照"中央引导、地方为主、社会参与、互利共赢"的原则，确定试点城市。旨在充分发挥典型示范和辐射作用，以点带面，形成若干行之有效、可持续和可复制推广的促进文化消费模式，推动我国文化消费总体规模持续增长，带动旅游、住宿、餐饮、交通、电子商务等相关领域消费，不断增强文化消费拉动经济增长的积极作用。此次发布的第一批国家文化消费试点城市共有 26 个，其中有丽江、鄂尔多斯、洛阳、遵义等 6 个地级市。

7月

7月3日，由内蒙古自治区党委宣传部主办，自治区文化厅承办的第十二届中国·内蒙古草原文化节闭幕式暨颁奖仪式在内蒙古乌兰恰特落下帷幕。本届文化节的推荐选拔优秀剧（节）目展演工作，得到了各地文化部门和艺术院团的积极响应，共有31台剧目踊跃报名参与选拔。通过组织专家分三组实地观看的方式，最终确定7台剧目和16部小戏小品参加此次展演。

8月

8月25日，由故宫博物院主办、商务部认定的全国中华老字号企业均可参与的首届"紫禁城杯"中华老字号文化创意大赛在北京宣布正式启动。此次大赛以2016年《国务院办公厅转发文化部等部门关于推动文化文物单位文化创意产品开发若干意见的通知》精神为指导，旨在深入发掘故宫博物院的馆藏文化资源，搭建故宫博物院与中华老字号企业文创产业合作平台，研发出具有鲜明故宫特色的时尚文化创意产品。

9月

9月6日，由国家文化产业创新实验区建设工作协调小组指导，北京CBD商务节组委会与中国传媒大学主办的2016国家文化产业创新实验区高端峰会在北京举行。文化部部长助理于群，北京市委常委、宣传部部长李伟出席峰会，文化部文化产业司、北京市相关部门及朝阳区负责同志，15个省市的相关部门负责人和专家学者、重点文化企业和行业组织代表100余人与会。

9月15—17日，第五届"动漫北京"在国家会议中心举办。来自全国近600家动漫游戏企业、相关机构及社团参加，活动面积2.2万平方米。动漫北京包括论坛、新产品新技术展、动漫粉丝嘉年华活动以及首次在鸟巢举办的二次元动漫音乐会、CGL北京赛区总决赛等六大板块70余项活动。三天接待观众15万余人次，门票收入达 350 万元，游戏和各类衍生品现场销售收入 3000 余万元。本次展会还推出了京津冀协同发展的六大平台，包括动漫衍生品制造资源开放服务平台、动漫游戏内容创作平台、动漫游戏版权交易公共服务平台、漫画多语言翻译平台、CG 外包服务平台、动漫游戏出口公共服务平台。

10 月

10 月 14 日，国务院总理李克强主持召开国务院常务会议，确定进一步扩大国内消费的政策措施，促进服务业发展和经济转型升级；部署持续深化商事制度改革，更大降低创业创新制度性成本。确定进一步扩大国内消费五大措施，包括要加大旅游、文化等领域有效供给；要出台加快发展健身休闲产业指导意见，因地制宜发展冰雪、山地、水上、汽摩、航空等户外运动和电子竞技；要优化消费环境，通过放宽准入，吸引社会投资增加消费品和服务供给等。

11 月

11 月 17 日，作为第三届世界互联网大会的重要组成部分，由中国文化部主办的互联网文化论坛在浙江乌镇举办。论坛以"文明互鉴与网络文化建设"为主题，以"促进网络开放合作，推动文化交流互鉴"为宗旨，通过主旨演讲和专题讨论的形式展开交流。来自中国、俄罗斯、美国、英国、以色列、巴基斯坦等国的有关政府官员，文化、媒体和互联网界的 16 位代表围绕"增进人文交流、促进文明互鉴"和"共同推动网络文化繁荣发展"两个议题深入探讨。

11月22日，为贯彻落实党中央、国务院重大部署，及时、深入了解国家文化消费试点城市的工作进展情况，文化部在四川成都召开了国家文化消费试点城市西南、华南片区座谈会。随着试点工作的深入开展，文化部将围绕政策设计、财政支持、文化消费对城市经济的贡献度、文化消费社会氛围的营造，特别是文化消费的数据统计等方面的工作开展检查。

12月

12月13日，云南省丽江市国家文化消费试点工作启动会议在行政中心举行，会议动员和安排部署全市引导城乡居民扩大文化消费试点工作，全面启动国家文化消费试点各项工作。会上，对丽江市33家文化消费试点企业进行了授牌，文化消费试点重点企业负责人代表做了表态发言。2016年6月，丽江市被列为第一批国家文化消费试点城市，成为云南省唯一入选的试点城市。

2017年

1月

1月10日，湖南举办全省文化工作会议，提出2017年全省文化工作的总体思路、八项重点任务和五大工作举措。会上提到，湖南省要狠抓文化创意基地建设，提升文化产业发展的质量效益。增加有效供给，积极推进长沙扩大文化消费试点，开展文化消费提升行动。重点办好湖湘动漫月、文物交易博览会等活动，积极参加深博会等会展活动，鼓励和支持各地举办形式多样的展览展示活动。

2月

2月,根据文化部、财政部联合下发的《关于开展引导城乡居民扩大文化消费试点工作的通知》要求,文化部办公厅公布了第一批第二次国家文化消费试点城市名单,山西省太原市、江苏省苏州市等19个城市位列其中,加上第一批第一次26个试点城市,截至目前,全国范围内共有45个城市确定为国家文化消费试点城市。

3月

3月5日,李克强总理代表国务院在第十二届全国人大五次会议上做政府工作报告。报告指出,要发展文化事业和文化产业。加强社会主义精神文明建设,坚持用中国梦和社会主义核心价值观凝聚共识、汇聚力量。繁荣哲学社会科学和文学艺术创作,发展新闻出版、广播影视、档案等事业。大力推动全民阅读,加强科学普及。提高基本公共文化服务均等化水平。加快培育文化产业,加强文化市场监管。推动中国文化走出去。

4月

4月,2017北京惠民文化消费电子券正式启动发放,共计向消费者发放5000万元文惠券,用于补贴消费者在戏剧演出、图书音像等领域的文化消费。北京市文资办会同北京市财政局,组织实施了文惠券年度试点发放,安排1000万元资金用于文惠券发放。通过3个月的试点,在文化艺术、新闻出版发行、广播影视、文化电商4个行业领域,及50余家合作单位,累计实现59.74万文化消费人次,产生6754.5万元直接消费拉动,并通过与试点合作单位优惠叠加,累计向消费者提供了2000多万元的实际优惠。

4月25日,由中国国家博物馆和意大利文化遗产活动和旅游部博物馆司、意大利米兰三年展基金会联合主办的"创意改变生活——意大利设计艺术展"在中国国家博物馆开幕,这是《中华人民共和国和意大利共和国文化合作机制章程》之下的系列活动之一。展览由产品研发、限量、批量和定制设计四个主要类型构成。

5月

5月2日,由北京市文化局支持的第十二届"艺术北京"博览会在全国农业展览馆圆满落下帷幕。本次活动展出面积达25000平方米,共有来自15个国家和地区的160余家艺术机构参加,观展人数超10万人次,300余家媒体对活动进行了报道。本届博览会集中体现了以下4个特点:一是呈现了艺术的多元性;二是体现了旺盛的艺术消费;三是青年艺术家和青年消费群体呈上升趋势;四是突出了对观众的服务。

6月

6月5日下午,由文化部艺术发展中心组织的中国文旅小镇标准化课题研讨会在北京召开。文化部艺术发展中心副主任孔蓉主持会议,中国文化旅游融合发展委员会秘书长王磊以及课题组成员单位代表共同参加研讨会。与会各方就文旅小镇创建模式和评估标准体系构建进行了深入探讨。

7月

7月6—10日,由文化部与上海市政府主办的第13届中国国际动漫游戏博览会在上海举办。本届博览会展览面积达5.3万平方米，吸引了迪士尼、腾讯动漫、优酷动漫等20个国家的350家展商，共有20.75万人次观众参观，现场消费旺盛。展会分别以动漫游戏产业"一带一路"国际合作、动画电影、动漫游戏IP、电竞、动漫IP与儿童科技创新、音乐产业链跨界升级、漫威等为主题举办7场论坛活动。

7月23日，由北京市文化局主办的第六届"动漫北京"在全国农业展览馆落下帷幕。本次"动漫北京"涵盖产业峰会、展览展示、交易推介、动漫游戏嘉年华艺术节、电竞赛事、金翼奖颁奖盛典六大板块以及两个分会场近百项活动。共有80余家企业和百余个专业社团参与其中，4天时间累计接待观众16万人次，交易总额1.3亿元。

8月

8月23日，第三届江苏省艺术品博览会新闻发布会在省文化厅召开。此次博览会是第三届精彩江苏艺术展演月活动的重要内容之一，以"精彩江苏·精品大观"为主题，安排了"琢玉天工·玉器""锦绣江苏·刺绣""东方紫玉·紫砂""漆彩鎏金·漆器""琴筝和鸣·琴筝""墨涌芬芳·书画""群芳争艳·综合"七大展厅，展示江苏各类艺术精品。和田玉雕大白菜、苏绣作品《丝绸之路》、顾景舟手作20余件精品紫砂壶、曾在人民大会堂陈列的雕漆嵌玉《和平颂》及《喜鹊登梅》大挂屏、元代任仁发的《五王醉归图卷》等古今珍品将悉数亮相。

9月

9月24日，第七届天津滨海国际文化创意展交会圆满落幕。

本届展交会围绕推动试点城市建设做出大量卓有成效的探索。一是开设"文化消费展区",从生活家居、生活智能、生活服务等领域入手,培养文化消费理念,激励文化消费行为,培育新的消费增长点。二是举办国家文化消费试点城市区域座谈交流活动,邀请京津冀三地、东北三省的文化消费试点城市代表以及部分专家学者来滨海新区进行座谈交流。三是以展交会促进和扩大文化消费,拉动和带动旅游、住宿、餐饮、交通和电子商务等相关领域消费,为稳增长、促改革、调结构、惠民生和推进供给侧结构性改革做出贡献。

9月,故宫博物院与皇家加勒比国际游轮合作设立的首个海上故宫文创馆,于"海洋赞礼号"游轮上正式揭幕,展示和推广8个系列共93种故宫文创产品,成为故宫博物院与皇家加勒比国际游轮合作的又一里程碑。游客将可以在大海上欣赏和品鉴到包括"福禄寿"木制如意、锡合金珐琅彩缠枝莲纹双连瓶、如意炉在内的故宫文创产品。

10月

10月18日,中国共产党第十九次全国代表大会在北京人民大会堂隆重开幕。习近平代表第十八届中央委员会向大会做报告。报告中多次提及消费,包括"在中高端消费、创新引领、绿色低碳、共享经济、现代供应链、人力资本服务等领域培育新增长点、形成新动能""完善促进消费的体制机制,增强消费对经济发展的基础性作用""加快建立绿色生产和消费的法律制度和政策导向""反对奢侈浪费和不合理消费"等。

10月27—29日,文化部文化市场司指导中国文化娱乐行业协会在全国 25 个省、100 多座城市举办"阳光娱乐——全国夕阳红娱乐日"活动。全国共有 1400 多家歌舞、游艺娱乐场所，约 5000 间迷你歌咏亭，以及一批互联网上网服务场所组织了数千场形式多样的活动，具体包括中老年免费欢唱卡拉 OK、免费体验游艺健身设备、娱乐活动进社区、中老年娱乐产品优惠销售、免费向中老年提供专业音乐教学培训等，累计参与的中老年人超过 230 万人次。

11 月

11 月 14 日，作为第五届北京惠民文化消费季重点活动之一，"2017 首届文化消费研讨交流会"在北京鸟巢文化中心正式拉开帷幕，来自北京、天津、上海、江苏、广东、四川、甘肃等地的 22 个城市的代表参加研讨会活动。北京于 2013 年首创实施了北京惠民文化消费季，发放了北京文惠卡。2016 年，北京试点发放了 1000 万元的惠民文化消费电子券，2017 年的发放额度增加到 5000 万元，通过采取实名制管理和精准化使用，实现了由补贴企业向补贴消费者、由分散补贴部分领域向普惠覆盖文化消费全领域、由消费者被动接受单一活动补贴到主动选择消费内容、由传统定时定点定向固定消费到随时随地随意动态消费的"四个转变"。

12 月

12 月 4—5 日，文化部推进文化产业园区建设和企业发展工作会议在湖南省长沙市召开。会议主要任务是深入学习贯彻党的十九大精神，以习近平新时代中国特色社会主义思想为指导，总结党的十八大以来文化产业发展成就,明确新时代文化产业发展思路,并对推进文化产业园区建设和企业发展工作进行专题部署。

2018年

1月

1月10日,由文化部、江苏省人民政府主办的第三届中国歌剧节在江苏南京落下帷幕。本届歌剧节是在深入学习贯彻十九大精神之际举办的一次国家级歌剧艺术盛会,规模和持续时间均为历届之最。歌剧节期间,23台剧目共演出45场,举办"一剧一评"15场、歌剧艺术讲座6场、下基层演出5场,剧场观众达7万余人次,网络观看超过26万人次。

1月19日,文化部监测到所谓"儿童邪典片"网络舆情后,立即部署百度、腾讯、优酷、爱奇艺等主要互联网文化单位开展排查清理工作,要求各单位以最严格的标准第一时间下线所有相关动漫视频。同时,建立排查清理联动机制,共享排查关键词库和违规动漫视频信息,一家网站发现,全网同步清理。目前,针对违规动漫视频的前期清理工作已有初步成效,主要互联网文化单位累计下线动漫视频27.9万余条,封禁违规账号1079个,下线内容违规游戏771款。

2月

2月25日,由中国国家话剧院与北京市西城区人民政府联合主办的第四届中国原创话剧邀请展在北京国家话剧院剧场以音乐剧《你若离开，我便浪迹天涯……》的精彩演出拉开帷幕。本届邀请展是党的十九大胜利闭幕后举办的第一次全国性话剧艺术盛会，28部优秀作品讲好新时代的中国故事，为纪念改革开放40周年唱响了时代赞歌。

3月

3月5日，十三届全国人大一次会议在北京人民大会堂开幕，国务院总理李克强做政府工作报告。报告指出，2018年工作要加强新一代人工智能研发应用，在医疗、养老、教育、文化、体育等多领域推进"互联网+"。深入推进教育、文化、体育等改革，充分释放社会领域巨大发展潜力。支持社会力量增加医疗、养老、教育、文化、体育等服务供给。加强思想道德建设和群众性精神文明创建。加快构建中国特色哲学社会科学，繁荣文艺创作，发展新闻出版、广播影视、档案等事业。加强文物保护利用和文化遗产保护传承。加强互联网内容建设。深入实施文化惠民工程，培育新型文化业态。

3月28日，由中国文化娱乐行业协会主办，动漫互娱文化发展南京有限公司、国家高新游戏动漫孵化中心承办的"2018中国互动娱乐大会（南京）暨中国网络游戏行业峰会"在南京举办。作为网络文化产业中最具增长潜力和创新活力的领域，近年来网络游戏市场持续保持快速、稳定发展态势，但也存在产品结构单一失衡、同质化现象严重、文化内涵不足、价值观念存在偏差、未成年人保护措施不到位等问题。网络游戏转型升级是当前全行业面临的共同选择。

3月30日，国家发展改革委举行发布会，正式发布《2017年中国居民消费发展报告》。国家发展改革委首次组织编写了《2017年中国居民消费发展报告》系列之六"文化消费发展情况"。报告指出，文化消费渐成人们消费新热点，政府部门出台多项政策，提供资金支持，在重点领域促进文化消费。近年来，文化消费增速加快，对文化及相关产业的贡献日益凸显，进而对经济增长的拉动作用不断增加。

4月

4月19—22日，历时4天的2018中国苏州文化创意设计产业交易博览会暨苏州文化创意周落下帷幕。本届创博会以"品质苏州·美好生活"为主题，设有国际创意设计、新手工艺运动、"文化+"融合创新、文化消费四大展区，现场签约项目300余项，交易总额73.8亿元。

4月27—30日，由文化和旅游部、浙江省人民政府、中国国际贸易促进委员会共同主办的第13届中国（义乌）文化产品交易会在浙江金华义乌市举行。本届义乌文交会以融合创新为主题，围绕消费类文化产品，博物馆、美术馆文创产品及衍生品，艺术品及收藏品，文化创意及设计服务等七大门类，布局了中心馆（"一带一路"、文化特色小镇、时尚设计）、文化消费馆、文博文创馆、创新设计馆、动漫电竞馆、非遗工美馆、艺术品馆等展馆，展览面积达6万平方米，设有标准展位3376个，吸引了45个国家和地区的1325家企业参展，众多文化产品集中亮相。

4月29—5月2日，由北京市文化局支持举办的第十三届"艺术北京"博览会在全国农业展览馆举办，全面呈现北京艺术生态。本届博览会是"艺术北京"自2006年创办以来规模最大、档次最高、观众最多的一届。分为当代艺术及经典艺术展、青年艺术展、公共艺术展、艺术论坛、设计北京五大板块。

5月

5月10—14日,第十四届中国(深圳)国际文化产业博览交易会在深圳举行。本届文博会一方面以贯彻落实习近平新时代中国特色社会主义思想和党的十九大精神为主线,以庆祝改革开放40周年为主题,全方位展示一个国家级展会的责任担当;另一方面以供给侧结构性改革来增强文化发展的活力,更好地满足人民群众对美好生活的向往,多角度展现一个综合性展会的文化活力。参展单位共2308个,比2017年增加了6个。

5月25—28日,第十届中国国际旅游商品博览会在义乌国际博览中心盛大举行,展会以"旅游新品·智行天下"为主题,全面呈现旅游行业的新理念、新风尚、新产品和新技术,引领旅游商品创新和旅游消费服务新潮流。

5月31日,2018年中国图书馆年会——中国图书馆学会年会·中国图书馆展览会在河北省廊坊市开幕,举办了学习贯彻落实《公共图书馆法》主题论坛、提升图书馆藏书质量论坛、公共图书馆评估定级论坛、儿童阅读论坛4场主题论坛,并设立6个学术分会场,探讨图书馆教育和全民信息素养、现代图书馆管理与事业发展、图书馆技术应用与创新、图书馆服务创新与实践、图书馆和全民阅读、图书馆工作与社会发展等图书馆创新发展内容。

6月

6月11—15日,由中国文化和旅游部、四川省人民政府主办,成都市人民政府、四川省文化厅承办的第二届"中国—中东欧国家艺术合作论坛"在四川成都召开。本届论坛以"当代艺术的实践与探寻——传统的当代价值"为主题,包括艺术论坛、成果展览、专场演出等活动。来自中国和中东欧16国的艺术家、艺术机构负责人、部分国家文化主管部门代表及驻华使节等嘉宾,按照音乐、美术、舞蹈、戏剧、儿童剧5个领域参加分组讨论。

6月23日,选秀节目《创造101》收官,总播放量达48.6亿,微博话题#创造101#的阅读量达104.5亿,微博热搜词条达725条,人气选手杨超越、王菊等占据各大公众号及微博热点话题榜的前列,相关微博话题阅读量达上百亿,讨论量上千万,成为新的现象级综艺。

7月

7月5日,电影《我不是药神》上映,第4天票房突破13亿元,总票房30.7亿元,掀起观影热潮并引发舆论热议,成为2018年中国电影产业的标志性事件。李克强总理还就电影中关于进口"救命药"引发的舆论热议做出批示,要求有关部门加快落实抗癌药降价保供等相关措施。

7月24日,国家广播电视总局官网发布消息称,"将加强内容监管,进一步调控治理综艺娱乐、歌唱选拔、真人秀节目,坚决治理追星炒星、泛娱乐化和高价片酬问题"。

7月底,国家网信办、工信部、公安部、文化和旅游部、广电总局、全国"扫黄打非"办公室等部门,开展网络短视频行业集中整治,依法处置了19家网络短视频平台,其中哔哩哔哩、洋葱视频等视频网站暂停。

9 月

9月14日,国家版权局约谈抖音短视频、快手、西瓜视频、火山小视频、美拍、秒拍等15家重点短视频平台企业,责令相关企业进一步提高版权保护意识,严厉打击侵权盗版行为。

12 月

12月9日,故宫博物院文化创意馆上线了6款"国宝色"口红,其外观均从后妃服饰与绣品上汲取灵感,又一次掀起了文创产品消费热潮,但同时也暴露出产品品质问题,引发争议和质疑。

12月14—18日,2018首届文化消费节在浙江展览馆盛大举办。近百个来自全国各地的文创文博、书画篆刻、玉翠珠宝、紫砂陶瓷等商家参展,举行了近50场沉浸式互动体验活动。本次文化消费节共吸引6.5万人次前来观展,截至12月18日16时,总计成交额为556万元。

参考文献

一、普通图书

1. 〔法〕让·鲍德里亚. 消费社会 [M]. 刘成富, 全志钢, 译. 南京：南京大学出版社, 2001.
2. 〔法〕尚·布希亚. 物体系 [M]. 林志明, 译. 上海：上海人民出版社, 2001.
3. 〔美〕大卫·哈维. 巴黎城记——现代性之都的诞生 [M]. 黄煜文, 译. 桂林：广西师范大学出版社, 2010.
4. 〔美〕赫伯特·马尔库塞. 单向度的人——发达工业社会思想形态研究 [M]. 刘继, 译. 上海：上海译文出版社, 2006.
5. 〔美〕詹姆斯·哈金. 小众行为学 [M]. 张家卫, 译. 北京：北京时代华文书局, 2015.
6. 〔美〕理查德·佛罗里达. 创意阶层的崛起 [M]. 司徒爱勤, 译. 北京：中信出版社, 2010.
7. 〔英〕阿尔弗雷德·马歇尔. 经济学原理 [M]. 朱志泰, 陈良璧, 译. 北京：商务印书馆, 2009.
8. 〔英〕迈克·费瑟斯通. 消费文化与后现代主义社会 [M]. 刘精明, 译. 南京：译林出版社, 2000.
9. 〔英〕汤林森. 文化帝国主义 [M]. 冯建三, 译. 上海：上海人民出版社, 1996.
10. 〔英〕约翰·梅纳德·凯恩斯. 就业、利息和货币通论 [M]. 陆梦龙, 译. 北京：中国社会科学出版社, 2009.

11. 陈昕. 赎救与消费——当代中国日常生活中的消费主义 [M]. 南京：江苏人民出版社，2003.
12. 辞海编辑委员会. 辞海 [M]. 上海：上海辞书出版社，1989.
13. 范周. 中国城市文化消费报告（总卷）[M]. 北京：社会科学文献出版社，2010.
14. 冯文华. 新时期我国居民消费文化变迁研究 [M]. 大连：大连海事大学出版社，2008.
15. 纪秋发. 中国社会消费主义现象简析 [M]. 北京：北京理工大学出版社，2015.
16. 李剑欣，张占平. 中国文化消费区域差异研究 [M]. 北京：中国社会科学出版社，2016.
17. 吕炜，等. 中国文化消费报告（2015）[M]. 北京：社会科学文献出版社，2016.
18. 齐骥. 文化产业供给侧改革研究理论与案例 [M]. 北京：中国传媒大学出版社，2017.
19. 王晓彦，胡德宝. 中国城镇居民文化消费行为研究 [M]. 北京：人民日报出版社，2018.
20. 王亚南，张晓明，祁述裕，向勇，刘婷，赵娟，魏海燕. 文化蓝皮书：中国文化消费需求景气评价报告（2018）[M]. 北京：社会科学文献出版社，2018.
21. 吴声. 场景革命：重构人与商业的连接 [M]. 北京：机械工业出版社，2015.
22. 伍庆. 消费社会与消费认同 [M]. 北京：社会科学文献出版社，2009.
23. 夏莹. 消费社会理论及其方法论导论——基于早期鲍德里亚的一种批判理论建构 [M]. 北京：中国社会科学出版社，2007.
24. 严吕洪. 中国近代风俗史 [M]. 杭州：浙江人民出版社，1992.
25. 杨魁，董雅丽. 消费文化：从现代到后现代 [M]. 北京：中国社会科学出版社，2013.
26. 杨圣明. 中国式消费模式选择 [M]. 北京：中国社会科学出版社，1989.
27. 尹世杰. 社会主义消费经济学 [M]. 上海：上海人民出版社，1983.
28. 尹世杰. 消费文化学 [M]. 武汉：湖北人民出版社，2002.
29. 张晓立. 美国文化变迁探索 [M]. 北京：光明日报出版社，2010.

30. 张晓明. 全面构建现代文化市场体系 [M]. 北京：社会科学文献出版社，2014.
31. 中央文化企业国有资产监督管理领导小组办公室，中国社会科学院文化研究中心. 中国文化消费报告（2014）[M]. 北京：社会科学文献出版社，2014.
32. Baudrillard, Jean. *Selected Writings* [M]. Mark Poster (ed.). Cambridge: Polity Press, 1988.
33. Peacock, Alan. *Paying the Piper: Culture, Music and Money* [M]. Edinburgh: Edinburgh University Press, 1992.

二、科技报告

1. 阿里研究院，波士顿咨询公司（BCG）. 中国消费新趋势：三大动力塑造中国消费新客群 [R]. 2017.
2. 艾瑞咨询. 2016年中国在线音乐行业研究报告 [R]. 2016.
3. 艾瑞咨询. 2017年中国移动游戏行业研究报告 [R]. 2017.
4. 艾瑞咨询. 2017年中国B2B2C在线教育平台行业研究报告 [R]. 2017.
5. 企鹅智酷. 2016年中国视频网站付费会员调查报告 [R]. 2016.

三、学位论文

1. 方董平. 文化资本的理论与实践研究 [D]. 广西：广西师范大学，2010.
2. 傅守祥. 欢乐诗学：消费时代大众文化的审美想象 [D]. 杭州：浙江大学，2005.
3. 韩冰. 鲍德里亚的消费社会理论评述 [D]. 沈阳：辽宁大学，2013.
4. 何媛. 中国消费模式演变研究——以科学发展观为视角 [D]. 上海：复旦大学，2012.
5. 蒋隽怡. 社交电子商务商业模式的研究 [D]. 上海：上海交通大学，2013.
6. 罗晰文. 西方消费理论发展演变研究 [D]. 大连：东北财经大学，2014.
7. 赵吉林. 中国消费文化变迁研究 [D]. 成都：西南财经大学，2009.

四、期刊中析出的文献

1. 卜希霆，齐骥.新型城镇化的文化路径 [J]. 现代传播，2013（7）.
2. 陈一，曹圣琪，王彤. 透视弹幕网站与弹幕族：一个青年亚文化的视角 [J]. 青年探索，2013（6）.
3. 成伯清. 现代西方社会学有关大众消费的理论 [J]. 国外社会科学，1998(3).
4. 邓安球. 论文化消费与文化产业发展 [J]. 消费经济，2007（6）.
5. 范周. 关于我国城镇化与文化发展的思考 [J]. 现代传播，2013（8）.
6. 范周. 坚定文化自信，建设新世代社会主义现代化文化强国 [J]. 前线，2017（11）.
7. 傅才武，曹余阳. 中英政府有关促进文化消费政策的比较研究——以英国"青年苏格兰卡"与中国"武昌文化消费试点"为中心 [J]. 江汉论坛，2017（10）.
8. 黄卫挺. 居民消费升级的理论与现实研究 [J]. 科学发展，2013（3）.
9. 姜宁，赵邦茗. 文化消费的影响因素研究——以长三角地区为例 [J]. 南京大学学报（哲学·人文科学·社会科学），2015（5）.
10. 金元浦. 我国文化消费的现状与发展趋势 [J]. 中国国情国力，2016（12）.
11. 李惠芬，付启元. 城市文化消费比较研究 [J]. 南京社会科学，2013（4）.
12. 李金蓉. 关于我国文化消费领域主要问题的分析及宏观引导的思路 [J]. 2013（3）.
13. 李蕊. 中国城镇居民文化消费：现状、趋势与政策建议 [J]. 消费经济，2014（6）.
14. 卢嘉瑞，薛楠. 中国文化消费需求的六大新趋势 [J]. 消费经济，2013（5）.
15. 毛中根，孙豪. 中国居民文化消费增长阶段性分析——兼论文化消费"国际经验"的不适用 [J]. 财经科学，2016（1）.
16. 聂正彦，苗红川. 我国城镇居民文化消费影响因素及其区域差异研究 [J]. 西北师大学报（社会科学版），2014（9）.
17. 齐骥. 推进文化产业供给侧与需求侧协同发展研究 [J]. 发展研究，2016（11）.

18. 齐勇锋. 文化消费的现状与发展趋势 [J]. 前线，2015（3）.
19. 邱羚. 我国文化消费的理论与实证研究 [J]. 商业时代，2011（36）.
20. 苏斯彬，张旭亮. 浙江特色小镇在新型城镇化中的实践模式探析 [J]. 宏观经济管理，2016（10）.
21. 谭荔丹. "十三五"时期我国文化消费的发展特征和对策建议 [J]. 中国经贸导刊，2017（2）.
22. 谭天. 从渠道争夺到终端制胜，从受众场景到用户场景——传统媒体融合转型的关键 [J]. 新闻记者，2015（4）.
23. 王宋涛. 收入分配对中国居民文化消费的影响研究 [J]. 广东财经大学学报，2014年（2）.
24. 王亚南，方彧. 中国东西部文化消费影响因素异同探析 [J]. 广义虚拟经济研究，2010（1）.
25. 王勇. 通过发展消费金融扩大居民消费需求 [J]. 经济学动态，2012（8）.
26. 吴军. 城市社会学研究前沿：场景理论述评 [J]. 社会学评论，2014（2）.
27. 张艾莲，刘柏. 东北地区消费过度敏感性分析 [J]. 东北亚论坛，2013（2）.
28. 张颢瀚，张明之. 供给如何引导和创造需求 [J]. 江苏社会科学，2017（1）.
29. 张敏. 我国城乡居民文化消费比较研究——基于虚拟解释变量模型应用和消费升级视角 [J]. 调研世界，2017（12）.
30. 张西林，黄莉苹，付蓉，王曼娜. 民营资本介入风景区后的经营管理研究——以湘西凤凰古城为例 [J]. 商讯商业经济文荟，2006（4）.
31. 郑欣怡. 浅谈城市居民消费的影响因素 [J]. 科技经济导刊，2018，26（6）.
32. 周叔莲. 正确处理生产和消费的关系——兼论中国式的社会主义消费模式 [J]. 经济问题，1981（7）.

五、报纸中析出的文献

1. 范周. 文化消费助推发展方式转变 [N]. 中国社会科学报，2011-11-08.
2. 范周. 延续文脉，让乡愁有归途 [N]. 人民日报，2018-6-15.
3. 何佩群. 消费主义的欺骗性——鲍曼访谈录 [N]. 中华读书报，1998-06-17.
4. 柳杰，熊海峰. 文化领域供给侧结构性改革之路 [N]. 中国社会科学报，

2017-07-10.
5. 邱玥. 文化消费如何补齐短板 [N]. 光明日报, 2015-06-11.
6. 温源, 刘伟. 消费心理, 如何影响文化产业——从《中国居民文化消费基础性调研报告》看我国文化消费走向 [N]. 光明日报, 2015-02-05.
7. 吴文科. 为文化娱乐三辩 [N]. 人民日报, 2010-10-14.

六、电子文献

1. 2017南京市文化消费账单来了 [EB/OL]. (2018-03-07) [2018-06-07]. http://ent.sina.com.cn/zz/2018-03-07/doc-ifyrztfz9720884.shtml.
2. 2017深圳文化创意产业增加值将达2150亿元, 各区充分彰显出"文化+"特色 [EB/OL]. (2017-10-12) [2018-06-09]. http://www.askci.com/news/chanye/20171012/175349109532.shtml.
3. 2017中国文化产业系列指数出炉 河北排在全国前……[EB/OL]. (2018-01-19) [2018-05-10]. http://www.sohu.com/a/217717275_99957183.
4. 百度百科. 消费经济学 [EB/OL]. (2016-07-22) [2018-05-09]. https://baike.baidu.com/item/%E6%B6%88%E8%B4%B9%E7%BB%8F%E6%B5%8E%E5%AD%A6/81587.
5. 北京青年报. 支付宝发布2016中国全民账单 90后成移动支付主流人群 [EB/OL]. (2017-01-05) [2018-05-15]. http://www.qlmoney.com/content/20170105-240162.html.
6. 北京市国有文化资产监督管理办公室. 第四届北京惠民文化消费季直接消费金额达到160.8亿元 [EB/OL]. (2017-01-04) [2018-05-15]. http://www.bjwzb.gov.cn/xxdt/gzdt/ff80808159645755015968c233ba0002.html.
7. 北京文化消费结构得到优化, 迎来井喷期 [EB/OL]. (2018-02-06) [2018-06-07]. http://www.gov.cn/xinwen/2018/02/06/content_5264280.htm.
8. 迟福林. 服务型消费将成为中国总体消费的半壁江山 [EB/OL]. (2018-04-18) [2018-5-18]. http://op.inews.qq.com/m/20180408A1MH7H00?refer=100000355&chl_code=finance&h=0.
9. 重庆: 文化消费惠及千家万户 [EB/OL]. (2017-01-10) [2018-06-10].

http://www.wenming.cn/syjj/dfcz/zq/201701/t20170110_3999357.shtml.
10. 重庆市国家文化消费试点工作综述 [EB/OL]. (2017-11-14) [2018-06-10]. http://photo.qianlong.com/2017/1114/2171526.shtml.
11. 打造重庆文化消费新名片 [EB/OL]. (2018-01-01) [2018-06-10]. http://news.ifeng.com/a/20180101/54703847_0.shtml.
12. 第四届北京惠民文化消费季直接消费金额160.8亿 [EB/OL]. (2016-12-29) [2018-06-07]. http://news.163.com/16/1229/13/C9F6AQDV000187V5.html.
13. 第一财经周刊. 什么是新中产, 他们如何生活、消费？[EB/OL]. (2017-08-04) [2018-04-18]. http://www.sohu.com/a/162128040_465303.
14 范周, 萧盈盈. 城市文化消费的巨大缺口, 从哪里填补？ [EB/OL]. (2017-09-05) [2018-06-13]. http://news.ifeng.com/a/20170905/51883082_0.shtml.
15. 福田区文化产业发展办公室2017年工作总结和2018年工作计划 [EB/OL]. (2018-03-19) [2018-06-09]. http://www.sz.gov.cn/ftq/ghjh/ndgzjh/201805/t20180511_11894134.htm.
16. 光明日报. 中国互联网普及率达55.8%超全球平均水平4.1个百分点 [EB/OL]. (2018-02-01) [2018-05-12]. http://www.xinhuanet.com/2018-02/01/c_1122350597.htm.
17. 光明网. 文化消费如何助推首都建设发展 [EB/OL]. (2016-12-08) [2018-06-17]. http://epaper.gmw.cn/gmrb/html/2016-12/08/nw.D110000gmrb_20161208_3-14.htm?div=-1.
18. 郭全中. 新时代文化主要矛盾及其表现 [EB/OL]. (2017-11-06) [2018-05-13]. http://www.sohu.com/a/202718515_152615.
19. 郭蕊. 中西儿童文化产业对比 [EB/OL]. (2011-11-09) [2018-05-15]. https://wenku.baidu.com/view/5262a5096c85ec3a87c2c552.html.
20. 国际金融报. 中国不可错失互联网机遇（社论）[EB/OL]. (2014-11-24) [2018-05-12]. http://www.cnr.cn/gundong/201411/t20141124_516857374.shtml.
21. 国家发改委. 2017年中国居民消费发展报告 [EB/OL]. (2018-4-24) [2018-05-18]. http://www.ndrc.gov.cn/fzgggz/hgjj/201804/t20180424_883191.html.

22. 国家统计局. 2017年居民收入和消费支出情况 [EB/OL]. (2018-01-18) [2018-05-07]. http://www. stats. gov. cn/tjsj/zxfb/201801/t20180118_1574931. html.

23. 国家统计局. 中华人民共和国2017年国民经济和社会发展统计公报 [EB/OL]. (2018-02-28) [2018-06-25]. http://www. stats. gov. cn/tjsj/zxfb/201802/t20180228_1585631. html.

24. 国家统计局. 2017年全国规模以上文化及相关产业企业营业收入增长10. 8%[EB/OL]. (2018-01-31) [2018-05-18]. http://www. stats. gov. cn/tjsj/zxfb/201801/t20180131_1579206. html.

25. 国家统计局. 中华人民共和国2016年国民经济和社会发展统计公报 [EB/OL]. (2017-02-28) [2018-04-12]. http://www. stats. gov. cn/tjsj/zxfb/201702/t20170228_1467424. html.

26. 杭州文化消费平台上线暨文化消费体验周启动. [EB/OL]. (2017-12-08) [2018-5-18]. http://hznews. hangzhou. com. cn/jingji/content/2017/12/08/content_6736149. htm.

27. 经济日报. 一季度全国税收收入量质齐升 [EB/OL]. (2018-04-20) [2018-05-25]. http://www. chinatax. gov. cn/n810341/n810780/c3408423/content. html.

28. 九夜. 从《跳一跳》到《最强弹一弹》,微信小游戏的"熟人社会" [EB/OL]. (2018-05-08) [2018-05-16]. http://www. sohu. com/a/230822882_470230.

29. 卡卡贷发布超前消费人群大数据,揭秘"剁手党"特征 [EB/OL]. (2017-02-09) [2018-04-11]. http://www. xinhuanet. com/itown/2017-02-09/c_136044068. htm.

30. 看一看,丽江文化消费试点城市活动一年来取得了哪些成绩? [EB/OL]. (2017-09-15) [2018-06-12]. http://www. sohu. com/a/192348784_169069.

31. 扩大文化消费试点工作有序推进 [EB/OL]. (2017-01-23) [2018-06-13]. http://www. chnlib. com/wenhuadongtai/2017-01/83971. html.

32. 李致. 百度糯米发布O2O生活服务女性消费大数据报告 [EB/OL]. (2016-03-04) [2018-05-10]. http://news. sina. com. cn/o/2016-03-04/doc-ifxpzzhk2117107. shtml.

33. 梁达. 文化消费升势强劲 文化产业发展迅速 [EB/OL]. (2017-06-22) [2018-05-12]. http://www.cs.com.cn/sylm/zjyl_1/201706/t20170622_5335943.html.

34. 刘洪玉. 第四消费时代,"商业 社交"成为趋势 [EB/OL]. (2015-05-30) [2018-05-18]. http://blog.sina.com.cn/s/blog_9f06d70b0102vnrv.html.

35. 刘美子. 合肥:创新文化消费模式 [EB/OL]. (2015-08-31) [2018-06-17]. http://news.163.com/15/0831/19/B2CDJ6AL00014JB5.html.

36. 麦肯锡. 2016中国数字消费者O2O调查报告 [EB/OL]. (2016-04-19) [2018-05-18]. http://www.useit.com.cn/thread-11931-1-1.html.

37. 面对消费升级的大风口,资本如何助力、企业如何掘金? [EB/OL]. (2016-10-20) [2018-06-07]. http://finance.ifeng.com/a/20161022/14955925_0.shtml.

38. 牡丹江市引导城乡居民扩大文化消费试点工作实施方案解读 [EB/OL]. (2017-08-05) [2018-06-09]. http://www.hlj.gov.cn/zwfb/system/2017/08/15/010842623.shtml.

39. 南京创新试点模式,推动文化消费升级 [EB/OL]. (2018-03-07) [2018-06-07]. http://livelihood.longhoo.net/2018/xwxc_0306/264324.html.

40. 人民日报海外版. 2017中国的图书零售市场 [EB/OL]. (2018-01-26) [2018-05-15]. http://www.chinawriter.com.cn/n1/2018/0126/c403992-29788376.html.

41. 人民网研究院. 中国青少年研究中心:少年儿童近6成拥有手机手机消费接近零花钱的45% [EB/OL]. (2016-07-04) [2018-05-15]. http://it.people.com.cn/n1/2016/0704/c1009-28523072.html.

42. 商务部4月19日举行例行新闻发布会 [EB/OL]. (2018-04-19) [2018-05-01]. http://www.scio.gov.cn/XWfbh/gbwxwfbh/xwfbh/swb/Document/1627861/1627861.htm.

43. 商业地产云智库. 儿童消费3年内迎来爆发期,这50个人气品牌趁早招了吧 [EB/OL]. (2018-01-11) [2018-05-28]. http://www.sohu.com/a/216076361_210938.

44. 深圳福田文化产业引领深圳"智造" [EB/OL]. (2018-05-15) [2018-06-09]. http://news.zgswcn.com/2018/0515/830612.shtml.

45. 深圳去年公共文化财政支出61亿,排名位列全省第一名 [EB/OL].

(2018-03-11) [2018-06-09]. http://shenzhen. sina. com. cn/news/n/2018-03-11/detail-ifxpwyhw8966631. shtml.
46. 施炜. 互联网时代的连接模式[EB/OL] (2017-07-16) [2018-05-18]. http://baijiahao. baidu. com/s?id=1572146312268919&wfr=spider&for=pc.
47. 什么因素制约了中国文化消费增长[EB/OL]. (2009-07-06) [2018-05-17]. http://www. chinanews. com/cul/news/2009/07-06/1762131. shtml.
48. 市人民政府关于印发武汉市开展引导城乡居民扩大文化消费试点工作实施方案的通知[EB/OL]. (2017-10-11) [2018-06-08]. http://www. hbzffz. gov. cn/gk/gfxwj/43792. htm.
49. 市政府办公厅关于印发《南京市引导城乡居民扩大文化消费的实施意见》的通知[EB/OL]. (2016-12-17) [2018-06-17]. http://www. nanjing. gov. cn/zdgk/201810/t20181022_573318. html.
50. 首届重庆文化惠民消费季落幕,直接消费金额47. 8亿元[EB/OL]. (2017-03-24) [2018-06-10]. http://cq. ifeng. com/a/20170324/5493543_0. shtml.
51. 搜狐.《2017中国老年消费习惯白皮书》全部内容首发[EB/OL]. (2018-01-23) [2018-05-15]. https://www. sohu. com/a/218458994_194423.
52. 苏丹丹. 北京惠民文化消费季:释放文化消费的经济拉动力[EB/OL]. (2013-10-15) [2018-06-17]. http://www. ce. cn/culture/gd/201310/15/t20131015_1618600. shtml.
53. 苏丹丹. 中国扩大文化消费试点工作成效初显. [EB/OL]. (2016-09-28) [2018-06-13]. http://www. orgcc. com/news/95591. html.
54. 苏州新闻. 智联招聘发布《2017年新中产调查报告》[EB/OL]. (2017-08-09) [2018-04-18]. http://www. sohu. com/a/163442940_102681.
55. 王君. 老字号"消亡史",能否靠电商消除"老龄化"[EB/OL]. (2018-04-02) [2018-05-16]. http://www. sohu. com/a/226987102_250147.
56. 魏金金. 2. 2亿老年人文化消费市场 到底如何撬动?[EB/OL]. (2016-04-07) [2018-05-27]. http://www. ce. cn/culture/gd/201604/07/t20160407_10237675. shtml.
57. 武汉开展一到城乡居民扩大文化消费试点工作[EB/OL]. (2017-10-18) [2018-06-07]. http://hb. people. com. cn/n2/2017/1018/c192237-30840708.

html.

58. 萧筱. 银发经济市场报告：2021年产业规模可达5.7万亿，将成消费升级的新蓝海 [EB/OL]. (2019-05-30) [2019-07-03]. https://www. iimedia. cn/c460/64611. html.

59. 新华网. 我国数字阅读市场规模突破150亿元 [EB/OL]. (2018-04-13) [2018-05-18]. http://www. xinhuanet. com/politics/2018-04/13/c_129850242. htm.

60. 新浪收藏. 新中产艺术消费当道 京东艺术品频道填补市场空白 [EB/OL]. (2018-03-25) [2018-04-23]. http://www. cnarts. net/cweb/news/read. asp?id=409354.

61. 言之有范. 关于文化部文化消费试点城市的中期考察思考 [EB/OL]. (2017-04-27) [2018-06-13]. http://www. 0571ci. gov. cn/article. php?n_id=8160.

62. 依绍华. 优化文化产品供给促进文化消费快速发展 [EB/OL]. (2018-04-25) [2018-05-10]. http://www. jjckb. cn/2018-04/25/c_137134634. htm.

63. 游戏产业报告. 2017中国游戏市场规模超2000亿 移动游戏涨幅超300亿 [EB/OL]. (2017-12-19) [2018-05-18]. http://games. qq. com/a/20171219/011724. htm.

64. 于祥明. 2017年中国居民消费发展报告发布 [EB/OL]. (2018-03-30) [2018-05-07]. http://www. jjckb. cn/2018-03/30/c_137076717. htm.

65. 智研咨询. 2018—2024年中国儿童大消费市场调查与行业发展趋势报告[EB/OL]. (2018-01-08) [2018-01-10]. http://www. ibaogao. com/baogao/010R302392018. html.

66. 中国产业信息网. 2017年我国文化产业占GDP比重及相关产业企业营收增速分析 [EB/OL]. (2017-11-28) [2018-05-12]. http://www. chyxx. com/industry/201711/587273. html.

67. 中国互联网络信息中心. 中国互联网络发展状况统计报告 [EB/OL]. (2018-01-31) [2018-04-29]. http://www. cac. gov. cn/2018-01/31/c_1122346138. htm.

68. 中国网信网. CNNIC发布第41次《中国互联网络发展状况统计报告》[EB/OL]. (2018-01-31) [2018-04-15]. http://www. cac. gov. cn/2018-01/31/c_1122346138. htm.

69. 中国信通院. 互联网发展趋势报告（2017—2018年）[EB/OL]. (2017-12) [2018-05-12]. http://www. docin. com/p-2060312149. html.
70. 中华人民共和国2016年国民经济和社会发展统计公报 [EB/OL]. (2017-02-28) [2018-06-25]. http://www. stats. gov. cn/tjsj/zxfb/201702/t20170228_1467424. html.
71. 朱斌."他经济"真的就不如"她经济"？——被忽视的男性消费 [EB/OL]. (2017-12-13) [2018-04-11]. http://www. p5w. net/weyz/201712/t20171212_2043092. htm.
72. 专家：应培养健康的文化消费习惯 [EB/OL]. (2017-09-05) [2018-06-17]. http://www. chinanews. com/cul/2013/10-15/5380470. shtml.
73. 遵义市"落子"全域旅游，处处皆美景四季有耍头 [EB/OL]. (2017-10-20) [2018-06-12]. http://zy. gog. cn/system/2017/10/20/016172513. shtml.

后　记

早在 2009 年，我和我的研究团队组织发起了"中国城市文化消费调研"，针对中国文化消费的诸多领域，选择北京、上海、广州、长沙、郑州、沈阳、西安等代表性城市，对城市居民文化需求和消费状况开展了深入的调查研究，编写了《中国城市文化消费报告》（6 卷本）。近几年，随着时代变迁，文化消费呈现新现象、新特点和新趋势。在新的时代背景之下，我重新观察和思考中国文化消费，并于 2016 年起参与文化部、财政部开展的"引导城乡居民扩大文化消费试点工作"的中期考察指导工作，通过走访调研文化消费试点城市，对文化消费领域进行了更加深入和系统的研究。本书是在参考和吸收国内外学者的研究成果以及反思和总结本人以往学术成果的基础上，对文化消费的学习、思考和研究心得的一次系统集成。

本书聚焦文化消费的现象、行为、价值观念及市场特征，立足当下，回顾过去，从时代变迁的角度审视中国文化消费发展情况。全书共分为七章：第一章为文化消费的基础理论，包括文化消费的概念、特征、功能、相关理论及重要关系；第二章以消费升级为背景解读文化消费的新现象，梳理中国消费文化观念发展变迁的历史脉络，分析和总结中国文化消费的现状、特征及存在的主要问题；第三章关注文化消费的城乡及区域差异，分析城乡及区域文化消费的总体特征、空间分布和影响因素，并就新型城镇化过程中的乡村文化发展与城乡文化建设提出建议；第四章以文化消费的主体为研究对象，阐述了不同年龄群体以及男性和女性消费者在消费观念与心理、消费行为与方式上的差异化特征，并对收入、职业、教育水平、家庭环境、社会阶层以及文化产品的质量和价格、文化素养及审美能力等文化消费的影响和制约因素进行了分析和总结；第五章从互联网的发展及时代特征出发，观察和思考互联网影响下人们的消费方式、诉求和理念的革命性变化，以及这种影响力在文化消费领域的体现，包括颠覆消费习惯和消费方式、重塑消费心理和消费观念、创造新的消费热点和消费文化等；第六章着眼于文化消费增长的趋势和规律，结合国家文化消费试点城市的政策举措和实践经验，探究推动文化消费增长的有效模式和长效机制；第七章在前文的基础上进行总结性的思考与展望，提出引导和扩大文化消费的对策建议以及对未来文化消费发展趋势的研判。

本书从前期的资料收集到最终成稿历经了近一年半的时间，通过对写作思路和整体框架的反复调整，希望能够把理论与实践相结合，增强本书对文化消费相关问题研思的理论性、时代性和实践性。本书在写作过程中先后进行了四次集体讨论和多次分组讨论，对核心观点、重要案例和数据进行了反复推敲和论证，并邀请相关专家学者参与研讨。在此，感谢言唱、周慕超、刘迪、杨斐然、何诗涵等同学在资料收集、整理过程中所付出的不懈努力；感谢田卉老师、李石华老师、杨矞同学对书稿内容和框架提出的宝贵意见。此外，本书涉及的内容较为广泛，在成稿的过程中，借鉴了政界、学界、业界诸多优秀的研究理论和成果，对书稿的成型具有极为关键的启发和指导意义，在此深表感谢。

当前，文化消费在居民消费结构中所占的比重越来越大，并逐渐成为经济增长的重要驱动力之一。人民日益增长的美好生活需要和不平衡不充分发展之间的矛盾在文化消费领域尤为突出：文化艺术精品依然缺乏；针对不同文化消费人群需求的研究相对缺失；互联网视域下的文化消费心理和消费习惯亟待深入探索。拉动内需，推进供给侧结构性改革，全面释放文化消费市场活力，成为新时代经济发展的重要任务之一。培育文化消费习惯，不仅关系到国民经济发展和收入水平的提升，还与国民美学教育和公民素养的提升密不可分；刺激文化消费行为，需要加强文化消费需求研究，做到受众导向、精准投放，实现线上线下互动、文化特色凸显。文化消费，大有可为，功在千秋。

2019 年 8 月